NEUE FRAU

herausgegeben von
Angela Praesent und
Gisela Krahl

MARY McCARTHY

Eine katholische Kindheit

Erinnerungen

Deutsch von
Maria Dessauer

Rowohlt

Die Originalausgabe erschien 1957
unter dem Titel
«Memories of a Catholic Girlhood»

Veröffentlicht im Rowohlt Taschenbuch Verlag
GmbH, Reinbek bei Hamburg, Juni 1997
Copyright © 1996 by
The Mary McCarthy Literary Trust
Alle deutschen Rechte vorbehalten
Umschlaggestaltung Nina Rothfos
(Foto André Kertész)
Satz aus der Garamond bei Libro, Kriftel
Druck und Bindung Clausen & Bosse, Leck
Printed in Germany
1490-ISBN 3 499 22118 7

INHALT

Diese Erinnerungen aus meinem Leben sind nach und nach, im Lauf von Jahren, zusammengetragen worden. Da sie in einer Zeitschrift erschienen, hielten manche Leser sie für Erzählungen. Die Annahme, ich habe sie «erfunden», ist selbst unter Leuten, die mich kennen, erstaunlich weit verbreitet. «Diese jüdische Großmutter da von dir . . .!» tadeln jüdische Freunde, skeptisch, als wollten sie sagen: «Komm, komm, du willst uns doch nicht im Ernst einreden, daß deine Großmutter wirklich eine Jüdin war.» Sie war es jedoch tatsächlich. Und tatsächlich hatte ich einen schlimmen Onkel, der mich verprügelte, wenngleich mehr als einmal nach irgendwelchem öffentlichen Auftreten ein lächelnder Fremder mich aufgefordert hat, ich solle beichten, daß «Onkel Myers» nur Schwindel sei. Den Grund solcher Zweifel vermag ich nicht zu erkennen, denn in den Zeitungen lese ich über weit schlimmere Männer als meinen grausamen Onkel, und viele Familien von Gentiles besitzen einen jüdischen Vorfahr. Ist es denkbar, daß das Publikum als selbstverständlich annimmt, alles und jedes, was der professionelle Schriftsteller schreibt, sei eo ipso unwahr? Vielleicht wird der professionelle Schriftsteller für einen Aufschneider angesehen, wie ein Kind, das dieser Gewohnheit verfallen ist und von seinen Eltern ganz mechanisch gescholten wird, auch dann, wenn es beteuert, daß es diesmal die Wahrheit erzähle.

Während ich an diesen Memoiren arbeitete, wünschte ich allerdings so manches Mal, Erdichtetes zu schreiben. Die Versuchung zu fabulieren war sehr stark, hauptsächlich dann, wenn die Erinnerungen nebelhaft wurden und ich das Wesentliche eines Ereignisses, nicht aber seine Einzelheiten im Gedächtnis trug – die Farbe eines Kleids, das Muster eines Teppichs, den Platz eines Bildes. Manchmal erlag ich ihr, so im Fall der Wiedergabe von Gesprächen. Ich habe ein gutes Gedächtnis, kann aber begreiflicherweise nicht ganze Teile von Unterhaltungen, die vor Jahren stattfanden, in ihm wachrufen. Nur wenige Sätze heben sich noch deutlich ab: «Sie würden euch zum Übertritt zwingen», «Beharrlichkeit erringt die Krone», «Mein Kind, du mußt den Glauben haben». Die Gespräche also sind meist erfunden. Anführungszeichen bedeuten, daß ein Gespräch etwa dieses Inhalts stattfand, aber weder für wortgetreue noch für ablaufgetreue Wiedergabe kann ich bürgen.

In anderen Fällen bin ich mir selbst nicht klar, ob ich mir nicht etwas ausdenke. Ich glaube mich zu erinnern, besitze aber keine Gewißheit. So frage ich mich beispielsweise, ob die Damen des Sacré-Cœur wirklich so über Voltaire redeten, wie ich es hier schildere; mit Sicherheit weiß ich nur, daß ich durch die Klosterfrauen zum erstenmal von Voltaire hörte. Und sprachen sie wirklich auch über Baudelaire zu uns? Dies scheint mir jetzt äußerst zweifelhaft, und dennoch habe ich es behauptet. Ich denke, ich muß Baudelaire wohl noch obenauf getan haben, um dem Leser keine zu knapp bemessene Schilderung jener Art Dichter zu geben, deren Kunst die Schwestern entzückte, deren Lebenswandel sie hingegen betrübte. In der Schule ging das Gerücht um, unsere Nonnen besäßen eine besondere Index-Erlaubnis, und so stellten wir sie uns auch gern vor: gelassen und gelehrt, die Nasen in häretischen Büchern. Wenn ich schreibe «wir», meine ich jedoch vielleicht nur mich und einige andere «originelle» Geister.

Die wirklichen Namen meiner Lehrer und Mitschülerinnen in der Klosterschule und der darauffolgenden Pensionatszeit gab ich nicht an. Aber ihre Personen sind der Wirklichkeit entnommen und nicht etwa Porträtkompositionen. Den nahen Verwandten und, wo immer möglich, den Nachbarn, Angestellten, Freunden der Familie ließ ich ihre Namen, denn meine Aufzeichnungen erheben den Anspruch, historisch zu sein, will sagen, zum großen

Teil nachprüfbar. Sofern sie mehr Erfundenes enthalten, als ich weiß, ist es mir lieb, zurechtgewiesen zu werden; in einigen Fällen, auf die ich noch zu sprechen komme, wurden sie bereits berichtigt.

Daß ich eine Waise bin, erwies sich als großer Nachteil bei meinem Unternehmen. Die Kette der Erinnerungen – das Kollektivgedächtnis der Familie – war zerbrochen. Gewöhnlich sind unsere Eltern nicht nur unsere Lehrer in der Familiengeschichte, sondern auch die Ordner unserer eigenen Kindheitseindrücke; sie erklären uns, daß ein Ereignis sich unmöglich so zugetragen haben kann, wie wir glauben, ein anderes dagegen tatsächlich genauso verlief, in dem und dem Sommer, als Soundso unser Kinderfräulein war. Mein Sohn Reuel zum Beispiel bildete sich eine Zeitlang ein, Mussolini sei während des Kriegs aus einem Bus in North Truro, Cape Cod, geworfen worden. Diese Erinnerung geht auf einen Morgen des Jahres 1943 zurück, als er, ein kleines Kind damals, mit seinem Vater und mir neben der Fahrbahn in Wellfleet wartete, da wir einen abreisenden Gast zu seinem Bus nach Hyannis begleitet hatten. Der Bus kam, und der Fahrer beugte sich hinaus, um die letzte Neuigkeit laut zu verkünden: «Sie haben Mussolini rausgeschmissen.» Heute weiß Reuel, daß Mussolini niemals aus einem Massachusetts-Bus verbannt wurde, und weiß außerdem, wie er zu dieser Vorstellung gelangte. Wenn jedoch sein Vater und ich im Jahr nach diesem Vorfall gestorben wären, hätte er die deutliche Erinnerung an etwas bewahrt, was nach jedermanns Versicherung eine historische Unmöglichkeit war, ohne die unabweisbaren Bilder seines Gedächtnisses mit den unabweisbaren Tatsachen in Einklang bringen zu können.

Als Waise wurde ich zwischen zwei Großelternpaaren aufgezogen, die nun tot sind, für Fragen unerreichbar, und die ohnedies nur sehr wenig von den täglichen Geschehnissen unserer Kindheit kannten, weder vor noch nach dem Tode unserer Eltern. Auch meine Tanten und Onkel standen unserem Familienleben fern und nahmen an ihm wenig Anteil; mein Bruder Kevin, dessen Erinnerungen an unseren Aufenthalt in Minneapolis meine eigenen bestätigen, war, als meine Eltern starben, noch zu jung, um sich auf viel besinnen zu können. Um die Ereignisse meiner frühen Kindheit zusammenzufassen, bin ich auf mein eigenes, streckenweise verschwommenes Gedächtnis, auf das unbestimmte und widerspruchsvolle Zeugnis von Onkeln und Tanten, auf ein paar beiläufige Bemerkungen meiner Großmutter, ehe sie senil wurde, und einige Briefe angewiesen, die eine Jugendfreundin meiner Mutter mir schrieb. Für die Beschreibung der Zeit in Minneapolis fand ich Kevins Beistand, aber um spätere Begebenheiten aus Seattle zu rekapitulieren, wo ich von meinen Brüdern getrennt lebte, bin ich wieder hauptsächlich auf die eigenen Erinnerungen angewiesen. Was ich an älterer Familiengeschichte weiß, mußte zusammengestückelt werden aus Erlauschtem, Zeitungsausschnitten, alten Fotografien und einem Sammelalbum und Tagebuch, das mein Urgroßvater führte. Er ist neunundneunzig Jahre alt geworden und scheint das einzige Mitglied der Familie gewesen zu sein, das für geschichtliche Rückschau empfänglich war. Die Großmutter, die mir am nächsten stand, seine Schwiegertochter, sprach ungern über Vergangenes. Doch davon später.

Eben diese Schwierigkeiten sind jedoch ein besonderer Antrieb für meinen Bruder Kevin und mich. Als Waisen nehmen wir ein brennendes Interesse an unserer Vergangenheit, versuchen sie gleich zwei Amateurarchäologen zusammen zu rekonstruieren, fallen über jedes Beweisfetzchen her, mühen uns, es ins Gesamtbild einzufügen, quetschen unsere Verwandten aus, traktieren die eigenen Gedächtnisse. Eine Art Forschung, der sich Kevins Frau und mein Mann und sogar Freunde angeschlossen haben, um mit uns über Alben zu brüten und Mutmaßungen zu äußern. «Glaubst du, daß deine Großmutter vielleicht eifersüchtig auf dich war?» «Könnte dein Großvater einen Nervenzusammenbruch erlitten haben?»

Wie wunderlich solche Beschäftigungen einem Außenstehenden erscheinen mögen, kam uns nie zum Bewußtsein. Oder doch erst vor einer Woche. Es war Sonntag, mein Bruder Preston, den ich seit vielen Jahren nicht gesehen hatte, war aus Wilmington mit Frau und Kindern zum Lunch in Kevins Landhaus gekommen.

Wir waren zu siebt, sieben Erwachsene, denn wir hatten noch einen Freund mitgebracht, und tranken gerade Cocktails, als jemand, ich glaube, mein Mann, Onkel Myers erwähnte. Ob Preston eine Fotografie von ihm besitze? «Wer war Onkel Myers?» ertönte da die Stimme von Prestons Frau, klar und unschuldsvoll. Alle Bewegung erstarb; das Zimmer gefror in Ungläubigkeit. Der Cocktailshaker in Kevins Hand blieb mitten in der Luft stehen wie der Bratenwender des Kochs in der Geschichte vom Dornröschen. «Wer war Onkel Myers?» wiederholte Augusta, Kevins Frau, schließlich und sank in einem Anfall hilflosen Gelächters in ihren Sessel zurück. «Wer war Onkel Myers?» rief Kevin, spöttisch-empört. Wir lachten so lange und so laut, daß die Kinder hereingelaufen kamen, um zu erfahren, was geschehen war. «Ann wollte wissen, wer Onkel Myers gewesen ist», erklärte Augusta ihrem kleinen Sohn James Kevin. Er nickte und lief wieder hinaus; ihm brauchte man nicht auseinanderzusetzen, warum diese Frage komisch war; er wußte Bescheid. Die Vorstellung, daß jemand die Bahn des McCarthy-Gestirns betreten und dabei versäumt hatte, von Onkel Myers Kenntnis zu nehmen, war schlechthin phantastisch.

Selbstverständlich lachten wir über uns und nicht über Ann, obwohl sie dies nicht glauben wollte. Onkel Myers war unser Glanzstück, unser Moby Dick. Jeder, der uns nahe kam, merkte bald, daß er sich zur Mitfahrt hatte anheuern lassen. Aber nicht allein Onkel Myers, unsere ganze Familienhistorie übt eine Faszination auf die meisten Leute aus, die auch nur ein wenig aus ihr hören. Sie wollen mehr erfahren und begeben sich damit genau in unsere Lage: Wir wollen mehr erfahren, als wir je erfahren werden. Warum jedoch? Was außer bloßer Ansteckung begeistert zu solcher Neugier? Unsere Familie war nicht bemerkenswert. Väterlicherseits wie mütterlicherseits keine eigentliche Genialität, nicht einmal Exzentrizität. Die Geistesverfassung lag, sofern Erfolg als Kriterium gilt, während mehrerer Generationen etwas über dem Durchschnitt, doch die meisten meiner Verwandten waren und sind heute noch typische Vertreter ihrer Klasse und Art. Ihre Verbindungen aber waren sonderbar und zeitigten sonderbare Resultate. Sie selbst waren gewöhnliche Erdenbürger, die sich seltsam betrugen, untereinander und uns vier Kindern gegenüber; hierin, glaube ich, liegt der Grund ihrer Faszination. Man wünscht den Widerspruch zu lösen, zu entdecken, daß sie in Wirklichkeit ungewöhnlich gewesen sind oder daß ihr Verhalten weniger absonderlich war, als es uns erschien. Sie hielten sich gewiß nicht für ungewöhnlich, in ihren Augen waren sie wie jedermann, und ihr Verhalten dünkte sie höchst natürlich: Unter den gegebenen Umständen würde sich jeder genauso aufführen. Es wundert sie – die noch Lebenden von ihnen –, daß irgendein Mensch sich über sie wundern sollte, und diese Verwunderung ist sicherlich ein Zeichen von Mittelmäßigkeit. Ihr Mangel an Selbstkenntnis, ihre Mittelmäßigkeit, hat aber zur Folge, daß wir gegen verschlossene Türen hämmern.

Ich kam als erstes von vier Kindern 1912 in Seattle zur Welt. Meine Eltern hatten sich in Oregon in der Sommerfrische kennengelernt. Meine Mutter studierte damals an der Universität von Washington; mein Vater, ein Alter Herr der Universität von Minnesota, lehrte an der juristischen Fakultät in Washington. Sein Vater, J. H. McCarthy, hatte mit Getreidehandel in Duluth und Minneapolis ein Vermögen erworben; die Vorfahren waren Landwirte in North Dakota und, noch früher, in Illinois gewesen. Ursprünglich hatten die McCarthys sich in Nova Scotia niedergelassen, wie überliefert wird, aus religiösen Gründen und nicht wegen der Kartoffelmißernte. Jedenfalls will die Legende, daß sie dort zu Strandräubern wurden, einer gewöhnlichen Sorte von Landpiraten unweit der Küste von Nova Scotia, die nachts ihren auf den Kliffen weidenden Schafen Laternen umbanden, um einen Hafen mit Leuchtfeuern vorzutäuschen und Schiffe ins Verderben zu locken, der Beute wegen oder, wie auch behauptet wird, wegen des Bergungslohns. Plünderungen finde ich entschieden romantischer, und da lag hoffentlich auch ihre Stärke. Zu der Zeit, als ich sie kennenlernte, waren die McCarthys ehrenwert geworden. Immerhin hatte die Familie einen abenteuerlichen Zug bewahrt: Die Männer sahen außergewöhnlich gut aus, waren dunkelhaarig, hatten schwarze Augenbrauen wie Piraten, sehr helle Haut und merkwürdig schimmernde graugrüne, mit langen, dichten schwarzen «McCarthy-Wimpern» befranste Augen. Ihre Haarpigmentation unterlag seltsamen Launen. Mein Großvater war bereits mit zwanzig Jahren weiß, mein Vater im gleichen Alter grau. Die Frauen der Familie waren fromm und reizlos. Meine Großmutter Elizabeth Sheridan sah wie eine Bulldogge aus. Auch ihre Familie hatte sich ursprünglich in Kanada niedergelassen, von woher sie dann nach Chicago gezogen war.

Wie aus purer Gemeinheit nahmen sich alle ihre Söhne hübsche Frauen, die zudem alle Protestantinnen waren. (Ihre Tochter, meine Tante Esther, heiratete einen Witwer namens Florence McCarthy, unpassenderweise ebenfalls ein Nichtkatholik.) Meine Mutter, Therese Preston, «Tess» oder «Tessie» gerufen, ein schönes, allgemein beliebtes Mädchen mit angenehmer, kräftiger und melodischer Stimme, war die Tochter eines bedeutenden Rechtsanwalts in Seattle, der ein großes, über dem Lake Washington gelegenes Haus besaß. Seine Familie stammte aus Vermont und war neuenglischer Herkunft. Harold Preston hatte sich um den Bundessenatorenposten beworben, war aber unterlegen, «durch Interessengruppen», hörte ich immer sagen. Als Staatssenator entwarf er das erste Arbeiter-Lohn-Gesetz, das in den Vereinigten Staaten durchkam und dem später für die ganze Union erlassenen Arbeiter-Lohn-Gesetz als Vorlage diente. Er galt als scharfer juristischer Kopf und wurde vielfach von anderen Anwälten in Rechtsfragen konsultiert. Er war Präsident der staatlichen und städtischen Berufsverbände der Juristen. Um ein Richteramt bewarb er sich nicht; die Gehälter selbst der höchsten Gehaltsklasse, pflegte er zu sagen, seien zu gering, um die fachkundigsten Männer anzuziehen. In Geschäftskreisen und in den höheren Berufsständen war er wegen seiner Rechtschaffenheit sprichwörtlich bekannt.

Der Heirat meiner Eltern widersetzten sich beide Familien, teils aus religiösen Gründen, teils wegen des Gesundheitszustands mei-

nes Vaters. Er hatte ein schwaches Herz, eine Folge des Football-
spielens, wie man mir in der Kindheit erzählte, und die Ärzte
hatten ihn gewarnt, daß er jeden Augenblick sterben könne. Trotz
des Widerstands kam es zur Heirat. Die kleine Hochzeitsfeier, an
der in der Hauptsache Verwandtschaft teilnahm, fand im Haus
über dem See statt. Mein Vater lebte noch sieben Jahre (während
dieser Zeit brachte meine Mutter vier Kinder zur Welt und hatte
mehrere Fehlgeburten), er war aber niemals wohlauf. Und er verdiente kein Geld. Obwohl er im Hoge-Building ein Anwaltsbüro
und irgendeinen Partner hatte, verbrachte er die meiste Zeit zu
Hause, häufig im Bett, und unterhielt sich mit uns Kindern.

Dies klingt, als hätten wir uns in düsterer Lage befunden, tatsächlich war sie jedoch sehr heiter. Die Eltern meiner Mutter
befürchteten beständig, ihre Tochter werde bald als junge Witwe
mit einer Handvoll Kinder dastehen, meine Mutter und mein Vater
dagegen schienen völlig sorglos. Sie waren, nach allgemein über-
einstimmendem Urteil, sehr verliebt, und die Geldfrage bekümmerte meinen Vater nie. Von seinem Vater erhielt er einen
monatlichen Zuschuß von acht- oder neunhundert Dollar, meine
Mutter von ihrem Vater hundert Dollar. Dennoch hatten sie stets
Schulden, ein Zustand, den mein Vater verursachte. Er war von
unbekümmerter Verschwendungssucht, lag im Bett und dachte
sich Vergnügen und Überraschungen aus. Von meinen kleinen Diamantringen, meinem Hermelinkragen und -muff wird der Leser
noch hören. Ich erinnere mich an Schmucknadeln, an Picknicks im
Garten, Ostereierjagden, eine Reihe von Geburtstagskuchen und
Eisbomben, einen wundervollen Maikorb, den mein Vater an meine Türklinke hängte, eine Hyazinthe, an Parties mit Glückstöpfen
und Fischteichen und an den kleinen elektrischen Herd, auf dem
meine Mutter nachmittags für uns Schokolade und Kamillentee
kochte. Auch in der Familie meiner Mutter fand sich ein Hang zur
Verschwendung. Aber mein Vater war derjenige von beiden, der
darauf bestand, alles in ein Extravergnügen zu verwandeln. Ich
weiß noch, daß er mir zeigte, wie man einen Pfirsich essen kann,
indem man zuerst einen kleinen Berg aus Zucker errichtet und

14

sodann den Pfirsich hineinversenkt. Und ich entsinne mich, daß er eines Abends nach Hause kam, beide Arme beladen mit roten Rosen für meine Mutter, und daß meine Mutter «Oh, Roy!» rief, vorwurfsvoll, denn für das Abendessen war nichts da. Oder hat jemand mir die Geschichte erzählt? Falls wir wirklich bis zum Eintreffen des nächsten Monatsgelds ohne Abendessen auskommen mußten, kann es nicht sehr oft gewesen sein, unsere Plage waren vielmehr verdorbene Mägen, die vom leckeren Essen herrührten; jedenfalls wurde mir das berichtet – ich selber erinnere mich weder daran noch an all die Klistiere und anderen Abführmittel, die wir bekommen haben sollen. Dagegen weiß ich noch, daß wir Dienstmädchen und Kindermädchen nicht zu halten vermochten. Am längsten blieben eine rauhe, rote, unschöne Irin mit Warzen auf den Händen, die treue Gertrude, die ich ihres Aussehens wegen nicht leiden mochte, und ein japanischer Diener, ein Backkünstler.

Mein Vater sei so groß gewesen, pflegte ich zu behaupten, daß er sich habe bücken müssen, um zu einer Tür hereinzukommen. Übertreibung. Er war ein hochgewachsener, aber, wie ich auf Fotografien sehen kann, kein auffällig großer Mensch und hatte wie alle männlichen McCarthys einen starkknochigen, im Verhältnis zu den Beinen ein wenig zu langen Oberkörper. Sein graues Haar trug er über der Stirn hochgekämmt, und beim Ausgehen nahm er einen Stock. Oft las er mir vor, hauptsächlich Eugene Field und Märchen, und ich entsinne mich, daß wir zusammen auf der Straße, in der Nähe des Klosters Sacré-Cœur, eine Nachtigall schlagen hörten. Doch Nachtigallen gibt es nicht in Nordamerika.

Mein Vater war ein Aufschneider, und ich fürchte, daß die meisten Erinnerungen an ihn von einer Unwahrhaftigkeit verfärbt sind, die ich mir von ihm zugezogen haben muß wie eine der Erkältungen, die den ganzen Familienkreis befallen. Während mein Großvater Preston unnatürlich ehrlich war, steckte Lügenhaftigkeit von irgendwoher den McCarthys im Blut. Viele meiner Lieblingsvorstellungen von meinem Vater haben sich als falsch erwiesen. Die Legende von seiner Tapferkeit beim Footballspiel.

Jahrelang glaubte und versicherte ich, daß er Anführer der Minnesota-Football-Mannschaft gewesen sei, doch in Wirklichkeit führte er nur eine Schulmannschaft in Minneapolis. Vermutlich wurde ich durch die Prahlereien meiner Großmutter McCarthy zu dieser Einbildung verleitet. Jahrelang glaubte ich, daß er im College zu den vornehmen Delta Kappa Epsilon gehört habe, nun denke ich, daß er nur ein Delta Ypsilon gewesen ist. Seine goldene Uhr, für meinen Bruder Kevin aufbewahrt, stellte sich zur großen Ernüchterung als plattiert heraus. In der juristischen Fakultät gehörte er zur Spitze seiner Klasse, hörte ich immer sagen, doch ich glaube nicht, daß es zutraf. Was schließlich die Legende anbelangt, er sei ein geistvoller Mann von beachtlichem literarischem Talent gewesen, so habe ich, ach, einmal sein Tagebuch gesehen. Eine Buchführung über Wachstum und Gewicht, Temperaturen und Klistiere, durchsetzt mit «Gedanken» schwach sentenziöser, schülerhafter Art; fleißig hat er für sich selbst die Definitionen des Atheisten und des Agnostikers von irgendwoher abgeschrieben.

Immerhin umgab ihn eine romantische Aura, eine mythische Macht, die in anderen den Wunsch erweckte, über ihn Geschichten zu erfinden. Meine Großmutter Preston zum Beispiel, gewiß nicht seine besondere Anhängerin, erzählte mir, mein Vater hätte auf unserer verhängnisvollen Reise nach Minneapolis gegen den Zugführer, der damit drohte, unsere kranke Familie irgendwo in North Dakota hinauszusetzen, den Revolver gezogen. Ich habe dies im Kapitel *Krumen vom Tisch der Reichen* beschrieben. Doch mein Onkel Harry, der mit uns im Zug reiste, sagt mir, daß mein Vater viel zu krank gewesen sei, um auf wen auch immer seinen Revolver zu richten, und wer außer Onkel Harry hätte meiner Großmutter von einem solchen Vorfall berichten können, da er und seine Frau die einzigen überlebenden Erwachsenen unserer Reisegesellschaft waren? Es sei denn, meine Großmutter hätte die Geschichte von jemand anderem gehört, der ebenfalls während der schweren Grippeepidemie in den Osten gefahren war.

Die letzte deutliche Erinnerung an meinen Vater zeigt mir, wie er und ich auf dieser Bahnfahrt nebeneinander sitzen und durchs

Fenster die Rocky Mountains betrachten. Alle übrigen von unserer Gesellschaft sind nach Ansicht meines Gedächtnisses krank und liegen zu Bett in ihren Abteilen oder Salons, und ich bin stolz darüber, daß allein mein Vater und ich noch gesund und aufrecht im Pullman-Wagen sitzen. Während wir zu den Bergen aufschauen, erzählt er mir, daß sich manchmal riesige Felsbrocken ablösen, auf einen Zug fallen und die Leute töten. Ganz Ohr, fange ich an zu zittern und mit den Zähnen zu klappern, vor Entsetzen, meine ich, doch wie sich herausstellt, vor Grippe. Wie lebendig ist mir alles geblieben! Mein Onkel Harry jedoch behauptet, daß er, nicht mein Vater, neben mir gesessen habe. Nicht als letzter, vielmehr als erster sei mein Vater erkrankt. Und auch über die Geröllblöcke will Onkel Harry nicht gesprochen haben.

Es ist eine getreue Wiederholung des Falles mit der goldenen Uhr. Und doch – wie hätte ich meinen Onkel für meinen Vater halten können?

«Meine Mutter ist ein Marienkind», pflegte ich anderen Kindern im gleichen prahlerischen Hochgefühl mitzuteilen, in dem ich von der Körpergröße meines Vaters sprach. Nicht lange nach ihrer Hochzeit war meine Mutter zum Katholizismus übergetreten, und obwohl ich nicht wußte, was ein Marienkind war (ein Mitglied der Sodalität der Damen des Sacré-Cœur), entnahm ich doch der Art und Weise, wie meine Mutter sich darüber äußerte, daß es etwas Wundervolles sei. Sie war stolz und glücklich darüber, konvertiert zu haben, und gab uns durch ihr Verhalten das Gefühl, daß es ein Genuß sei, zu den Katholiken zu zählen, höchster Genuß und höchste Auszeichnung. Unsere Religion war ein Geschenk Gottes an uns. In unserem häuslichen Dasein verschwor sich alles, um in unseren Köpfen die Vorstellung zu festigen, wir seien kostbare kleine Personen, kostbar unseren Eltern, kostbar dem lieben Gott, der mit zärtlicher Aufmerksamkeit allabendlich unseren Gebeten zuhörte. «Es verlieh Ihnen eine gründliche Selbstgefälligkeit», sagte mir einst ein Psychoanalytiker, aber einer eigentlichen Selbstzufriedenheit kann ich mich nicht entsinnen, eher einer dankbar staunenden Empfindung, privilegiert zu sein. Später bekamen wir häufig zu hören, wie sehr unsere Eltern uns verzogen hätten; jener Mißmut aber, die typische Eigenschaft verzogener Kinder, blieb uns fern; unser Leben erschien uns vollkommen, so wie es war.

Den Tod meiner Eltern führte ein Beschluß der McCarthy-Verwandtschaft herbei. Sie enschieden – und wer könnte es ihnen zum Vorwurf machen –, daß dem ständigen Geldabfluß und den monatlichen Appellen meines Vaters nach mehr Geld ein Ende gesetzt werden müsse. Unsere Familie sollte nach Minneapolis ziehen, wo Großvater und Großmutter die Dinge im Auge behalten und meines Vaters Ausgabensucht an die Kandare nehmen konnten.

Hierbei muß ich eine vertrauliche Mitteilung erwähnen, die mir mein Onkel Harry, der jüngere Bruder meines Vaters, vor nur wenigen Jahren machte. Mein Vater sei ein periodischer Trinker gewesen und habe bereits seit seinem achtzehnten oder neunzehnten Jahr der Familie Ungelegenheiten bereitet. Vor seiner Heirat, als er noch in Minnesota war, habe man zu seiner Aufsicht und um ihn dem Alkohol fernzuhalten, eine ganze Reihe ausgebildeter Pflegerinnen angestellt. Gleich allen Trinkern aber sei er äußerst schlau und überredsam gewesen und seinen Pflegerinnen entlaufen, sofern er sie nicht mitnahm (eine Schwäche für Frauen hatte er auch) zu einer Folge wilder Zechereien, die Tage oder Wochen später in einer fremden Stadt des Mittleren Westens, wo er sich verbarg, ihr Ende fand. Ein ganzer Schweif fauler Schecks bewog die Familie, ihn wieder einzufangen. Oder aber ein Geld forderndes Telegramm verriet seinen Aufenthaltsort; wenn ihm jedoch welches geschickt wurde, stürmte er wahrscheinlich aufs neue los. Da die Pflegerinnen sich als nutzlos erwiesen, wurde Onkel Harry von Yale nach Hause befohlen, um sich um ihn zu kümmern, aber mein Vater lief auch ihm davon. Schließlich, als die Familie ihn nicht länger maßregeln konnte, wurde er als Nichtsnutz nach dem Westen geschickt. Und so lernte er meine Mutter kennen.

Ich habe keine Ahnung, ob diese Geschichte wahr ist oder nicht, und werde es nie wissen. Mir scheint sie zweifelhaft, denn ich bin mir so sicher, wie ein Mensch nur sein kann, daß mein Vater nicht trank, als ich ein kleines Mädchen war. Kinder sind für solche Dinge empfindlich, zunächst, weil ihr Geruchssinn feiner scheint als der erwachsener Leute, und weil sie den Alkoholgeruch nicht leiden mögen. Auch bemerken sie es schnell, wenn im Haushalt etwas nicht stimmt. Ich entsinne mich, daß mein Vater Wein selbst zu machen versuchte (dies muß kurz vor dem Prohibitionserlaß gewesen sein), und zwar aus grau-purpurnen Würfeln, die ihm als Weintraubenessenz verkauft worden waren. Das Experiment schlug fehl, und er und meine Mutter und beider Freunde lachten weidlich über «Roys Wein». Wäre mein Vater ein schwerer Trinker gewesen, so hätte meine Mutter nicht gelacht. Auch hatte die Familie meiner Mutter keine Ahnung davon. Ich fragte den Bruder meiner Mutter, ob Onkel Harrys Geschichte möglicherweise wahr sein könne. Er antwortete, für ihn sei sie eine Neuigkeit. Natürlich ist es nicht ausgeschlossen, daß mein Vater sich nach der Hochzeit besserte, was die Ahnungslosigkeit der Familie meiner Mutter erklären würde, obgleich, wie mein Onkel Harry ziemlich kriegerisch bemerkte, «man meinen sollte, sie hätten in der Lebensgeschichte ihres zukünftigen Schwiegersohns nachschlagen können». Gewohnheitstrinker bessern sich jedoch fast nie, und falls es ihnen gelingt, können sie keinen Wein mehr anrühren. Die Sache bleibt ein unheimliches und verwirrendes Geheimnis. War mein Vater betrunken, als er mit den roten Rosen im Arm nach Hause kam? Es sieht gewiß nach der Beschwichtigungsgeste eines Trinkers aus, herrenhaft und übertrieben. Sagte meine Mutter deshalb: «Oh, Roy!»?

Falls mein Vater eine Art Ausgestoßener war, von den Seinen nach dem Westen verschickt, stehen die McCarthys gerechtfertigt da. Und selbstverständlich war ihre Rechtfertigung Onkel Harrys Motiv bei seinem Bericht. Er fühlte seine Mutter durch mich verleumdet und wünschte mir begreiflich zu machen, daß ihrer Ansicht nach die unvernünftige Heirat meines Vaters sein Griff nach dem letzten Strohhalm gewesen sei. Tatsächlich war nach Auffassung der McCarthys, wie Onkel Harry sie schildert, die Heirat meines Vaters lediglich ein weiterer Winkelzug eines Trinkers, um seinem Vater Geld zu entlocken. Denn alle anderen Mittel hatten versagt. Meine Mutter – «deine entzückende Mutter», wie Onkel Harry sie stets nannte – war der unschuldige Köder am Angelhaken. Vielleicht war es so. Aber ich weigere mich, es zu glauben. Onkel Harrys pflichtvergessener Bruder Roy ist nicht dieselbe Person wie mein Vater. Ich erkenne ihn einfach nicht wieder.

Onkel Harry war ein alter Mann und hatte selbst einiges hinter sich gebracht, als er diese Anschuldigungen aussprach, was seine Behauptung allerdings nicht entkräftet, sie sogar eher beweisen könnte. Mit zunehmendem Alter hatte er eine unheimliche Ähnlichkeit mit meinem Vater entwickelt, die in seinen jungen Jahren nicht bestanden hatte: Sein weißes Haar stand hochgekämmt über der Stirn, er hatte die gleichen graugrünen elektrisierenden Augen und die gleiche animalische Anziehungskraft. Als junger Mensch war er der Stolz der Familie gewesen, der Junge, der im Osten, in Andover und Yale, studiert und, noch ehe er dreißig war, eine Million Dollar verdient hatte. In dieser Eigenschaft als angehender Millionär und Familienimpresario bestieg er 1918 in Begleitung seiner hübschen, geselligen Gattin, meiner Tante Zula, den Zug nach Seattle, um unsere Übersiedlung nach Minneapolis zu überwachen. Sie stiegen im *New Washington Hotel* ab, dem besten in jenen Tagen, und brachten, wie meine Großmutter Preston erzählte, die Grippe mit.

Wir wohnten ebenfalls im Hotel, da unser Haus schon geräumt war – unklugerweise, denn im Fall einer Epidemie lautet die erste Regel: Öffentliche Plätze sind zu meiden. Wirklich scheint der Plan Wahnsinn, mit einem kranken Mann und vier kleinen Kindern auf der Höhe einer Epidemie zu reisen. Einem alten Zeitungsausschnitt aus Seattle, den mein Großvater Preston aufbewahrte, entnehme ich, warum das riskante Unternehmen doch ausgeführt wurde: «Die Gesellschaft fuhr zu dieser besonderen Zeit nach dem Osten ab, um einen weiteren Bruder, Lewis McCarthy (Louis), der bei den Fliegern ist und Heimaturlaub hatte, sehen zu können.» Zweifellos war es meines Vaters letzte halsstarrige Schrulle. Ich entsinne mich der ernsten Stimmung in unserer Hotelsuite am Vorabend unserer Abreise. In meiner Erinnerung sind Tante Zula und das Baby beide schon krank, und alle Erwachsenen sehen besorgt und unsicher aus. Trotzdem blieb es dabei; am 30. Oktober, einem Mittwoch, stiegen wir in den Zug, eine Woche später starb meine Mutter in Minneapolis; mein Vater überlebte sie um einen Tag. Sie war neunundzwanzig, er neununddreißig Jahre alt (ein guter Altersunterschied, wie meine Großmutter immer sagte).

Manchmal frage ich mich, wie mein Dasein heute aussähe, wenn Onkel Harry und Tante Zula nicht gekommen wären, wenn die Reise nie erfolgt wäre. Mein Vater hätte natürlich dennoch sterben können, dann hätte meine Mutter uns aufgezogen. Falls beide am Leben geblieben wären, würden wir eine einmütige Familie gewesen sein, gesunder Mittelstand und gut katholisch. Ich sehe mich unschwer als Frau eines irischen Rechtsanwalts, die Golf und Bridge spielt, gelegentlich Exerzitien macht und Mitglied eines katholischen Buchverleihs ist. Vermutlich wäre ich ziemlich dick. Und mein Bruder Kevin – wäre er heute Schauspieler? Tatsächlich sind Kevin und ich die einzigen Familienmitglieder unserer Generation, die überhaupt etwas Nichtalltägliches taten, und unsere Verwandten beneiden uns, erklären wenigstens, uns zu beneiden, während ich sie nicht beneide. War es demnach gut, daß unsere Eltern, gleichsam nach höherem Ratschluß, «hinweggenommen» wurden? Einige Verwandte philosophieren hierüber in etwas panglossatorischem Stil. Ich weiß es selbst nicht.

Möglicherweise schlummerte das künstlerische Talent schon in uns und hätte sich unter allen Umständen manifestiert. Von mir als kaum sechsjährigem Kind, trage ich am deutlichsten meine leidenschaftliche, beinahe gewalttätige Liebe für alles Schöne im Gedächtnis. Ich betrug mich garstig gegen meine Mutter, wenn sie morgens ihr Haar hochsteckte; ich fand es unerträglich, daß sie nicht allzeit schön sein sollte. Bei der Beurteilung von Kandidatinnen, die sich als Kinderfräulein vorstellten, war gutes Aussehen mein einziges Kriterium; ich weiß noch, wie ich, etwa fünfjährig, meine Mutter bestürmte, ein Mädchen namens Harriet einzustellen – ihr Name gefiel mir ebenfalls –, und wie die Welt mir zum erstenmal grausam und unerklärlich vorkam, als Harriet, die engagiert worden war, nicht eintraf. Sie müsse wohl einen bösen Charakter gehabt haben, sagte meine Mutter, aber ich konnte den Gedanken nicht hinnehmen, daß jemand, der schön war, böse zu sein vermöchte. Oder richtiger, «böse» schien mir bedeutungslos, wenn Schönheit ihm zur Seite stand, wie andererseits die roten Warzen und der «häßliche» Name der treuen Gertrude mich taub machten gegen alles, was über ihre Güte angeführt wurde. Eine der großen Erschütterungen im Zusammenhang mit dem Verlust meiner Eltern war ästhetischer Natur; selbst wenn meine Aufsichtspersonen freundlich gewesen wären, hätte ich sie doch nicht leiden mögen, da sie so wenig angenehm anzusehen und ihre Grammatik und ihre Aussprache so mangelhaft waren. Ich war unsanft an einem Ort abgesetzt worden, wo Schönheit überhaupt nicht als Wert galt. «Wer schön ist, der tut schön», orakelte Frank, der Chauffeur meiner Großmutter McCarthy, als mein Onkel Louis eine Circe mit nußbraunen Haaren aus New Orleans heiratete. Ich haßte Frank wegen dieses Ausspruchs, eine dieser aufreizenden Bemerkungen, die kaltes Wasser über unser Leben gießen.

Die Menschen, mit denen zusammen ich in Minneapolis leben mußte, besaßen zweifellos die Gabe, alles sauer und unschön zu machen. Sogar unsere Blumen waren abscheulich, wir hatten Rudbeckien und widerliche Brunnenkresse im Garten. Ich erinnere mich, an einem Karfreitag in der Nähe des Hauses Wicken gesät zu haben, und ich glaube, sie kamen zur Blüte – ein persönlicher Triumph. Ein besonders hübsches Kind war ich nicht (mein Aussehen gehörte zu meinen wenigen frühen Enttäuschungen), zwischen meinen Pflegeeltern und meiner Großmutter McCarthy aber wurde ich zu einer solchen Vogelscheuche, daß ich mich nicht ohne Verzweiflung im Spiegel betrachten konnte. Welche Veränderung war mit mir vorgegangen. Die Zahnspangen und die Brille brachten sie nicht allein zustande, es war eine allgemeine Magerkeit, Blässe und Schlaffheit.

Rückschauend begreife ich, daß damals die Religion mich rettete. Unsere geschmacklose Kirche und die Gemeindeschule boten mir mein einziges ästhetisches Ventil: die Worte der heiligen Messe und die Litaneien und die alten lateinischen Hymnen, die Osterlilien am Altar, die Rosenkränze, die verzierten Gebetbücher, Votivlampen, Heiligenbildchen mit Golddruck, Blumenranken und das Porträt eines Schutzpatrons. Obwohl durch Massenproduktion weitgehend verfälscht und verschlechtert, war diese Seite des Katholizismus für mich das Äquivalent für gotische Kathedralen, illuminierte Manuskripte und Mysterienspiele. Mit Inbrunst gab ich mich diesem sinnenfreudigen Leben hin, und wenn ich nicht träumte, daß ich dereinst den französischen Thronprätendenten ehelichen und gemeinsam mit ihm seine Krone zurückgewinnen werde, träumte ich mich als eine hinter Mauern büßende Karmeliterin. Ein Orden für gefallene Mädchen, genannt die Magdalenen, erschien mir auch sehr anziehend. Der Wunsch, mich auszuzeichnen, beherrschte alle meine Gedanken und wurde womöglich noch angefeuert durch die auf dem Wettbewerbsprinzip basierende Unterrichtsmethode der Gemeindeschule. Zum Wettbewerb wurde dort alles; unser Klassenzimmer war in Mannschaften mit Anführern unterteilt, Mannschaften in Buchstabierkämpfen und anderen schulischen Heldentaten, und auf dem Spielplatz gruppierten wir uns in ähnlicher Manier. Gewinnen, eine Klasse überspringen, vorwärtskommen – die Methoden der Klosterfrauen waren den örtlichen und zeitlichen Verhältnissen gut angepaßt, denn die meisten kleinen Katholiken unseres Viertels waren Kinder armer Einwanderer und darauf aus, ihre Verhältnisse zu verbessern und die Protestanten, die ihre Kinder in die Whittier-Volksschule schickten, zu übertreffen. Kein Gedanke an Gleichheit in unserer Gemeindeschule, ein Gedanke, der mir abscheulich gewesen wäre; Gleichheit, brutale Gleichmacherei erlebte ich ja zu Hause. Gleichheit war eine Art der Ungerechtigkeit, welche die guten Joseph-Schwestern nicht geduldet hätten.

Ich war Klassenerste, auch die beste Läuferin und Beste am Rundlauf im Schulhof, Beste beim Theaterspiel und im freien Vortrag und Zweitfrömmste, hierin übertroffen von einem blonden

Knaben mit dem Antlitz eines Heiligen, der vor mir saß und den ich liebte; sein Name klang wie der eines polnischen Heiligen: John Klosick. Zweifellos war das Niveau der Schule nicht sehr hoch und verführte mich zu falscher Selbsteinschätzung; anderswo habe ich mich im Turnen nie hervorgetan. Noch war ich seither jemals wieder fromm. Als ich die Wettkampfatmosphäre der Gemeindeschule verließ, welkte meine Religiosität dahin.

In der St.-Stephans-Schule war ich jedoch nicht nur deshalb fromm, um im besten Licht zu erscheinen, sondern weil mich echte religiöse Empfindung erfüllte und die Sehnsucht, Gott würdiger zu dienen als alle anderen. Dies, glaubte ich, fordere Er von mir. Ich lebte in der Furcht, schlecht zu beichten oder die Zunge nicht flach genug hervorzustrecken, um die Hostie ehrerbietig empfangen zu können. Eine der größten moralischen Krisen meines Lebens ereignete sich am Morgen meiner Erstkommunion: Ich hatte Wasser getrunken. Gedankenlos natürlich; denn war mir nicht eingedrillt worden, daß die Hostie nüchtern empfangen werden mußte, der Mensch sich andernfalls einer Todsünde strafbar machte? Es war nur ein Schluck gewesen, doch das machte keinen Unterschied. Ein Schluck war so schlimm wie ein Liter; ich durfte die Kommunion nicht empfangen – und mußte doch. Kommunionkleid, Schleier und Gebetbuch lagen schon für mich bereit, und ich sollte die Schar der Mädchen anführen, John Klosick, in weißem Anzug, die der Jungen. Mir schien, ich ließe die Schule und meine Klasse im Stich, wenn ich nach all den Proben bekannte, was ich getan hatte, und daraufhin ausfiel. Ich dachte an die Prozession, in der ich fehlte, und konnte den Gedanken nicht ertragen. Eine spätere Erstkommunion in gewöhnlichen Kleidern wäre nicht das gleiche. Doch falls ich andererseits meine Erstkommunion im Zustand der Todsünde empfinge, würde mir Gott nie verzeihen. Es wäre ein tödliches Beginnen. Ich durchlebte einen wilden Gewissenskampf und wußte doch die ganze Zeit, daß der Teufel obsiegen würde: Ich ginge zur heiligen Kommunion, und nur Gott und ich wüßten die Wahrheit. Und so geschah es: Ich empfing die Kommunion im Zustand äußerer Heiligkeit und inneren Horrors, überzeugt, daß ich verdammt sei. Denn den Akt vollkommener Reue konnte ich doch unmöglich erwecken – die Zeit zur Reue war jetzt, bevor das Sakrileg begangen war; danach könnte ich nicht wahrhaft traurig sein, da ich, was ich gewollt, erreicht hätte.

Ich vermute, daß ich dies, kaum fähig, die Worte zu hauchen, bei meiner nächsten Beichte bekannt haben muß und daß der Priester die Sache leichtnahm. Allmählich entdeckte ich, daß meine Sünden schwerer auf mir lasteten als auf meinen Beichtvätern. Tatsächlich ereignet sich ein solches Mißgeschick bei Erstkommunikanten häufig, die Kinder sind an diesem lang erwarteten Morgen so aufgeregt, daß sie kaum wissen, was sie tun; möglicherweise treiben das über Essen und Trinken verhängte Verbot und die Bedeutsamkeit des Anlasses sie auch in unbewußten Widerstand. Von Ignazio Silone hörte ich eine ganz ähnliche Geschichte. Dennoch war meine Verzweiflung an jenem Sommermorgen (ich glaube, es war Fronleichnamstag) in einem Sinne völlig berechtigt: Ich erkannte mich, erkannte, wie ich war und immer sein würde, und solche nüchterne Selbsterkenntnis ist furchtbar. Jede seitherige moralische Krise meines Lebens hat sich überdies nach genau dem gleichen Schema vollzogen wie der Kampf um die Erstkommunion. Ich habe in der Regel vergebens mit der Versuchung gerungen zu tun, was (wie nur ich wußte) schlecht war, und wurde dabei vom Bedürfnis getrieben, den äußeren Schein zu wahren und die Erwartungen der anderen nicht zu enttäuschen. In einem meiner Romane entdeckt die Heldin, daß sie schwanger ist, möglicherweise aufgrund ihrer Untreue, und fühlt sich versucht, das Kind zu bekommen und ihrem Mann nichts zu sagen. Sie befindet sich im gleichen moralischen Engpaß wie ich, als ich acht Jahre war und den Schluck Wasser in mir hatte, von dem nur ich wußte. Als ich damals glaubte, verdammt zu sein, hatte ich recht – verdammt zur Wiederholung oder zum endlosen Theaterspiel des Konflikts zwischen Skrupel und Willensschwäche.

Oft werde ich gefragt, ob ich von meinem katholischen Erbe etwas zurückbehalten habe. Die Antwort fällt mir schwer, zum Teil deshalb, weil mein katholisches Erbe sich aus zwei Quellen speist. Dem Katholizismus, den ich von meiner Mutter und den einfachen Priestern und Klosterfrauen in Minneapolis lernte und der im ganzen eine Religion der – wenn auch nur unvollkommen verwirklichten – Schönheit und Güte war. Und jenem Katholizismus, der im Empfangszimmer meiner Großmutter McCarthy und in dem Heim, das am Ende der Straße für uns eingerichtet wurde, in Übung war – einer bitteren, verderblichen Doktrin, in der alter Haß und altes Rachegelüst seit Generationen schmorte und die Unwissenheit stolz das Umrühren besorgte. Den Unterschied zwischen beiden illustriert ein Vorfall, der sich ereignete, als ich 1929 als erstes Semester auf dem Weg zum Vassar College mich kurz in Minneapolis aufhielt. Zu Ehren des Anlasses lud meine Großmutter ihren Pfarrer ein; sie wünschte, daß er ihrer Ansicht beipflichte, Vassar sei eine «Lasterhöhle». Father Cullen, der alte Priester, willfahrte ihr nicht, überhörte die ärgerlichen Einwürfe seines Gemeindemitglieds und sprach statt dessen von den seltenen intellektuellen Möglichkeiten, die Vassar mir zu bieten habe.

Vielleicht bewies Pfarrer Cullen damit lediglich mehr Takt als sein Pfarrkind, aber ich kann nicht vergessen, wie dankbar ich ihm damals war. Nicht nur, weil er meine Großmutter zurechtwies, sondern weil er geistige Weite zeigte – nach meiner Erfahrung eine unter Katholiken seltene Eigenschaft, obwohl falsche Großmut bei ihnen gängige Ware ist. Ich habe manchmal gedacht, daß die katholische Religion sich für die Laien, die amerikanischen Laien jedenfalls, nicht eignet, da sie in ihnen einige der übelsten Züge der menschlichen Natur wirksam zu machen und ihnen eine Art Heiligung zu verleihen scheint. Als ich diese Erinnerungen in Zeitschriften veröffentlichte, erhielt ich zahlreiche Zuschriften von Laien und auch solche von Priestern und Nonnen. Die Briefe der Laien – zumeist Frauen – gleichen einander alle, sie könnten beinahe von derselben Person zu Papier gebracht sein; ich habe sie unter der Rubrik «Pöbelhafte Korrespondenz» eingeordnet. Häufig gespickt mit Fehlern, obwohl die Verfasser gebildet zu sein behaupten, sind sie ausnahmslos drohend. «Unwahr», «Verdrehung»,

«Lügerei», «Bigotterie», «Haß», «Gift», «Schmutz», «Kitsch», «Billig», «Verzerrung» lautet der gemeinsame Wortschatz. Die Autoren drohen damit, die Zeitschrift, die solche Memoiren veröffentlicht, abzubestellen, behaupten, daß «zahlreiche andere, die Sie kennen sollten, empfinden wie ich», das heißt, sie versuchen, sich als Gruppe auszugeben, die Druck ausüben kann. Einige *verlangen* Antwort. Eine Dame schreibt: «Ich habe den Eindruck, daß solche Sachen gesetzlich verboten sind.»

Im Gegensatz zu ihnen schlagen die Priester und Klosterfrauen, die mir à propos derselben Erinnerungen schrieben, eine beinahe häretisch klingende Note an. Viele schreiben, daß meine «Aufrichtigkeit» sie bewege; einige Schwestern beten, einige Priester lesen Messen für mich. Ein junger Jesuit berichtet, daß er bei seinem Besuch der Forest-Ridge-Klosterschule in Seattle, die Reihen der Mädchen vor Augen, an mich gedacht habe: «Ich begreife, daß der erstaunlichen Brillanz eines schmalen Waisenmädchens feurige Entschlußkraft und ungestümer, übereilter Drang entsprachen. Vermutlich sollte ich daran denken, daß Sie, fachlich gesprochen, eine Abtrünnige sind, von schlechtem Ruf, nicht aus dieser Hürde . . .» Ein älterer Priester schreibt mir, ich sei gerettet, gleichgültig ob mir dies bewußt sei oder nicht: «Ich deute Ihnen nicht an, wo Sie Ihre geistige Heimat finden werden – doch daß Sie sie finden werden, weiß ich gewiß; der Heilige Geist wird Sie geleiten. Tatsächlich haben Sie nach meinem Dafürhalten diese Heimat schon gefunden, wenngleich Sie sie noch suchen müssen.» Eine Klosterfrau von Maryknoll lädt mich ein, ihre Mission zu besuchen. Keiner dieser Briefschreiber fühlt sich zu einem Bekehrungsversuch an mir verpflichtet; sie scheinen diese Sorge Gott zu überlassen. Manche von ihnen haben selbst eine Periode der Zweifel durchlebt und erzählen mir davon, um ihr Verständnis und ihre Teilnahme zu beweisen. Jeder dieser Briefe hat seine eigene Art. Nur eins ist ihnen gemeinsam, die Anrede. «Liebe Mary» beginnen alle.

Ich bin diesen Priestern und Klosterfrauen dankbar, bin dankbar dafür, daß es sie gibt. Selbst unter den Klerikern müssen solche Menschen eine Minderheit sein, obwohl sie dies wahrscheinlich bestreiten würden. Der Glaube, die Religion lehre einen, gut zu sein, dieser Kinderglaube scheint in ihren Briefen nachzuklingen wie ein zarter Diskant. Offenbar nur sehr wenige Leute hegen heute noch diese Anschauung; in den besseren neoprotestantischen Kreisen gilt sie als überholt, und der Durchschnittskatholik sieht zwischen Religion und Moral keinen Zusammenhang, sofern es sich nicht um die Moral der anderen handelt, will sagen, den sogenannten verderblichen Einfluß von Büchern, Filmen, Ideen auf das Verhalten der anderen.

Meine Erfahrungen führen mich zum Schluß, daß die Religion nur für gute Menschen ist, und ich will hiermit kein Paradoxon aufstellen, sondern eine feststellbare Tatsache aussprechen. Nur gute Menschen können es sich leisten, religiös zu sein. Für die anderen ist es eine zu große Versuchung – Versuchung zu den Todsünden des Stolzes und des Zornes, hauptsächlich aber auch zur Trägheit. Ich bin überzeugt, daß meine Großmutter McCarthy als Atheistin oder Agnostikerin eine bessere Frau gewesen wäre. Ich halte die katholische Religion für die moralisch gefährlichste (den Islam kenne ich nicht), da sie durch ihren Anspruch, die einzig wahre zu sein, das Gefühl des Privilegiums begünstigt, von dem ich weiter oben sprach – die Vorstellung, es hätte eben nicht jeder das Glück, Katholik zu sein.

Ich bedaure indes nicht, Katholikin gewesen zu sein, und zwar zunächst aus praktischen Gründen. Durch meine Religion erlangte ich gewisse Kenntnisse in der lateinischen Sprache und vom Leben der Heiligen, eine Chance, die nicht jeder hat. Als Latein später mein Schulfach wurde, fiel mir sein Studium leicht und erschien mir reizvoll; die Sprache war wie ein alter Freund. Was die Heiligen anbetrifft, so ist es äußerst nützlich, über sie und die Art ihres Martyriums unterrichtet zu sein, wenn wir uns mit italienischer Malerei beschäftigen; zum Beispiel zu wissen, daß ein Zahn das Kennzeichen der heiligen Apollonia, der Schutzpatronin der Zahnheilkunde, ist und daß die heilige Agnes immer mit einem Lamm abgebildet wird und die heilige Katherina von Alexandria mit einem Rad. Bei der Lektüre von Dante und Chaucer oder der englischen Metaphysiker oder sogar von T. S. Eliot ist eine katholische Erziehung mehr als ein bloßes Hilfsmittel. Wenn ein Erwachsener ein paar theologische Kenntnisse erwirbt, um ein Gedicht von Donne oder Crashaw verstehen zu können, so ist das ebensowenig eine substantielle Grundlage, wie wenn die Bibel als hohe Literatur zum Gegenstand einer humanistischen Vorlesung gemacht wird. Dennoch gibt es für die meisten Studenten in Amerika keine andere Möglichkeit als diese Vitaminspritzen, um das Bildungsdefizit wettzumachen.

Wer als Katholik geboren und erzogen wird, nimmt noch vor seinem zwölften Jahr ein gut Teil der Weltgeschichte und der Geistesgeschichte in sich auf, und wie eine früherlernte Fremdsprache bleibt dieses Wissen unauslöschlich. In Amerika ist kein anderer Mensch, keine andere Menschengruppe in dieser glücklichen Lage. Zugestanden, die katholische Geschichtsdarstellung ist voreingenommen, aber sie ist darum nicht trocken oder tot; ihr Wert für den Studierenden liegt im Gegenteil darin, daß sie vermöge des heftigen Parteigängertums, das sie entflammte, so lebendig wirkt. Dieses Parteigängertum zieht überdies gleich einem Magnet Details an, die in amerikanischen Schulen sonst nicht gelehrt werden. Während die Kinder in den Volksschulen amerikanische Geschichte lernten, lernten wir englische bis zurück zur Zeit Lord Palmerstons; Grund hierfür war natürlich, daß die Geschichte Englands bis zu Heinrich VIII. katholische Geschichte und seither, mit einem oder zwei Zwischenspielen, antikatholische Geschichte gewesen ist. Natürlich waren wir angehalten, mit Maria der Blutigen (ein Beiname, der im Kloster nie erwähnt wurde), Königin Maria von Schottland, Philipp von Spanien, den Märtyrer-Jesuiten, Karl I. (verheiratet mit einer katholischen Prinzessin), Jakob II. (der zuerst mit einer Protestantin, dann mit Maria von Modena verheiratet war) und dem alten Thronprätendenten Karl Eduard Stuart, «Bonnie Prince Charlie», zu sympathisieren; das Interesse erlosch, als Peel und die Emanzipation der Katholiken drankamen. Mir erscheint es unwichtig, daß die Darstellung einseitig war (dem kann später abgeholfen werden); wesentlich ist die

Kenntnis der Schlachten und der Könige, ihrer Gemahlinnen, Mätressen und Kanzler, eine so genaue Kenntnis der Vergangenheit eines fremden Landes, daß diese zur eigenen wurde. Wäre ich in der Klosterschule geblieben, so wäre ich mit den anderen zur französischen Geschichte übergegangen und kennte heute die Liste der französischen Könige, ihrer Frauen und Minister; denn die Geschichte Frankreichs war bis zur Revolution katholische Geschichte, und Karl der Große, Jeanne d'Arc und Napoleon waren alle bedeutende Katholiken.

Doch erschöpft sich der Wert solcher Erziehung nicht darin, daß ein Kind in jüngerem Alter mehr weiß und das Wissen daher noch Teil seiner selbst werden kann, sondern sie vermittelt auch eine bestimmte Einstellung. Sich für die Streitfälle der Vergangenheit interessieren, leidenschaftlich sich mit der Sache identifizieren, die, politisch gesprochen, zur verlorenen Sache wurde, als die moderne Welt entstand, heißt eine Art Auflehnung gegen die Wirklichkeit erfahren, eine rebellische Nichtübereinstimmung, die in Amerika ebenfalls selten ist, da hier die Kinder in den Tugenden des Systems, unter dem sie leben, unterwiesen werden, gleichsam als habe die Geschichte in der amerikanischen Staatsbürgerkunde einen glücklichen Abschluß erreicht.

Soviel über die praktische Seite. Aber es sollte vielleicht hervorgehoben werden, daß meine katholische Ausbildung in den Augen des amerikanischen Pädagogen jede Nützlichkeit vermissen läßt. Wozu soll es taugen, wendet er ein, jeden Tag das Gesumm einer toten Sprache zu hören oder zu wissen, daß die heilige Ursula, eine bretonische Prinzessin, zusammen mit elftausend Jungfrauen in Köln den Märtyrertod erlitten hat? Ich habe gezeigt, daß solche Kenntnisse im späteren Leben ihre gewisse Brauchbarkeit beweisen, eine Nutzanwendung, die jedoch damals nicht beabsichtigt war: Wir lasen die Heiligenleben nicht, um italienische Malerei zu betrachten, und sagten unseren Katechismus nicht auf, um John Donne lesen zu können. Diese Vorstellung wäre abscheuliche Blasphemie. Wir lernten jene Dinge zu Ehren Gottes, und der Rest wurde uns sozusagen hinzugegeben. Auch hätte uns die Versicherung, daß der Lehrstoff im späteren Leben nützlich sein werde, nicht im mindesten dazu veranlaßt, eifriger zu lernen, wie ja auch Kinder sich nicht mehr des Rechnens befleißigen, wenn ihnen versprochen wird, daß es ihnen später im Geschäftsleben weiterhelfen wird. Der entscheidende Nutzen meiner katholischen Bildung war eine Belehrung, die ich mit vielen anderen sich als praktisch nützlich erweisend empfing: der Begriff von etwas, das Vorrang hat vor der Nützlichkeit und darüber hinausreicht («schauet die Lilien auf dem Felde, wie sie wachsen, sie arbeiten nicht und spinnen nicht»), die Idee der reinen Verschwendung. Den Nicht-Katholiken ist sie stets ein Ärgernis, sie finden, beispielsweise, den Gegensatz zwischen den reichen Kirchen und der armen Bevölkerung in Südeuropa unerträglich. Zugegeben, diese Kirchen sind Torheit, das Leben eines schmutzigen Einsiedlers oder einer eingeschlossenen Nonne, die keinen Unterricht erteilt, ist es nicht minder – nutzlos für die Gesellschaft, schlecht für die Betroffenen. Doch ich denke lieber in eben jener Weise über sie, als lediglich eine Kapitalsanlage, eine im Hinblick auf das künftige Heil gute oder schlechte Aktie darin zu sehen. Ich habe die Ablaßlehre nie recht leiden mögen – die Ansicht, man könne fünf Gegrüßet-seist-du-Maria sagen und dann ein Jahr Fegefeuer abziehen. Dies schien mir zur Art Katholizismus meiner Großmutter McCarthy zu gehören. Was ich an der Kirche liebte und woran ich mich mit Dankbarkeit erinnere, war der Sinn für Geheimnis und Wunder, das Aschenkreuz auf meiner Stirn am Aschermittwoch, den mit brennenden Kerzen erteilten Segen für den Hals am St. Blasiustag, die purpurnen Tücher, mit denen die Heiligenstatuen nach dem Passionssonntag verhängt wurden und die besagten, daß die Heiligen in Trauer die Gesichter verbargen, weil Christus gekreuzigt werden würde, das Glockenzeichen beim Sanctus, den Überschwang von Lilien am Osterfest – all dies ein wenig seltsam scheinende Ritual, das (außer dem Blasius-Segen) keinen anderen Zweck verfolgte, als Gedächtnisfeier einer seit langem gestorbenen Person zu sein. In diesen Augenblicken verzückter Selbstlosigkeit brannte die Seele vor Ehrfurcht.

Seither, als abgefallene Katholikin, quäle ich mich nicht mehr mit der Möglichkeit, daß Gott schließlich doch existieren könnte. Falls es ihn gibt (was mir höchst zweifelhaft erscheint), werde ich in der anderen Welt nichts zu lachen haben. Aber auf einen Gottesglaubenhandel, um damit meine Seele zu retten, will ich mich nicht einlassen. Pascals Wette – die er mit sich selbst einging, daß Gott existiere, obwohl seine Existenz durch Vernunftsschlüsse nicht bewiesen werden könne – dünkt mich zu vorsichtig. Was hatte Pascal zu verlieren durch sein Verhalten, «als ob» Gott existiere? Absolut nichts, denn es gab ja kein Gegenprinzip, das ihn im Fall der Nichtexistenz Gottes verdammt hätte. Ich für meine Person ziehe ein weniger sicheres Spiel vor und werde in meiner letzten Stunde nicht nach dem Priester schicken und keinen Reueakt erwecken. Mag meine Seele für alle Ewigkeit verloren sein. Falls jener Gott existiert, der mich verdammen würde, weil ich mich auf einen Handel mit ihm nicht eingelassen habe, so ist das bedauerlich. Ich hätte ohnehin keine Lust, die Ewigkeit in seiner Gesellschaft zu verbringen.

KRUMEN VOM TISCH
DER REICHEN

Jedesmal, wenn wir Kinder im Haus meiner Großmutter zu Besuch blieben, wurden wir über Nacht im Nähzimmer untergebracht, einem kahlen, schäbigen, der Nützlichkeit allein dienenden Rechteck, mehr Kammer als Schlafzimmer, mehr Speicher als Kammer, das in der Hierarchie der Räume die Rolle des armen Verwandten spielte. Es war ein Zimmer, das die anderen Familienmitglieder selten betraten, das die Magd selten fegte, Zimmer ohne Stolz; die alte Nähmaschine, ein paar ausrangierte Stühle, eine schirmlose Lampe, Rollen Packpapier, Stöße von Pappschachteln, die möglicherweise eines Tages gebraucht werden konnten, Nadelbriefchen und Stoffreste gaben im Verein mit den für uns aufgeschlagenen eisernen Feldbetten und dem nackten Bretterboden den Eindruck intensiver, unbarmherziger Zeitweiligkeit. Dünne weiße Decken, wie sie in Spitälern und Wohltätigkeitsinstituten zu finden sind, und schmucklose Jalousien erinnerten uns an unseren Waisenstand und an den ephemeren Charakter unseres Besuchs; nichts ermutigte uns, dieses Zimmer als unser Heim zu betrachten.

Die Kinder des armen Roy, wie das Mitleid uns niederdrückend nannte, konnten sich, nach Ansicht der Verwandtschaft, Illusionen nicht leisten. Unser Vater hatte uns ausgesetzt, indem er urplötzlich an der Grippe gestorben war und unsere Mutter mit sich genommen hatte, eine Verfehlung, über die man mit einem Gemisch aus Entsetzen und Kummer seine Bemerkungen machte, als sei meine Mutter eine hübsche Sekretärin gewesen, mit der er sich mutwillig ins verantwortungslose Paradies des künftigen Lebens verdrückt habe. Unser Ruf war durch dies Mißgeschick getrübt.

Nicht nur innerhalb der Familie, auch unter Ladenbesitzern, Angestellten, Trambahnschaffnern und anderen Satelliten unserer Kreise herrschte die Ansicht vor, daß mein Großvater, ein reicher Mann, sich außergewöhnlich freizügig verhalten habe, als er eine Summe für unseren Unterhalt bestimmte und uns, zwei Straßenecken von seinem eigenen Haus entfernt, mit einigen unangenehmen Verwandten mittleren Alters in einem schmierigen Domizil unterbrachte. Welche andere Möglichkeit bestanden hätte, wurde nicht erwähnt; vermutlich hätte er uns in ein Waisenhaus stecken können, und kein Mensch hätte darum schlechter von ihm gedacht. Jedenfalls fanden selbst die, welche uns bemitleideten, daß wir ein privilegiertes Dasein führten, privilegiert, da wir ja keine Rechte besaßen, und wenn wir bei der jährlichen Halloween- oder Weihnachtseinladung im Heim eines Onkels im Gegensatz zu unseren rosigen, feinen Vettern und Basen so trübselig, schlecht gekleidet und ungesund erschienen, bestärkte dies noch das Urteil, das sie sich von uns gemacht hatten – offensichtlich behielt man uns aus reiner Großmut überhaupt in der Familie. Je jämmerlicher unsere Umstände, desto tiefer also wirkte die Herablassung meines Großvaters, und dieser Auffassung schlossen auch wir uns an. Wir betrachteten den alten Mann – mit seinem Rheumatismus, seinem rosa Gesicht und weißem Haar, durch die Rosenknöspchen in seinem Pierce-Arrow und seinem Knopfloch farblich noch betont – einfältig und scheu als den Taufstein der Güte und Menschenfreundlichkeit, und das Fünfcentstück, das er uns gelegentlich für den Klingelbeutel in der Sonntagsmesse gab (unser Beitrag belief sich sonst nur auf zwei Cents), erfüllte uns nicht mit Neid, sondern mit reiner Bewunderung seiner Macht; dies war wahrhaft prinzlich, die wahre Art zu geben. Es fiel uns nicht ein, ihm die Ungleichheit unserer Lebensweisen zur Last zu legen. Unsere bitteren Gefühle richteten sich allein gegen unsere wirklichen Aufsichtspersonen, die, wie wir meinten, das für uns bestimmte Geld unterschlagen mußten, da das im großelterlichen Haus erreichte Maß an Komfort – die elektrischen Heizöfen, das Gaskaminfeuer, die liebreich über die alten Knie gebreiteten Decken und Tücher, das weiße Hüh-

nerfleisch und rote Ochsenfleisch, das Silber, die weißen Tisch-
tücher, die Dienstmädchen und der fürsorgliche Chauffeur – uns
davon überzeugte, daß Pflaumen und Reispudding, abblätternde
Wände und geflickte Kleider bei diesen Personen als unzulässig
galten und deshalb nicht von ihnen gewollt sein konnten. In unserer Vorstellung bedeuteten Reichtum und Großmut eins, und
Armut war nur ein Zeichen von Geiz.

Doch selbst wenn wir an die Ehrlichkeit unserer Wärter geglaubt hätten, wären wir dem vom Familienmythos uns vorgestell-
ten Bild der Wohltätigkeit meines Großvaters treu geblieben. Wir
waren zu arm im Geiste, um seine Großmut in Zweifel zu ziehen,
zu fragen, warum er zuließ, daß wir einen Steinwurf von ihm
entfernt bedrückt in Kälte und Entbehrung lebten und sein mildes
blaues Auge unter dem Verdeck der schroffen, millionärsgrauen
Braue verschwand, sobald ein Zeuge unserer Leiden sich an seinen
Knien einfand. Die offizielle Antwort kannten wir: Unsere Wohl-
täter waren zu alt, um es mit vier wilden kleinen Kindern aufzunehmen, der Großvater war mit beruflichen Angelegenheiten und
mit seinem Rheumatismus beschäftigt, dem er sich wie einer religiösen Pflicht widmete; denn er schleppte ihn auf Pilgerfahrten
nach Sainte Anne de Beaupré und Miami und brachte ihn mit
unparteilicher Ehrfurcht den nördlichen Heiligen und der südli-
chen Sonne dar. Der Rheumatismus verlieh meinem Großvater
die Weihe einer besonderen Berufung; er lebte ihr in der Art eines
Künstlers oder eines grauen Galahad, sie nahm ihn von uns allen,
sogar meiner Großmutter, aus, die in Ermangelung eines solchen
Leidens ein vergleichsweise ungerechtfertigtes Dasein führte und
im Verhältnis zu uns Kindern ein schärferes und mehr kriegeri-
sches Wesen zeigte. Sie spürte, daß sie trotz allem der Kritik
ausgesetzt war, und geübt, diese Art Gefühle in anderen zu vermuten, forschte sie in unseren Charakteren nach Anzeichen der
Undankbarkeit.

Tatsächlich waren wir bis zur Unterwürfigkeit dankbar. Wir
stellten keine Forderungen, wir hegten keine Hoffnungen. Wir
waren zufrieden, wenn uns erlaubt wurde, die gebrochenen Strah-

len dieses sonnenhaften Glücks zu genießen und manchmal an Sommernachmittagen auf der schattigen Veranda zu sitzen oder einen Wintermorgen lang in den Korbmöbeln des Wintergartens zu faulenzen, das elektrische Klavier im Musikzimmer zu bestaunen oder im dunklen Wohnzimmer umherzuklettern und die Früchte von Europareisen, die hinter Glas in riesigen Goldrahmen hängenden Gemälde, zu betrachten: schwärzliche italienische Gruppen von Andächtigen, schwer und glänzend wie Trauben, neapolitanische Frauen, die ihre Körbe zum Markt trugen, Ansichten von venezianischen Wasserstraßen und toskanische Ernteszenen — weltliche Themen, die nach irisch-amerikanischer Anschauung etwas Katholisches an sich hatten durch die örtliche Nähe des Papstes. Wir verlangten nicht mehr von dem Haus als den Stolz, mit ihm verbunden zu sein, und das war unser Glück, denn meine Großmutter, eine eifrige Anhängerin der «Reich-ihm-den-kleinen-Finger-und-er-nimmt-die-ganze-Hand»-Theorie in punkto Gastfreundschaft, bot niemals, soweit ich mich erinnern kann, einem Besucher die kleinste Erfrischung an, da sie ihre eigene Unterhaltung für in zureichendem Maße heilsam und stärkend hielt. Sie war eine häßliche, strenge alte Frau mit einem ungeheuerlichen Balkon von Busen und parlierte über gewisse feststehende Themen in farblosem Singsang, wie ein Priester, der die Messe anstimmt, Themen, denen die Wiederholung eine sinnlose Feierlichkeit verliehen hatte: ihre Audienz beim Heiligen Vater; wie mein Vater mit der Familientradition gebrochen und die demokratische Kandidatenliste gewählt hatte; ihr Besuch in Lourdes; die seit dem ersten Karfreitag blutbefleckte Heilige Treppe in Rom, die sie auf den Knien erklommen hatte; meine krummen kleinen Finger und inwiefern sie besagten, daß ich lügenhaft veranlagt sei; ein wundertätiger Knochen; die Wichtigkeit regelmäßiger Verdauung; die Bosheit der Protestanten; der Übertritt meiner Mutter zum Katholizismus und die Behauptung, daß meine andere Großmutter bestimmt ihr Haar färben müsse. Die unbedeutendsten Erinnerungen (wie meine Tante in einem Heuschober einen hysterischen Anfall gehabt habe) erhielten durch ihren Vortrag und durch den frommen Zusammenhang einen stark mahnenden Beigeschmack, gaben uns Angst und Schuldgefühl ein, und unbehaglich suchten wir wie in einer dunklen und rätselhaften Fabel nach der Moral der Geschichten.

Glücklicherweise schreibe ich Erinnerungen und keinen Roman, muß deshalb den unerfreulichen Charakter meiner Großmutter nicht erklären und nach dem Ödipuskomplex oder der traumatischen Erfahrung suchen, die ihr jene heutzutage bei Personenschilderung so sehr erwünschte klinische Glaubwürdikeit verleihen würde. Ich weiß nicht, wodurch meine Großmutter wurde, wie sie war; wenn ich die Familienbilder anschaue und mich an die Unbeugsamkeit ihrer Gewohnheiten erinnere, denke ich, daß sie sich immer gleichgeblieben ist; ihre Kindheit erforschen zu wollen erscheint mir so müßig wie die Untersuchung, was Jago gefehlt haben mag oder ob verkehrte hygienische Erziehung Lady Macbeth' Untaten bewirkt hat. Die sexuelle Vergangenheit meiner Großmutter – reich an der in ihrer Zeit herrschenden Kindersterblichkeit – war stark und erfolgreich gewesen: drei große, ansehnliche Söhne wuchsen heran und eine beflissene Tochter. Ihr Mann behandelte sie freundlich. Auf Geld, auf viele Enkelkinder und auf die Religion konnte sie sich stützen. Weißes Haar, Brille, weiche Haut, Runzeln, Handarbeiten – all das mütterliche Zubehör besaß sie, und doch war es eine kalte, neidische, streitsüchtige alte Frau, die da den ganzen Tag in ihrem Wintergarten saß und nach Mustern Stickereien anfertigte, religiöse Zeitschriften skandierte und bei jeder Verletzung ihres Willens die Zähne zeigte.
Streitsüchtigkeit war vermutlich der vorherrschende Zug ihres Wesens. Sie war eine stürmische Kirchengängerin, doch ohne jedes christliche Gefühl; die Barmherzigkeit des Herrn hatte nie in ihrem Herzen gewohnt. Ihre Frömmigkeit war eine Kampfhandlung gegen die protestantische Herrschaft. Die religiösen Zeitschriften auf ihrem Tisch gaben nicht der Beschaulichkeit Nahrung, sondern versorgten sie mit Vorwänden, erneut Ärgernis zu nehmen; Artikel, die gegen Geburtenkontrolle, Scheidung, Misch-

ehen, Darwin und das weltliche Schulsystem zu Felde zogen, waren ihre Lieblingslektüre. Die Lehren der Kirche interessierten sie nicht, sofern sie nicht Rüffel für die anderen enthielten. «Du sollst Vater und Mutter ehren», ein Gebot, das sich nicht mehr an sie wandte, war am häufigsten auf ihren Lippen. Die Ausrottung des Protestantismus – viel mehr als seelische Vervollkommnung – war der Segen, den sie erflehte. Bekehrung war ihre fixe Idee, eine Seele für Gott einzufangen ein Lieblingszeitvertreib – dadurch gäbe es einen Protestanten weniger in der Welt. Ausländische Missionen mit ihren Appellen an Wohlwollen und soziale Hilfe gefielen ihr weniger; es lag nicht in der Absicht meiner Großmutter, eine Seelen*ernte* zu veranstalten.

Ihre Streitsucht aber erschöpfte sich nicht in sektiererischer Schwärmerei. Sie verteidigte ihre Möbel und ihr Haus gegen die erdachten Eingriffe der Besucher. Doch nicht in der sanften und zittrigen endemischen Beschützermanie der alten Damen, die in rührender Angst um die Sicherheit ihres Eigentums bangen, aus der Brüchigkeit ihrer alten Knochen auf die Zerbrechlichkeit aller Dinge schließen und im gefährlichen Klirren einer Teetasse das Krachen der Sterblichkeit vernehmen. Meine Großmutter bewegten autokratischere Gefühle: Sie haßte es, daß man auf ihren Stühlen saß, auf ihren Rasen trat oder das Wasser in ihre Waschbecken laufen ließ, aus keinem anderen Grund als übermäßiger Herrschsucht, und verübelte sogar dem Postboten seinen täglichen Gang über ihren Bürgersteig. Ihr Heim war ein Machtzentrum, und sie gestattete nicht, diese Macht durch leichtfertigen oder demokratischen Gebrauch zu schmälern. Unter ihrem eifersüchtigen Auge waren die geselligen Eigenschaften des Heims verkümmert, im Familiengefüge fungierte es nur als politisches Hauptquartier. Der Familienrat trat dort zusammen, Konsultationen des Arztes und des Klerus fanden dort statt, aufsässige Kinder wurden dort hingebracht, um die Leviten gelesen oder einen moralischer Selbstbesinnung dienenden Aufenthalt zudiktiert zu bekommen. Testamente wurden dort eröffnet, Darlehen besprochen und bei besonderen Anlässen Abgesandte von der protestantischen Partei empfangen. Freunde hatte die Familie nicht, und Einladungen unter Blutsverwandten galten als törichte, unnütze Höflichkeiten. Die Festtagsdiners fielen als Pflicht den geringeren Mitgliedern der Organisation zu: Die Töchter und (von der falschen Religion übergetretenen) Schwiegertöchter trugen auf einer Schüssel Meringentorte wie das Haupt Johannes des Täufers auf, während die alten Leute an der Tafel thronten und nur ihre Verdauungsvorgänge den Festtag unter grollendem, rätselhaftem Beifall und Vorbehalt zur Kenntnis nahmen.

Bei einem furchtbaren Anlaß jedoch war meine Großmutter gastfrei gewesen. Sie hatte uns alle in jenen verhängnisvollen Wochen der Grippe-Epidemie untergebracht, als kein Krankenhausbett zu bekommen war und die Menschen mit Gesichtsmasken umherliefen oder sich in ihren Häusern einschlossen, als die entsetzliche Furcht vor Ansteckung jeden Verkehr lahmlegte und jeden seinem Nachbarn zum Feind machte. Einer nach dem anderen waren wir aus dem Zug getragen worden, der uns vom entlegenen Puget Sound nach Minneapolis, der neuen Heimat, gebracht hatte. Als wir im Bahnhof von Seattle zum Abschied gewinkt hatten, wußten wir nicht, daß wir mit Geschenken und Blumen die Grippe in unsere Abteile getragen hatten, aber als der Zug immer weiter nach Osten fuhr, hatte sie uns, einen nach dem anderen, niedergeworfen. Wir Kinder waren unschlüssig, ob unser Zähneklappern und die Apathie, mit der Mama in der Schlafkoje lag, nicht in irgendeiner Art zur Reise gehörten (bisher war ernsthafte Krankheit in unserer Vorstellung mit Neuerungen verquickt gewesen – sie hatte jeweils ein neues Baby ins Haus gebracht), und begannen alles für ein einziges Abenteuer zu halten, als wir unseren Vater den Revolver gegen den Zugführer richten sahen, der versuchte, uns an einem kleinen hölzernen Bahnhof mitten in der Grassteppe von North Dakota auszusetzen. Auf dem Bahnhof in Minneapolis waren Tragbahren, ein Rollstuhl, Gepäckträger, aufgeregte Beamte und hinter ihnen, in der Menge, meines Großvaters rosiges Gesicht, Zigarre und Stock und der Federhut meiner Großmutter. All das verlieh dem seltsamen und wirren Bild einen festlichen Zug und erfüllte uns Kinder mit der Gewißheit, daß unsere Krankheit der Anfang köstlicher Ferien sei.

Mehrere Wochen später erwachten wir im Nähzimmer zur Wirklichkeit, einer Atmosphäre von Rizinusöl, rektalem Fiebermessen, unwirschen Pflegerinnen und Betriebsamkeit, und obwohl uns verschlossen blieb, was sich so nahe von uns, kaum außer Hörweite, zugetragen hatte – ein Skandal schwerster Art, ein Kommen und Gehen von Priestern und Leichenbestattern und Särgen (Mama und Daddy waren ins Spital gegangen, um dort wieder ganz gesund zu werden, hatte man uns versichert) –, bemerkten wir doch, kaum aus dem Fieber erwacht, daß alles, wir inbegriffen, verändert war. Wir waren eingeschrumpft und verschossen wie die Flanellschlafanzüge, die wir trugen und die, zweifellos durch das öftere Waschen in einem Desinfektionsmittel, dünn und schäbig geworden waren. Das Benehmen der Leute um uns her – kurz angebunden, teilnahmslos und beschäftigt – unterrichtete uns ohne jedes Zeremoniell von unserer verminderten Bedeutung. Unser Wert war abgeblaßt, und ein neues Bild unserer selbst – wenn wir es hätten ahnen können: das Bild der Waise – entstand schon in unserer Vorstellung. Daß wir verzogen worden seien, hatten wir nicht gewußt, jetzt aber diente dieses Wort, das zum erstenmal sich unserem Vokabular zugesellte, dazu, die Veränderung zu erklären und die neue Ordnung einzuführen. Bevor wir erkrankten, waren wir verzogen worden; das erwies sich jetzt als mißlich, und alles, was wir nicht verstehen konnten, alles Unvertraute und Unerfreuliche, erschien gewissermaßen plausibel, sobald wir es mit diesem neuen Begriff in Zusammenhang brachten. Wir hatten nicht gewußt, wie es ist, wenn Tablette schroff aufs Bett gesetzt werden und für die Flockenmahlzeit kein Zucker und keine Sahne dastehen, wenn die Medizin in einem Schluck eingenommen werden muß, weil jemand nicht durch uns aufgehalten werden darf, wenn ein Ärmel über den Arm gezerrt und der Kamm durchs Haar gerissen, wenn man hastig gebadet wird und den Befehl erhält, sich aufzusetzen oder hinzulegen, los, schnell, keine Faxen, wenn die Fragen unbeantwortet, die Bitten unbeachtet bleiben, wenn man stundenlang allein liegt und aufs Kommen des Arztes wartet; das jedoch war anscheinend ein Versäumnis unserer Erziehung, und meine Großmutter und die Personen ihres Hauswesens legten es darauf an, diesem Fehler abzuhelfen.

Zweifellos waren ihre Motive gut; es war hohe Zeit, daß wir lernten, die Welt nicht länger als unsere Muschel anzusehen. Unser bisher so glückhaftes Leben – die Maikörbe, die Überraschungen am St. Valentinstag, die Picknicks im Garten, der kunstvolle Schneemann – war wirklich eine ungenügende Vorbereitung auf das Leben, das sich uns nun auftat. Unseren neuen Lehrern konnte eine gewisse Unduldsamkeit gegen unsere Eltern, die so wenig Voraussicht bewiesen hatten, kaum zum Vorwurf gemacht werden. Im Interesse aller lag es entschieden, daß wir das Vergangene je schneller, desto besser vergaßen, und eine ständige Rüge unserer Gewohnheiten («Tee und Schokolade, stell dir vor, und all die Kuchen mit Zuckerguß – kein Wunder, daß die arme Tess dauernd nach dem Doktor rufen mußte») und Lobreden, die ausschließlich in Form des Vergleichs gespendet wurden («Es ist einfach nicht zu fassen, wie sehr sich die Kinder gebessert haben»), schmeichelten den Gefühlen der Sprechenden und machten uns bereit, einen jedenfalls unersetzlichen Verlust hinzunehmen. Gleich allen Kindern wünschten wir uns anzupassen, und durch die uns beigebrachte Meinung, daß unser früheres Leben etwas lächerlich und unziemlich gewesen sei, geriet unsere Erinnerung daran ein wenig ins Schwanken wie der Vortrag eines Kindes, das vor einem Fremden ein Gedicht aufsagt. Wir stellten keine Ansprüche mehr, und unmerklich wurde unser Wunsch nach dem Wiedersehen mit den Eltern schwächer. Bald hörten wir auf, davon zu reden, und so, ohne Tränen und Geschrei, begriffen wir schließlich, daß sie tot waren.

Warum niemand, am wenigsten meine Großmutter, für deren Repertoire das Thema wie geschaffen erscheint, sich die Mühe nahm, uns zu unterrichten, ist heute unmöglich mehr in Erfahrung zu bringen. Zwar läßt es sich unschwer ausmalen, wie sie die Nachricht denjenigen von uns Kindern «beibringt», die alt genug

waren, bei einer der feierlichen Unterredungen zuzuhören, die ihr
Wesen von Zeit zu Zeit entfaltete, indem es schwer und schwel-
lend wurde wie ihr unheimlicher Busen, wie Päonien, ihre Lieb-
lingsblumen, oder die Schneiderpuppe, das bombastische Abbild
ihrer selbst, die, aus Gründen des Anstands halbwegs in ein Laken
gewickelt, dem Nähzimmer museumsähnliche Feierlichkeit verlieh
und unsere erste sexuelle Neugier erregte. Das geistige Ohr ver-
nimmt ihre Sätze, aber in Wirklichkeit sprach sie nicht zu uns, ob
aus einem hygienischen Motiv (den Geist nicht überfüttern und
für rege Darmtätigkeit sorgen) oder aus mißverstandener Freundlichkeit, ist schwer zu erahnen. Vielleicht fürchtete sie unsere
Tränen, die gleich Vorwürfen auf die herabgeregnet wären; denn
die Familienpolitik basierte damals auf dem Axiom unserer schein-
baren Empfindungslosigkeit, eine Annahme, die der Familie gestattete, mit uns wie mit Möbelstücken zu verfahren. Ohne
Zureden und Hätscheln, sobald sie wieder aufstehen konnten,
wurden meine drei Brüder ins andere Haus befördert; sie seien viel
zu jung, um es zu «spüren», hörte ich die Erwachsenen murmeln,
und würden den Unterschied nicht bemerken, «sofern Myers und
Margaret vorsichtig sind». In meinem Fall indessen mußte sich ein
Zweifel eingeschlichen haben. Ich war sechs – alt genug, um mich
zu «erinnern» –, und dies berechtigte mich, in den Augen der
Familie, zu größerer Rücksichtnahme, als ob mein Erinnerungs-
vermögen ein Anwalt sei, der mich vor Gericht vertrat. Aus
Rücksicht also gegen mein Alter und mein vermutetes kritisches
und vergleichendes Denken wurde ich deshalb noch eine Zeitlang
dabehalten und streifte bleich durch meiner Großmutter Wohnräume, ein schwankendes, vergängliches Geschöpf, ein Frosch,
der zur Kaulquappe wird, während meine Brüder, arme kleine
Polypen, schon tief in der Struktur des neuen Lebens lagerten. Ich
fragte nicht nach ihnen. Ich dachte wohl, sie wären tot, doch ihr
Schicksal berührte mich nicht stark; mein Herz war taub geworden. Ich hielt mich für klug, weil ich die Wahrheit über meine
Eltern erraten hatte, empfand ähnlichen Stolz wie ein Kind über
seine Entdeckung, daß es den Weihnachtsmann nicht gibt, aber ich

sprach nicht über dieses Wissen, reagierte nicht einmal heimlich darauf, denn ich wollte nichts damit zu tun haben, ich wollte an diesem Verlust nicht beteiligt sein. Die Wochen im Haus meiner Großmutter kommen mir nur dunkel wieder ins Gedächtnis zurück, schwarzumrandet wie eine Trauerkarte: das düstere Treppenhaus, in dem ich endlos zu lungern scheine, auf Mamas Erscheinen warte, wenn sie aus dem Krankenhaus nach Hause kommen wird, und dann einfach ziellos weiterlungere; das wintertrübe Schulzimmer der Erstkläßler in der seltsamen Akademie, die ich besuche; der graugelbe Behandlungsraum in der Arztpraxis, wo ich jeden Samstag auf einem Tisch schreie und bettele, während zu einem mir unerfindlichen Zweck elektrische Schocks durch meinen Körper gejagt werden. Doch diese Vorzugsbehandlung konnte mir auf die Dauer nicht gewährt werden; es war an der Zeit, daß ich meinen Platz fand. «Da ist jemand, der dich sehen will» – mit dieser Ankündigung und einem halb neugierigen, halb eingeweihten Lächeln kam das Zimmermädchen eines Nachmittags zu mir. Mein Herz tat einen Sprung, ich fühlte mich fast krank (wer sonst könnte es denn sein?), und sie mußte mich voranstoßen. Aber der Mann und die Frau, die mich mit meiner Großmutter im Wintergarten musterten, waren Fremde, zwei gar nicht einnehmende Leute mittleren Alters – eine Großtante und deren Mann, wie es schien –, denen eine Hand zu geben und ein Lächeln zu schenken mir jetzt befohlen wurde; denn, so sagte meine Großmutter, Myers und Margaret waren gekommen, um mich noch am nämlichen Nachmittag mit nach Hause zu nehmen, wo ich fortan bei ihnen leben würde, und ich solle keinen schlechten Eindruck machen.

Als der neue Haushalt im Gleise war, wurde der Tod meiner Eltern offiziell zugestanden und den Gefühlen ihr Recht gegeben. Konkrete Erwähnungen der Dahingegangenen, ihrer Schönheit, Heiterkeit, guten Manieren waren unseren Wärtern, die selbst keine dieser Eigenschaften besaßen, natürlich nicht willkommen, aber die Pflege des *in memoriam* unserer Eltern wurde für eine treffliche Übung gehalten. Unsere Nachtgebete wurden um eines für die

Seelen unserer Eltern verlängert, und wir sollen ein hübsches Bild abgegeben haben, wie wir alle vier in unseren Pyjamas, die Füße in den Hosenbeinen, in einer ordentlichen Reihe knieten, die Hände vor uns gefaltet hielten und das Gebet für die Abgeschiedenen aufsagten. «Herr, gib ihnen die ewige Ruhe, und das ewige Licht leuchte ihnen», schrien unsere dünnen kleinen Stimmen, doch dieses Gedenken, unseren Pflegern so reizend, war uns nur eine Last. Wir brachten es mit Lichterlöschen, Waschen, all den Plagen des Schlafengehens in Zusammenhang, besonders mit dem Klebepflaster, das uns nach dem Beten über den Mund geklatscht wurde, um die Mundatmung zu verhindern und uns für die Dauer der Nacht zu versiegeln, und das des Morgens auf sehr schmerzhafte Manier, mit Hilfe von Äther, wieder entfernt wurde. Es verwirrte uns, durch diese Personen an unsere Eltern gemahnt zu werden – Personen, die sie verdrängt hatten und die ihre abgeschiedenen Geister beinahe in Besitzerart zu beschwören schienen, als ob der große Gleichmacher Tod sie in ihren Bereich gebracht hätte. In ähnlichem Sinne wurden wir auf den Friedhof geführt, um die Gräber unserer Eltern zu besichtigen; da es nichts kostete, war es ein uns regelmäßig gegönnter Sonntagszeitvertreib, den wir bald wie alle von den Wärtern aufgezwungenen Erholungen verabscheuten – Vorführungen in Kaufhäusern, Platzkonzerte, Paraden, Ausflüge zum Heim der alten Soldaten, zum Botanischen Garten, zum Minnehaha Park, wo wir zusahen, wie andere Kinder auf den Ponies spazierenritten, zum Zoo, zum Wasserturm –, Zerstreuungen, die nichts kosteten, die lange Straßenbahnfahrten, endloses Wandern oder Warten nötig machten und den typischen müden, staubigen, proletarischen Charakter der amerikanischen städtischen Vergnügensanlagen hatten. Die beiden Erdwälle, die jetzt unsere Eltern waren, verbanden sich in unseren Gehirnen mit Kanonenkugeln aus dem Bürgerkrieg und Gefallenendenkmälern; wir betrachteten sie gleichmütig, in der Erwartung eines Gefühls, doch die Zwillingsgrasbetten mit ihren Allerweltsgrabsteinen entfachten nicht das geringste. Des unaufhörlichen Starrens müde, baten wir, in einem gegenüberliegenden Mausoleum spielen zu dürfen, wo die Toten doch wenigstens in Laden begraben waren und der Phantasie einen Anreiz boten.

Meine Großmutter machte die Erwähnung der Toten zur höflichen Sitte, die sie uns gegenüber auszuüben für passend hielt, wenn eines von uns, aus irgendeinem Grund, zu ihr ins Haus kam. Der Grund war allerdings meist der gleiche: Wir (das heißt mein Bruder Kevin oder ich) waren von zu Hause weggelaufen. Unabhängig voneinander hatten mein ältester Bruder und ich den Plan gefaßt, in einem Waisenasyl unterzukommen. Wir hatten bemerkt, wie der Hinweis auf unsere Elternlosigkeit offenbar immer das Interesse fremder Leute an uns erhöhte. Das führte uns dazu, das Wort «Asyl» in der alten griechischen Bedeutung zu verstehen und an ein gewisses rotes Ziegelsteingebäude, das wir einmal von der Straßenbahn aus nahe am Mississippi hatten liegen sehen, als an einen Hafen der Geborgenheit zu denken. Von Zeit zu Zeit, wenn unser Leben zu peinvoll geworden war, brach daher einer von uns auf, entschlossen, das rote Ziegelsteinhaus zu finden und dort wegen unseres, wie wir glaubten, rechtmäßigen Anspruchs auf seinen Schutz vorstellig zu werden. Manchmal jedoch verloren wir den Weg und manchmal den Mut, und nachdem wir einen Tag lang in den Straßen herumgelungert, in fremde Gärten geäugt und versucht hatten, das Herz des Besitzers zu rühren (denn an Adoption dachten wir auch), oder eine kalte Nacht lang uns im Beichtstuhl einer Kirche oder hinter einer Statue im Kunstinstitut versteckt hatten, brachten uns die Polizei oder ein wohlmeinender Hausvater oder einfach Angst und Hunger vor meiner Großmutter Tür. Dort wurden wir schweigend empfangen, und ein Familienkonklave trat zusammen. Wir wurden für eine Nacht, manchmal auch mehrere Nächte im Nähzimmer untergebracht, bis unsere Erregung sich gelegt hatte und wir zurückgeschickt werden konnten, dankbar auf jeden Fall für das Versprechen, daß keine Vergeltungsmaßnahmen über uns verhängt würden und daß das Leben, dem wir davongelaufen waren, weiterginge, «als ob nichts geschehen wäre».

Da wir in der Regel davonrannten, um einer zu erwartenden

Strafe zu entkommen, erreichten wir durch die Fluchtversuche wenigstens etwas; doch trotz der Sticheleien unserer Wärter, die uns bitter zu unserer «Schlauheit» gratulierten, vermochten wir selbst nicht zu empfinden, daß wir im Triumph heimkehrten, solange wir überhaupt heimkehrten. Die Krämpfe und Ängste jener langen Nächte hinterließen quälende Eindrücke in uns. Unsere mißlungene Flucht brachte uns, wie wir meinten, in die absolute Gewalt der Aufseher: Unsere letzte Waffe war dahin, denn offensichtlich konnten sie uns immer wieder zurückholen, und wir begriffen nie, warum sie diese Lage nicht ausnutzten und uns, wie sie es zu bezeichnen pflegten, den letzten Funken Leben aus dem Leib prügelten. Was uns davor rettete, vermochten wir nicht zu erraten – ein Wunder vielleicht; ein *menschliches* Motiv, das die Allgewalt bewegen konnte, von uns abzulassen, kannten wir nicht. Wir ahnten nicht, daß diese Fluchtversuche den Familienrat bestürzten, der nur in unserem besten Interesse gehandelt zu haben dachte und sich nun der Gefahr unverdienter Schande ausgesetzt sah. Welche Reaktion seitens der Protestanten stünde zu erwarten, falls noch Fürchterlicheres geschehen sollte? Selbstmord von Kindern war nicht unbekannt, und den stillen asthmatischen kleinen Kevin hatte man mit Streichhölzern unter dem Haus erwischt. Irrtum mochte die Familie nicht eingestehen, aber eine gewisse ungeschickte Behandlung durch Myers und Margaret gab sie zu. Sicherlich bestand die Gefahr, daß wir völlig unlenkbar wurden, wenn die Familie unsere Rückkehr bei solchen Gelegenheiten nicht durch Milde erleichterte. Daher behielt uns meine Großmutter in einer Art neutraler Haft. Sie lehnte es ab, unsere Beschwerden zu bemerken, und schenkte uns kein Wort des Trostes, aber die Annehmlichkeiten ihres Haushalts wirkten besänftigend auf uns wie eine automatische Mutterhand. Wir aßen und tranken mit Vergnügen; trotz ihrer herben Ansichten war meine Großmutter eine praktische Frau und hätte es nicht für der Mühe wert gehalten, ihren ganzen Fahrplan umzuändern, der Köchin klumpigen Brei und wässerige Salzkartoffeln beizubringen und sie wegen weißer Rüben oder Pastinaken und all der Gemüse, die wir nicht leiden mochten, auf den Markt zu schicken, um ähnliche Verhältnisse zu schaffen, wie sie ihr für unsere Charakterbildung passend schienen. Armenspeise kann teuer zu stehen kommen, besonders wenn sie auf Bestellung gekocht wird.

Zweifellos ahnte sie nicht, wie erfreulich diese Besuche uns erschienen, sobald sich unsere Furcht vor Strafe verringert hatte. Ihre Kenntnis unserer Lebensweise war ein großartig entferntes Wissen. Sie sah sich unsere Ménage nicht an, untersuchte ihre Praktiken nicht, und obgleich überempfindlich gegen Schielen und Unregelmäßigkeiten der Zähne (mit Brillen und Zahnspangen war sie tatsächlich freigebig, entstellenden Geräten, die uns als einziges Andenken an unsere bürgerliche Herkunft blieben und uns gleich Kastenzeichen irgendeines primitiven Stammes von den Genossen der Gemeindeschule abhoben), schien sie die Stopfen und Flicken unserer Kleider, unsere rauhen Hände und Vogelscheuchenarme, unser Schweigen und unsere ältlichen Gesichter nicht zu bemerken. Sie stellte sich uns von einigen Spielsachen umgeben vor, die sie uns geschenkt hatte – einen Sandkasten, eine hölzerne Schaukel, einen Wagen, einen Krankenwagen, eine Spielzeugfeuerspritze. Im Bewußtsein meiner Großmutter blieben diese Dinge immer im ursprünglichen Zustand; Jahre nachdem der Sand ausgelaufen und die Wände verfault waren, erkundigte sie sich noch liebevoll nach unserem entzückenden Sandhaufen und zeigte ihr Mißfallen, wenn wir in ihre Lobsprüche nicht einfallen wollten. Wie viele egoistische Menschen (ich habe diesen Zug in mir selbst bemerkt) war sie fähig, eine stattliche Ausgabe zu machen, aber ihre Tat ergriff sie so mächtig, daß ihre Großzügigkeit in ihrer Erinnerung noch fortlebte, wenn der praktische Nutzeffekt längst vergangen war. Im Fall eines braunen Biberhuts, den sie mich vier Jahre lang tragen sah, war sie gewiß für seine abgeschabte Haarseite, seine formlose Krempe und sein ausgefranstes Band durch die Vision des Preiszettels, den er als neuer Hut getragen hatte, blind gemacht. Doch obgleich ihre Einbildung den baren Stramin unseres Lebens bestickte, konnte sie nicht übersehen, daß wir während unserer kurzen Aufenthalte bei ihr *einigen* Unterschied zwischen den beiden Haushaltungen feststellten, und nicht verfehlen, unser Staunen und Vergnügen als ein ihr geltendes Kompliment aufzufassen.

Sie lächelte ganz freundlich zu uns herab, wenn wir über das Essen und die schönen warmen Badezimmer mit ihren Vorlegern und elektrischen Heizöfchen in Aufregung gerieten. Welch komische kleine Kreaturen, sich von Dingen, die schließlich nur zu den gewöhnlichen Annehmlichkeiten des Lebens gehörten, so stark beeindrucken zu lassen! Wenn sie uns so zufrieden in ihrem Hause sah, erwärmte sich an unserer Bewunderung ihr Wetteifer: Sie verglich sich mit unseren Wärtern, und obwohl sie es sich aus Ratsamkeitsgründen nicht leisten konnte, jene zu tadeln («Ihr Kinder wart aber sehr undankbar für alles, was Myers und Margaret für euch getan haben»), stimmte das Bewußtsein ihrer eigenen feineren Großmut sie uns in subtiler Weise günstig. Im Rausch solcher Emotionen sproß eine Zuneigung zwischen uns auf. Sie schien sich halbwegs gegen die Trennung von demjenigen zu sträuben, den sie in ihren Schutz genommen hatte, beinahe als empfände sie einen echten Gewissensbiß. «Versuche recht brav zu sein», ermahnte sie uns, wenn der Augenblick des Abschiednehmens kam, «und reize deine Tante und den Onkel nicht. Wir hätten vielleicht eine andere Vereinbarung getroffen, wenn es sich nur um eins von euch gehandelt hätte.» Dieser Beweis der Teilnahme, dieses schweigende Eingeständnis unserer wahren Lage erbitterte uns nicht etwa, wie sich denken ließe, gegen unsere Großeltern, denen nur Unkenntnis der Tatsachen zur Rechtfertigung hätte dienen können, sondern erfüllte uns vielmehr mit Liebe und sogar einer Art Mitleid – unsere Leiden waren weniger schrecklich, da jemand sie anerkannte, da jemand für uns litt, für den wir unsererseits leiden und ihn dadurch der Schuld ledig sprechen konnten.

Während dieser Galgenfristen knüpfte die Erinnerung an unsere Eltern ein Band zwischen uns und unserer Großmutter, das die gegenseitigen Beziehungen stärkte. Ungleich den Wärtern oder den wispernden Damen, die uns bisweilen besuchten, um, offenbar von pornographischer Neugier getrieben, genaue Einzelheiten über unsere Empfindungen zu erfragen («Glauben Sie, daß sie sich ihrer Eltern entsinnen?» – «*Reden* sie je darüber?»), hatte unsere Großmutter nicht das geringste Interesse daran, Trauergefühle in uns zu wecken. «Sie empfindet es überhaupt nicht», hörte ich sie Besuchern anvertrauen, im Tone der Zufriedenheit, nicht des Tadels, gleichsam als sei ich ein kastrierter Kater, den sie in höherer Voraussicht «behandelt» hatte. In der Rückschau war das Sterben meiner Eltern für meine Großmutter zur ereignisreichen Begebenheit geworden, deren sie sich mit Vergnügen und mit einer gewissen Selbstzufriedenheit entsann. Jedesmal, wenn wir bei ihr waren, wurde uns als besondere Gunst gestattet, in die Sterbezimmer zu gehen; denn der Umstand, daß meine Eltern, wie sie es auszudrücken pflegte, «in verschiedenen Zimmern gestorben» waren, besaß für sie sowohl romantische wie auch gewissermaßen selbst-anerkennende Bedeutung, als ob die Trennung im Tode von zweien, die sich geliebt hatten, an sich etwas Schönes sei und zudem der Herrin des Hauses Ehre mache, weil sie fähig gewesen war, in diesem Notfall zwei Hauptschlafzimmer herzurichten. Tatsächlich erschienen ihr die hausfraulichen Einzelheiten der Tragödie von höchster Wichtigkeit. «Ich verwandelte mein Haus in ein Spital», sagte sie, hauptsächlich dann, wenn Besucher anwesend waren. «Krankenpflegerinnen waren so rar wie Hühnerzähne und *teuer* – Sie machen sich keinen Begriff davon, was die Mädchen pro Stunde verlangten.» Die Speisetablette und die besondere Küche, die Wäsche und die Desinfektionsmittel riefen sich ihr zärtlich ins Gedächtnis, wie Einzelheiten eines einstigen Ballsoupers, dessen sie sich mit starker, besitzanzeigender Wehmut erinnerte.

Meine Eltern waren dadurch, daß sie auf ihrem Grund und Boden gestorben waren, anscheinend in besonderer Weise ihr Eigentum geworden, und sie teilte es uns nun nach und nach aus, im echten Gefühl zu spenden, genau wie sie später, da ich als erwachsenes junges Mädchen wieder zu ihr kam, mir eine Diamant-Lavallière meiner Mutter aushändigte, als sei sie selbst in erster Linie an diesem Schmuckstück erbberechtigt gewesen. Aber ihre

Freigebigkeit im Erinnerungen-Austeilen erschien uns Kindern als höchste Vergünstigung. Wir bettelten um mehr Sterbeminiszenzen, wie wir etwa auch um Zuckerzeug gebettelt hätten, und da wir gewöhnlich nicht nur kein Zuckerzeug, sondern auch keine Freundschaft, keine Filme und kaum Bücher, außer der uns von den Lehrern aufgegebenen Lektüre, erlaubt bekamen und wie soziale Seuchenträger zwischen den Rhabarberstengeln unseres vernachlässigten Gartens in Quarantäne gehalten wurden, waren diese durch unsere Großmutter ausgeteilten Erinnerungen unsere heimlichen Schätze; wir sprachen niemals zueinander von ihnen, sondern horteten sie, jedes gegen die übrigen, in der geizigen Festung unserer Herzen. Darum kehrten wir aus dem Haus unserer Großmutter neugestärkt zurück; diese Krumen vom Tisch der Reichen waren tatsächlich ein Festmahl für uns. Wir sträubten uns nicht einmal dagegen, wieder zu den Pflegeeltern zu gehen; denn nun fühlten wir uns ihnen überlegen, und außerdem hatten wir, wie wir wohl wußten, keine andere Wahl. Nur wenn wir unsere Verhältnisse als gerechte und unabänderliche Einrichtung hinnahmen, konnte uns gestattet werden, ihre Grenzen zu überschreiten und uns den Großeltern in einer Liebe verbunden zu fühlen, die um so wunderbarer war, als sie uns nichts einbrachte.

Auf die Art also wurde unser Haushalt zusammengehalten und meinen Großeltern die Notwendigkeit erspart, einen anderen Beschluß zu fassen. Begreiflicherweise brach von Zeit zu Zeit ein neuer Skandal aus (denn unsere Wärter reagierten auf unser Davonlaufen nicht durch größere Freundlichkeit), doch im Grunde waren wir soweit, an einer wirklichen Änderung unserer Umstände zu verzweifeln, und flohen ohne Hoffnung, lediglich um eine Strafe hinauszuschieben. Und als, endlich von den Tatsachen unterrichtet, fünf Jahre später unser protestantischer Großvater einschritt und uns rettete, überraschte uns seine Empörung über die Familie beinahe ebensosehr wie sein Handeln. Wir hielten es für ganz natürlich, daß Großeltern Bescheid wußten und nichts unternahmen; denn blickte nicht Gott aus seinem himmlischen Wohnsitz herab auf das menschliche Leid und ließ ihm seinen Lauf?

In diesen Erinnerungen finden sich mehrere zweifelhafte Behauptungen.

«. . . wir wußten nicht, daß wir die Grippe in unsere Abteile getragen hatten.» Der Zeitpunkt unserer Erkrankung aber gerade ist bestreitbar. Den Zeitungsberichten zufolge zogen wir uns die Grippe während der Reise zu. Dies widerspricht der Version, daß Onkel Harry und Tante Zula die Krankheit bereits mitgebracht hätten. Meine Erinnerung stützt die Behauptung, daß jemand vor der Abfahrt schon erkrankt war. Vielleicht jedoch wußten wir nicht, daß es sich um Grippe handelte.

«. . . als wir unseren Vater seinen Revolver gegen den Zugführer richten sahen.» Falls Onkel Harry recht hat, stimmt dieser Satz nicht. Jedenfalls «sahen» wir die Begebenheit nicht; ich hörte von ihr, wie gesagt, durch die Erzählung meiner Großmutter mütterlicherseits. Während ihres Berichts hatte ich das Gefühl, mich beinahe zu erinnern, das heißt, meine Vorstellung versorgte mich prompt mit einem entsprechenden Bild, wie sie mich auch mit dem Bild meines Vaters versorgt hatte, der, die Arme voll roter Rosen, im Eßzimmer steht. Tatsächlich entsinne ich mich dunkel eines Streits mit dem Zugführer, der uns zum Verlassen des Zugs zwingen wollte.

«Mehrere Wochen später erwachten wir im Nähzimmer zur Wirklichkeit.» So lange können wir nicht krank gewesen sein. Die Zeitungsberichte über den Tod meiner Eltern melden, daß «die Kinder sich im Zustand der Besserung befinden». Wir müssen etwa am zweiten oder dritten November in Minneapolis eingetroffen sein. Wahrscheinlich starben meine Eltern am sechsten und siebenten November; wahrscheinlich, sage ich, denn die beiden Zeitungsartikel lauten widersprechend, und weder mein Brunder noch ich wissen das Datum mit Bestimmtheit. Ich weiß, daß ich am Tag des falschen Waffenstillstands noch krank war, denn ich erinnere mich an Glockengeläut, an Tuten und Pfeifen und eine Pflegerin, die an meinem Bett stand und erklärte, dies bedeute, daß der Krieg zu Ende sei. Ich lag in einem fremden Zimmer und wußte nicht, wie ich hineingeraten war, wußte nur, daß draußen, wo der Lärm herkam, Minneapolis war. Beim Puzzle solcher Rückschau meine ich plötzlich, daß dies der Tag der Beerdigung gewesen sein muß. Mein Bruder Kevin ist der gleichen Ansicht. Nachdem ich so viel festgestellt oder nahezu festgestellt habe, bilde ich mir ein, mich auch daran zu «erinnern», als hätte ich es seit jeher gewußt. Jedenfalls blieb ich noch mehrere Tage zu Bett, da ich Grippe und Lungenentzündung gehabt hatte. Kevin behauptet, wir seien an Weihnachten noch im *großelterlichen Haus gewesen. Er glaubt ganz sicher zu sein; denn er war an jenem Tag «ungezogen» gewesen, er hatte mit einem Trommelstock das Stoffgitter des Phonographen in der Bibliothek zerlöchert.*

«Da ist jemand, der dich sehen will» – mit dieser Ankündigung kam das Zimmermädchen eines Nachmittags zu mir.» Ich glaube, der Satz ist reine Erfindung. In Wirklichkeit hatte ich die Leute, die meine Pflegeeltern werden sollten, einige Zeit vorher, während unserer Rekonvaleszenz schon gesehen. An einem Nachmittag waren wir in unseren Pyjamas in den Wintergarten meiner Großmutter hinuntergebracht worden, um zwei Fremde, einen Mann und eine Frau, kennenzulernen, die dort mit den übrigen Familienmitgliedern wie ein Empfangskomitee saßen. Ich entsinne mich, gespürt zu haben, daß dieser Anlaß nicht ohne Bedeutung war; möglicherweise hatte uns jemand gesagt, diese Leute würden, solange unsere Eltern fort wären, für uns sorgen, oder aber man hatte lediglich mit Nachdruck «Bravsein» von uns verlangt. Oder kam es vielleicht nur daher, daß alle schwarze Kleider trugen? Der Mann bewies viel väterliches Wohlwollen, nahm meine Brüder einen nach dem anderen auf den Schoß und streichelte sie, während er sich mit meinen Großeltern unterhielt. Er schenkte mir nicht die geringste Beachtung, und ich entsinne mich des sonderbaren Verfalls meines Gefühls, als ich sah, daß ich ausgeschlossen wurde. Mit tiefem Staunen und Kummer erkannte ich, daß er mich nicht leiden mochte, und war darüber nicht so sehr eifersüchtig wie betroffen. Nachdem er mit jedem meiner Brüder gespielt hatte, wurden wir wieder hinauf und ins Bett getragen. Soweit ich mich erinnere, sah ich ihn und seine Frau wochenlang, ja monatelang nicht wieder. Die Umstände meines Umzugs ins neue Haus sind mir entfallen. Doch eines Tages war ich dort, und das nächste, was ich weiß, ist, daß Tante Margaret mich straft, weil ich die Tapete in meinem Zimmer verdorben habe.

Der Leser wird sich fragen, warum ich die Geschichte in eine entschieden schwächere, sogar literarisch schwächere, viel zu sentimentale, nicht einmal wahrscheinlich wirkende, abgewandelt habe. Genau weiß ich es selbst nicht mehr; der Grund muß wohl gewesen sein, daß ich in meine Wärter nicht «hineinleuchten», sie hier noch nicht als Individuen beschreiben, sondern dies einer anderen Geschichte, der des nächsten Kapitels, überlassen wollte. «Krumen vom Tisch der Reichen», ungleich den folgenden Kapiteln, beschäftigt sich nicht wirklich mit Individualitäten. Das Kapitel ist in der Hauptsache eine zornige Anklage gegen die Privilegierten, ihr Verhalten gegenüber den Minderbegünstigten – eine einzige, atemlose, wortreiche Rede zum Gegenstand: menschliche Gleichgültigkeit. Wir Waisenkinder waren für unsere Elternlosigkeit nicht verantwortlich, wurden aber behandelt, als seien wir es, ganz so, als ob der Waisenstand ein von uns begangenes Verbrechen wäre. Man lese arm statt verwaist, sooft das Wort erscheint, und erhält eine Art Allegorie oder deutliche Gesellschaftssatire über das Thema Reichtum und Armut. Mein Zorn war ein verallgemeinerter Zorn und führte meine Großeltern nur als lebendige Beispiele gefühllosen Verhaltens an.

Mein Onkel Harry wendet ein, daß ich seiner Mutter nicht genügend Verdienst zuerkenne: Sie hätte nur den kleinen Finger heben müssen, sagt er, und sein Vater hätte mich im Testament übergangen. Er wünscht, daß ich dies begreife und mich dankbar zeige. (Ich war vierzehn oder fünfzehn Jahre alt, als mein Großvater starb.) Wie der Leser bemerkt, eine typische McCarthy-Überlegung: «. . .offensichtlich behielt man uns aus reiner Großmut überhaupt in der Familie.»

In einem Sinn jedoch habe ich meiner Großmutter wirklich Unrecht getan. Ich beschreibe sie rückschauend, doch mein Blick und mein Urteil sind die einer Erwachsenen. Als Kind aber liebte ich meine Großmutter; ich hielt sie für eine großartige Erscheinung. Viele ihrer Fehler – ihr starrer Katholizismus beispielsweise – erschienen mir nicht als solche. Ich erschauerte angenehm, wenn sie über «die Protestanten» und die Gewalttaten des Ku-Klux-Klan herzog; selbst vom Tod meiner Eltern hörte ich sie gern erzählen. «Tante Lizzie», wie meine Vettern zweiten Grades sie zu nennen pflegten, war auf ihre Art eine fesselnde Rednerin. Sie verbrachte die Winter in Florida, im Sommer aber ließ sie mich recht häufig herüberkommen und auf der schattigen vorderen Veranda sitzen, wo ich ihr zuhörte und beim Nähen zusah. Danach durfte ich hinausgehen und in ihrer großen Garage auf der Drehscheibe ein paar Runden fahren – einer Art Karussell, das der Chauffeur benutzte, um die Wagen zu drehen und nicht rückwärts in die Garage oder aus ihr heraus lavieren zu müssen. Außer ihrem Pierce-Arrow, den sie winters benutzte, hatte sie als Sommergefährt ein Lokomobil mit Leinenverdeck, worin ich manchmal mitfahren durfte, nach Minnetonka oder dem Großen-Bären-See oder Winona. Einmal besuchten wir ein Ursulinenkloster, und einmal ging es nach St. Joseph hinauf, wo wir die St.-Benedikt-Akademie besichtigten. Bei solchen Unternehmen war sie in ihrem Reisekostüm, Schleier und hohen Strohhut eine imponierende große Dame.

Sie konnte vornehm sein, wenn sie wollte, das spürte man. «Meine Mutter war offen und unzweideutig», sagt Onkel Harry. Sie hatte auch eine irdische Seite, hielt sich für eine elegante Frau von weitem gesellschaftlichen Horizont. In einem Sommer nahmen sie und mein Großvater mich nach Breezy Point, einer mondänen Station in Nord-Minnesota, mit. Leiter war ein Mann namens Billy Fawcett, der Herausgeber von Captain Billy's Whiz Bang. Dort sah ich zum erstenmal eine Frau Zigaretten rauchen. Wir unterbrachen die Rückreise, um den Bruder meines Großvaters, meinen Onkel John, zu besuchen, der unweit Duluth, wo die Getreidefirma ihre Hauptniederlassung hatte, ein großes, von einem tiefen Wald umgebenes Landhaus mit gepflegten Gartenanlagen und Gartenwegen bewohnte. Sie zeigten mir phosphoreszierendes Holz und Glühwürmchen; es seien Feen im Garten, sagten sie. Ehe ich zu Bett ging, tat ich in eine Rose eine Nachricht für die Feen, in der sicheren Erwartung, Antwort zu bekommen. Am nächsten Morgen aber war nur Tau in der Rose, und ich fühlte mich sehr verwirrt; denn dies bewies mir, daß es keine Feen gab.

Obwohl meine Großmutter Scheu einflößte, bewirkte eine gewisse Weite ihrer Persönlichkeit, daß man gern mit ihr zusammen war. Sie erzählte oft, daß Marshal Field ihr für einen selbstgestickten Sessel tausend Dollar geboten hätte, doch da der Sessel Onkel Louis versprochen gewesen sei, hätte sie das Angebot natürlich ablehnen müssen. Dies machte mir gewaltigen Eindruck, obgleich ich mich wunderte, warum sie nicht einfach einen zweiten gemacht hatte, falls sie ihn an Marshal Field verkaufen wollte. Immer wenn ich sie beim Einkaufen begleitete, fühlte ich, daß sie nahe daran war, mir ein Geschenk zu machen, wiewohl nichts, außer ihrem Benehmen, mich zu dieser Annahme ermutigte. Als ich sie auf meiner Reise ostwärts zum Vassar College besuchte, schlug sie mir tatsächlich vor, eine elektrische Pfannkuchenbackhaube für mein dortiges Zimmer zu kaufen. Glücklicherweise lehnte ich ab; später entdeckte ich, daß sie Geschenke an meine Brüder gewöhnlich von dem Kapital abzog, das für die Jungen angelegt worden war. So war ihr weiter Charakter mit Kleinlichkeit sonderbar durchzogen.

Ich habe den Geiz der Familie uns gegenüber betont, den streng eingehaltenen

doppelten Standard der beiden Häuser. Laut Onkel Harry gab mein Großvater für unseren Lebensunterhalt in den Jahren 1918 bis 1923 jedoch
einundvierzigtausendsiebenhundert Dollar aus. In der gleichen Zeit steuerte die
Familie Preston dreihundert Dollar bei. Mit dieser eigentümlichen Diskre-
panz werde ich mich später noch zu befassen haben. Hier interessiert mich die
Frage, wohin all das Geld ging. Etwa achttausendzweihundert Dollar jährlich
war damals keine geringe Summe, zumal sie steuerfrei blieb und nichts aus
Ersparnisgründen oder als Lebensversicherung zurückgelegt werden mußte.
Ob wirklich ein Teil des Geldes, wie wir Kinder glaubten, veruntreut wurde?

Die genannten Zahlen vor Augen, verstehe ich die Haltung meiner Großeltern nun ein wenig besser. Angesichts seiner Kontrollabschnitte hätte mein
Großvater allen Grund gehabt anzunehmen, in dem Haus, das er für uns
gekauft hatte, werde für uns Kinder anständig gesorgt. Ich erinnere mich seiner
Überraschung, als er erfuhr, daß wir nur die zwei Pennies für den sonntäglichen
Klingelbeutel erhielten. Doch er sah uns nicht oft, und wenn er uns einmal
besuchte, beklagten wir uns nicht. Dies erscheint seltsam, ist aber wahr. Ich
glaube nicht, daß wir unser Leid den Großeltern jemals vortrugen. Als wir
endlich redeten, eröffneten wir uns dem anderen Großvater, den wir kaum
kannten. Vermutlich fürchteten wir uns vor Strafe. Unsere einzige der Familie
sichtbar werdende Beschwerdeform war das heimliche Davonlaufen. Das Kind,
das eine Nacht im Beichtstuhl zubrachte und sich einen Tag lang hinter der
Laokoon-Gruppe im Kunstinstitut versteckt hielt, war ich. Weiter gelangte ich
nicht, denn ich besaß nicht das nötige Fahrgeld, um bis zum Waisenasyl aus
rotem Ziegelstein zu kommen. Kevin war kühner. Mit einem Umsteigebillett
reisend, das er auf irgendeine Weise ergattert hatte, erreichte er ein Waisenasyl
aus gelbem Ziegelstein, das «Die schirmenden Arme» hieß und von den
Freimaurern unterhalten wurde. Trotz seines Namens gefiel es ihm nicht so gut
wie das rote, und obwohl er lange Zeit über die Mauer lugte, hatte er schließlich
zuviel Angst hineinzugehen. Ein Hausbesitzer fand ihn weinend, gab ihm zu
essen, und am Ende kam der Pierce-Arrow mit Onkel Louis, um Kevin
abzuholen. Der Hausbesitzer hielt Kevin daraufhin für einen gräßlichen
Schwindelmeier.

Die Familie muß, so denke ich jetzt, durch unsere Fluchtversuche stark
beunruhigt worden sein. Sie bedeuteten entweder, daß wir unglücklich oder daß
wir unverbesserlich böse waren. Ich hatte im Ramschladen einen Ring gestoh-

len, und meine Tante hatte mich wieder hinführen müssen mitsamt dem Objekt, zum Büro des Direktors. Kevin hatte sein Schulzeugnis gefälscht, als für denjenigen von uns, der die besten Noten erhielt, ein Preis von zehn Cents (nein, fünf Cents) ausgesetzt worden war, und ich hatte ein Monatszeugnis zerrissen und unkenntlich gemacht, weil ich mich davor fürchtete, mit einer schlechten Note nach Hause zu kommen. Zu Hause hingen Androhungen der Besserungsanstalt über uns; in der Schule hingegen erhielten wir, oder wenigstens ich (an Kevins kann ich mich nicht erinnern), paradoxerweise gute Betragensnoten. Und wenn ich zu meiner wöchentlichen Beichte ging, wurden mir selten mehr als ganz leichte Bußen auferlegt – die kleinen Vaterunser und Gegrüßet-seist-du-Maria bereiteten mir jeweils beinahe eine Enttäuschung. Wie meiner Großmutter bekannt sein mußte, war ich ein Liebling der Geistlichen unserer Pfarrei.

Derzeit neige ich zur Ansicht, daß meine Großeltern sich unserer wirklichen Lage langsam klar wurden und selbst im Begriff standen zu handeln, als mein anderer Großvater sich einschaltete. Rückblickend glaube ich, daß meine Großmutter mich in die Internatsschule der Ursulinen zu stecken plante, die wir besucht hatten; sicherlich veranlaßte diese Hoffnung ihr Verhalten auf der Fahrt dorthin. Kein Zweifel, sie stellten sich so lange blind gegen die Wahrheit wie möglich; denn sie annehmen hieß, uns Kinder trennen und uns entweder in Internaten unterbringen (wofür wir wirklich noch zu jung waren) oder uns auf die Verwandtschaft verteilen (wogegen sich meine Onkel und Tanten wahrscheinlich gesträubt hätten) oder zulassen, daß die Protestanten den einen oder anderen von uns bekamen. Darauf lief jede Überlegung hinaus, wie der Leser im folgenden Kapitel sehen wird.

Ein Blechschmetterling

Der Mann, den wir Onkel Myers nennen mußten, war kein Verwandter. Soviel stand für uns vier Kinder fest. Kurz vor dem Tod meiner Eltern hatte er meine Großtante Margaret geheiratet und war so als kaum bekehrter Hagestolz zu unserem Pflegevater geworden – vielleicht keine sehr erfreuliche Aussicht für einen fetten Mann von zweiundvierzig Jahren, der gerade eine alte Jungfer mit einem kleinen Einkommen geehelicht hat, aus seiner Heimat in Indiana abberufen und als Vater von vier Kindern, die alle unter sechs Jahren waren, angestellt zu werden.

Als Myers und Margaret uns übernahmen, meine drei Brüder und mich, waren wir eine rechte Plage; in diesem Punkt herrschte auf der McCarthy-Seite der Verwandtschaft keine geteilte Meinung. Die berüchtigte Grippeepidemie von 1918, die unsere kleine Familie auf dem Weg von Seattle nach Minneapolis befallen und unsere Eltern im Abstand von einem Tag hinweggerafft hatte, besaß, wie alle Ratschlüsse Gottes, einen verdienstlichen Aspekt, und meine Großmutter McCarthy entdeckte ihn alsbald: Einer verwöhnten und verhätschelten Lebensweise, japanischen Hausdienern, glasierten Torten, Picknicks, verdorbenen Mägen, Diamantringen (man denke!), einem Hermelinmuff und -kragen, Pelzhüten und -mänteln war ein barmherziges Ende gesetzt worden. Meine Großmutter dankte ihren Sternen, daß Myers und ihre Schwester bereit waren, in die Bresche zu treten. Sonst hätten wir möglicherweise getrennt werden (ein Gedanke, bei dem sich ihre bebrillten grauen Augen feuchteten) oder von den «Protestanten» übernommen werden müssen. Mit dieser grimmigen Bezeichnung meinte sie meinen Großvater Preston, einen respektablen Rechtsanwalt neuenglischer Abkunft, der in Seattle lebte und, wie sie oft mit schrecklicher Betonung erklärte, es abgelehnt hatte, einen katholischen Priester in seinem Hause zu empfangen. Doch unsere Großeltern aus Seattle waren, als sie zum Begräbnis nach Minneapolis kamen, wie sie berichtete, wegen des Todes unserer jungen Mutter zu sehr gebrochen, um gegen die Vereinbarungen der McCarthys zu protestieren. Unter Tränen fügte meine jüdische Großmutter Preston, geborene Morgenstern, die noch immer schön war wie ihre verstorbene Tochter, sich dem vernünftigen Vorschlag, uns in der Religion, die meine Mutter angenommen hatte, gemeinsam aufzuziehen. In Minneapolis, im Haus meiner Großmutter McCarthy, setzte ich, das älteste der Kinder und das einzige Mädchen, mich in meinem Krankenbett auf und beobachtete die andere Großmutter, wie sie weinte und wie ihr kostbarer schwarzer Schleier ganz feucht wurde. Ich wußte nicht, daß meine Eltern tot waren und daß meine schluchzende Großmutter – an deren Rasenterrassen in Seattle ich mich erinnerte, weil es vergnüglich gewesen war, an Sonntagen diese Anhöhen hinabzukugeln – gerade eben, im gutgeheizten Wintergarten meiner Großmutter McCarthy, das mittelalterliche Paar getroffen hatte, das aus Indiana gekommen war, um die Fehler ihrer Tochter wiedergutzumachen. Ich war erst sechs Jahre alt und hatte gerade die erste Klasse der auf einem belaubten Boulevard in Seattle gelegenen Sacré-Cœur-Schule begonnen, ehe der verhängnisvolle Novemberauszug via Osten stattfand, aber ich war doch schlau genug, um zu sehen, daß Großmutter Preston nicht hierher in dieses nüchterne Krankenzimmer paßte, und eitel genug, um über meine Schlußfolgerung stolz zu sein, daß etwas schiefgegangen sein müsse.

Bald waren wir vier Kinder und unsere Aufseher in dem gelben Haus, 2427 Blaisdell Avenue, eingerichtet, das mein Großvater McCarthy für uns gekauft hatte. Es lag zwei Querstraßen von seiner eigenen vermöglichen Wohnung mit Standuhr, Wandteppichen und italienischen Gemälden entfernt, in einem Block, der seit einiger Zeit im «Herunterkommen» war. Von Zweifamilienhäusern flankiert, war es schlichtweg ein roher Kasten, worein Möbelstücke und Lebewesen wie in ein Warenhaus verstaut wurden; die Räume waren klein und bräunlich und aus einem unerfindlichen Grund dunkel, obwohl keine Pflanzenzierde das Haus auszeichnete: An einer Seite eine gerade zementierte Ausfahrt, rückwärts ein schmaler Weg. Unten waren ein Wohnzimmer, eine «Bude», ein Eßzimmer, eine Küche und ein Waschraum, oben vier Schlafzimmer und ein Badezimmer. Die trüben Tapeten in den Kinderschlafzimmern wurden von uns sogleich verschmiert; ohne die gewohnten Spielsachen, gelangweilt, unterhielten wir uns, indem wir mit unseren nassen Zungen Figuren auf die Wand malten. Dies war unsere erste Missetat, und ich erinnere mich daran, weil die Heftigkeit der Hiebe, die wir dafür kassierten, uns überraschte. Wir hatten nicht gewußt, daß wir etwas Verkehrtes taten. Die Flecken blieben die Jahre hindurch bestehen, um die ersten Hiebe und den Begriff des Böseseins in uns zu befestigen; sie starrten uns entgegen, wenn wir, noch immer gelangweilt, aber stumm und gezähmt, uns die Zeit damit vertrieben, Schattenfiguren an die Wand zu werfen.

Vielleicht entstanden aus diesem ersten Vergehen Myers' Strafgewohnheiten. Er sah, daß das Amt, das er übernommen hatte, keine Sinekure war. Der kinderlose Mann mittleren Alters wird mit seinem langsam arbeitenden Hirn begriffen haben, daß die hochtrabende Schwester seiner Frau seine Unerfahrenheit ausgenutzt hatte, daß die Verdrießlichkeiten den Nebenverdienst überwogen, kurz, daß er hineingelegt worden war. Von seiner Position aus müssen sich die Verhältnisse wirklich so dargestellt haben – will sagen, von einem braunen ledernen Armstuhl der «Bude» aus, in dem er saß, angetan mit einem blauen, schweißfleckigen Arbeitshemd, das am Halse offenstand und ein Unterhemd und löwengelbes schimmerndes Haar auf seiner Brust sehen ließ. Weiter unten waren Arbeiterhosen aus graubraunem Stoff, deren Knöpfe spannten und die unter dem Gürtel stets etwas klafften und einen zweiten Ausblick auf Unterzeug von gelblichweißer Beschaffenheit gestatteten. Über seinem dicken Kopf und gelblichen Lokkenschopf hingen die Kopfhörer einer gläsernen Radioausrüstung. Manchmal, großmütig gestimmt, setzte er sie für kurze Zeit über die dankbaren Ohren eines meiner kleinen Brüder.

Eine zweite Entschuldigung für Myers' Benehmen wird durch diese Schilderung offenbar. Er hatte sich gegen irische gesellschaftliche Vornehmtuerei zu behaupten, die ihn aus vier grünen Augenpaaren leidenschaftslos betrachtete und als «kein Gentleman» abtat. «Mein Vater war ein Gentleman, und du bist keiner» – was ich mit den kategorischen Worten meinte, weiß ich nicht mehr genau. Abgesehen davon, daß mein Vater das Temperament eines Romantikers gehabt hatte und ein Verschwender gewesen war, verband ich vermutlich auch etwelche Vorstellungen von Artigkeit damit. Unsere Familie war, wie viele neureiche irische Familien, mit aristokratischen Illusionen erfüllt; uns Kindern wurde stets erzählt, daß wir von den Königen von Irland abstammten und mit General «Phil» Sheridan verwandt seien, letztgenanntes ein Traum meiner Großtante. Genauer gesagt, war mein Urgroßvater großmütterlicherseits Kondukteur bei der Trambahn in Chicago gewesen.

Doch jedenfalls wurde Myers (oder Meyers) Shriver (oder Schreiber – der Name war offenbar amerikanisiert) als gesellschaftlich unter uns stehend empfunden. Ein weiterer Anklagepunkt in unserer kindlichen Kritik gegen ihn war sein Deutschtum oder richtiger seine deutsche Abstammung; sie hatte zur Folge, daß wir ihn 1918, kurz nach dem Waffenstillstand, ängstlich bestarrten. Dazumal herrschte unter den irischen Katholiken in Minneapolis ein starkes Vorurteil nicht nur gegen die protestantischen Deutschen, sondern gegen alle Nordländer und ihre verhaßte lutherische Irrlehre. Luthertum galt bei uns Kindern erstens als Religion für Dienstmädchen und außerdem als eine Art Gelber Gefahr, verquickt mit Erbsünde und der Gottesstrafe der in Martin Luthers Mund verfaulenden Zunge. Die bayrischen Katholiken hingegen nahmen wir aus und betrachteten sie mit besonderer Achtung; wir sahen sie in frühchristlichem Licht, braunhaarig und lockig wie die Apostel. Teilweise rührte dies vom Ruf Oberammergaus und seines Passionsspiels her und zum anderen Teil daher, daß viele Kleriker in unserer Diözese Bayern waren. Während meiner ganzen Lebensperiode in Minneapolis vertraute ich meine Ungehorsamssünden einem gutaussehenden, dunklen, jungen Priester namens Hochwürden Elderbush an. Onkel Myers dagegen war Protestant, obwohl er aus Trägheit nicht zur Kirche ging: Er gehörte nicht zu uns. Und die Entdeckung, daß wir uns vor ihm in der Schule, bei den Nonnen, in der Kirche, durch die Sakramente schützen konnten, schien zu beweisen, daß der Bann auf ihm lag, er wahrhaft nicht im Zustand der Gnade lebte. Da mir der Gedanke eingeprägt worden war, unsere Religion sei eine Art mittels frommer Bücher und guter Beispiele zwangsläufig sich ausbreitender Seuche, konnte ich nicht verstehen, wieso Onkel Myers trotz seiner Schlechtigkeit nicht von ihr angesteckt wurde; und sein verstocktes Verbleiben in der «Bude» am Sonntag, gleich einem schläfrigen Tier in seinem Bau, erschien mir naturwidrig.

Tatsächlich hatte die Situation etwas Unnatürliches und Unerklärliches. Seine Ehe mit Margaret zunächst: Er war drei Jahre jünger als seine Frau, und meine Großmutter McCarthy, seine reiche Schwägerin, konnte den Altersunterschied nicht genug erwähnen, als erkläre er alles auf eine leicht obszöne Weise. Tante Margaret, geborene Sheridan, war eine reife Maid von fünfundvierzig Jahren mit eisengrauem, schwarzschattiertem Haar, steifer Haltung, hochgeschlossenen Kleidern, unmodernen Hüten, mit einem wie ein Dreschflegel gefaltetes, stets unter dem Arm getragenen Exemplar von *Unser Sonntagsgast*, rauher, trockener Haut, wie mit Staub mit zarten farblosen Härchen besetzt, sie war ausgekehlt und runzelig wie die Pflaumen, die wir jeden Tag zum Frühstück aßen. Von ihr ließ sich sagen, daß sie es gut meinte, besonders gut mit Myers, all seinen zweihundertundfünfzig Pfund, inbegriffen Doppelkinn mit Grübchen und kleinen, glänzenden, vortretenden blauen Augen. Sie nannte ihn «Honigstengel», verfolgte ihn mit Aufmerksamkeiten, besonderen Leckereien, Küssen, auf die er mit Duldsamkeit antwortete, als ob seine geschwollene Passivität genug männliche Selbstbehauptung beweise. Es war deutlich, daß er

Tante Margaret nicht ungern mochte und daß die arme Margaret, wie ihre Schwester sagte, über beide Ohren in ihn verliebt war. Uns Kindern blieb diese ranzige Flitterwochenturtelei unverständlich; wir begriffen sie bei keinem der Partner; denn abgesehen von allem anderen, schienen uns beide sehr alt, was sie im Vergleich zu unseren jungen und schönen verstorbenen Eltern ja auch wirklich waren. Daß er sie ihres Geldes wegen geheiratet habe, schien uns unzweifelhaft, traf jedoch nicht notwendigerweise zu. Höchstwahrscheinlich liebte er die Macht, die er über sie hatte, und seine Macht zu veranlassen, daß sie uns bestrafte, war vielleicht ihre größte Anziehungskraft für ihn. Sie schliefen in einem kahlen häßlichen Zimmer mit einer großen Kommode aus billigem Kiefernholz, auf der, wenn Myers zu Hause war, seine schwarze Brieftasche und verstreute Fünf- und Zehncentstücke lagen. Beabsichtigte er, unsere Begehrlichkeit zu wecken, oder glaubte er dies Bollwerk seiner Männlichkeit für unsere schwachen Wünsche uneinnehmbar? Tatsächlich aber bestahlen wir ihn, mein Bruder Kevin und ich – zu Recht, dachten wir, denn uns wurde kein Taschengeld zuerkannt (sonntags morgens erhielten wir zwei Pennies für den Klingelbeutel), und wir vermuteten, daß das von unserem Großvater ausgesetzte Haushaltungsgeld in Myers' Brieftasche verschwände.

Und noch eine Seltsamkeit umgab Myers. Nicht nur rührte er keinen Finger zu seinem Lebensunterhalt, er schien auch keine Lebensgeschichte zu haben. Er stammte aus Elkhart, Indiana, doch außer diesem Faktum schien niemand das Geringste über ihn zu wissen, nicht einmal, wie er meine Tante kennengelernt hatte. Aus seinen Gesprächen entstand vor uns ein Bild von Elkhart, das er als einen nichtssagenden Ort darstellte – Spielplätze, Wettannahmestellen, Metallwarenläden hauptsächlich. Tante Margaret kam aus Chicago, einer Stadt, die aus «The Loop», Marshal Field, einer Auswahl von Priestern und Monsignori und dem Schwarz-Weiß-Problem bestand. Wie waren diese beiden Welten zusammengetroffen? Unsere Familie redete reichlich von ihren wirklichen und erfundenen Verwandten, Myers erwähnte keinen, nicht einmal Vater und Mutter. Ganz zu Anfang, als meines Vaters alter Tourenwagen, der verladen worden war, noch in unserer Garage stand, fuhr Myers ein paar Genossen schäbigen Aussehens damit durch die Gegend, oder sie hockten einfach im Wagen in der Einfahrt wie in einem verankerten Hausboot; aber als der Wagen fortkam, gingen sie ebenfalls weg oder wurden verbannt. Onkel Myers und Tante Margaret hatten keine Freunde, kannten keine Ehepaare mit denen sie Visiten tauschten, nur eine schwarzhaarige, kleine, ausgemergelte Frau mittleren Alters mit einem deutschen Namen und gelblicher Haut, zu der wir eines Nachmittags geführt wurden, weil sie an Krebs litt. Dieser langsame Tod wirkte wie eine öffentliche Hinrichtung, weswegen uns Myers zweifellos auch hingeführt hatte: Es war ein Schauspiel, und der Eintritt war frei, überdies verleitete er zu Unruhe und Niedergeschlagenheit. Myers war der Prototyp des wurzellosen, verstädterten Mannes, der sein Vergnügen in den Almosen oder den Überschüssen der industrialisierten Zivilisation findet. Gern stand er auf einer Bordschwelle und sah Aufmärschen zu, je undefinierbarer, desto besser. Die Parade am Labor Day schätzte er am meisten, als nächstes Militärparaden, dann Werbeumzüge mit geschmückten Wagen und kostümierten Mädchen; er ging sogar zum Calhoun- oder zum Harriet-See, wenn es Puppenwagenparaden und Wettkämpfe von Kindern in Indianerkostümen gab. Er liebte Musikpavillons, Musikkapellen, öffentliche Parks ohne Grasflächen; Himmelsschrift reizte seine Aufmerksamkeit; er war gleich dabei, als ein Warenhaus als Reklame für eine Seife bunte Seifenblasen in die Luft senden und von einem honigsüßen Sopran das Lied «Auf ewig blas ich Seifenblasen» singen ließ. Er sammelte Rabattmarken und Stanniol, bündelweise alte Zeitungen für den Lumpen-Knochen- und-Papier-Mann (und schmälerte dadurch ernsthaft die Papier-Sammelaktionen unserer Schule), freie Käseversuchspröbchen von Donaldsons, freie Eintrittskarten, die ein Kino der Nachbarschaft zu Beginn eines Fortsetzungsfilms ausgab – in all den Jahren unseres gemeinsamen Lebens mit ihm sahen wir nie einen ganzen Film, immer nur diese zusammengestutzten ersten Folgen. Außerdem liebte er das Trambahnfahren (war die Straßenbahn etwa städtisches Eigentum?), Kriegerdenkmäler, Friedhöfe, dicke, grobe Blumen wie Cannas und Hahnenkämme, welche die Stadtgärtner in die Beete steckten. Museen gefielen ihm nicht, obwohl wir eines Abends im Zug einer großen Menge uns aufmachten, um Marschall Foch auf der Treppe des Kunstinstituts zu sehen. Immer wieder stellte er auf Penny-Waagen sein Gewicht fest. Er verließ selten das Haus, wenn nicht zu einem dieser zwecklosen Gänge, oder aber um sich, allein, zu einem Ballspiel zu begeben. Im Winter verbrachte er seine Tage daheim in der «Bude» oder in der Küche und fabrizierte Zuckerzeug. Oft hatte er riesige Backbleche voll verzierter Pralinen im Keller zum Abkühlen stehen, und dieser Umstand führte meinen Bruder Kevin zu dem Glauben, daß Myers zu irgendwelcher Zeit seines Lebens Bäcker oder Konditor gewesen sein müsse. Gerne auch machte er jene kleinen Figürchen aus Pfeifenputzern, die damals in den besseren Schokoladengeschäften als Kundengeschenke gerade in Mode kamen, aber Myers benutzte *alte* Pfeifenputzer dazu, gelb und braun verfleckte. Die Bonbons mit ihren Nuß- und Mandelkronen, die er in vollkommen regelmäßigen Reihen aufs Blech legte, waren für seinen eigenen Verbrauch bestimmt; uns war gestattet, ihm bei der Anordnung zuzusehen, doch nie – mein Bruder Kevin bestätigt es – haben wir ein einziges gekostet.

In den fünf Jahren, die wir mit Myers verbrachten, wurden die einzigen Süßigkeiten, die ich je hatte, mit gestohlenem Geld gekauft und dann unter der untersten Garnitur meiner Ausschneidepuppe versteckt; Kevin entdeckte beides, Diebstahl und Versteck. Als ich eines Tages meine Papierpuppenschachtel öffnete, fand ich sie voll rosafarbener und weißer weicher Bonbons, die mir zunächst gottgesandt oder als ein Geschenk der Feen erschienen, Erhörung meiner Wünsche und Gebete, bis ich begriff, daß Kevin mauste und meine Puppenschachtel als Depot benutzte; wir hatten so wenige Besitztümer, daß er nicht einmal ein eigenes Versteck wußte. Etwas unter die Matratze zu stecken war zu gefährlich, wie ich erfahren sollte, als ich versuchte, katholische Geschichtenmagazine an diesem Ort zu verbergen. Meine Tante riß jedesmal das Bettzeug heraus und drehte die Matratze um; sie wollte feststellen, ob wir das Bett naß gemacht und versucht hatten, unsere Untat zu verheimlichen, indem wir die Matratze umkehrten. Mit Ausnahme der Schulbücher und, aus irgendwelchem Grund, der Humorseite und der Unterhaltungsbeilage der Hearst-Sonntagsblätter, wo über Lepra, die Affären des Grafen Boni de Castellane und über eine sonderbare Krankheit zu lesen stand, welche von den Füßen ab aufwärts kroch und die Befallenen in Stein verwandelte, war uns Lektüre verboten.

Dieses Leseverbot war den Schwestern, die mich in der Gemeindeschule unterrichteten, eine Quelle des Ärgernisses, und ihrer Intervention bei meiner Großmutter verdanke ich wohl, daß ich schließlich die Erlaubnis erhielt, offiziell die Reihe der *Camp Fire Girls*, *Fabiola* und andere Bücher zu lesen, die ich mittlerweile vergessen habe. Myers las nicht; vor den Tagen der gläsernen Radioausrüstung verbrachte er seine Abende mit dem Phonographen im Wohnzimmer: Caruso, Harry Lauder, «Keep the Homes Fires Burning» (Wartet des Feuers im heimischen Herd), «There ist a Sweet Little Nest» (Ich weiß ein trautes Nestchen), «Listen to the Mokking Bird» (Hört die kleine Spötterin). Sein Hauptspaß war es, uns vier in einer Reihe antreten und ihm die gleichen Melodien, die er gerade zuvor auf dem Phonographen gehört hatte, vorsingen zu lassen, wobei er über meine Darbietung lachte, denn ich bemühte mich – sehr laut und sehr falsch – die Stakkato-Phrasierung der Sopranistinnen nachzuahmen. Auch waren ihm lange Wörter verhaßt, oder vielmehr solche Wörter, die ihn lang dünkten. An einem Sommertag in der Küche, als ich Fliegen klatschen sollte, sagte ich: «Sie verschwinden so sonderbar», eine Bemerkung, die er jahrelang, jedesmal wenn er mich demütigen wollte, nachäffend wiederholte, und das Schlimmste an der Tortur war, daß ich nicht zu begreifen vermochte, was der Satz, der mir ganz gewöhnliche Umgangssprache zu sein schien, Besonderes enthielt, und so lief ich ständig Gefahr, mich erneut vor ihm bloßzustellen.

Soweit wir wußten, war er niemals beim Militär gewesen, aber er liebte es, straffe militärische Disziplin zu üben. Häufig mußten wir vor ihm antreten und im Chor laut auf seine Fragen Antwort geben. «Vorwärts marsch!» bellte er nach jedem Befehl, den er uns erteilt hatte. Der vierte Juli war der einzige Feiertag, den er gern beging. Alles, was ihm nach Geziertheit oder Hochnäsigkeit schmeckte, unterlag strengsten Strafen, und als die Älteste, die sich unserer Eltern und des einstigen Lebens am besten erinnerte, war ich die Hauptsünderin, manchmal absichtlich, manchmal absichtslos.

Mit acht Jahren fing ich in der Schule an zu dichten: «Hochwürden Gaughan ist unser Gemeindepfarrer / Und von West bis Ost immer beliebt ist und war er.» Und: «Ach, Papst Benedikt ist tot / Sagt das Volk in großer Not.» Papst Benedikt war dazumal lebendig und, so viel ich weiß, bei guter Gesundheit; ich hatte den Gedichtanfang nur des Rhythmus und des so traurigen Einfalls wegen geschrieben. Als dann aber, etwa ein Jahr später, für mich sehr passenderweise, der Papst wirklich starb, erfüllte mich ein Gefühl furchtbarer Macht: Macht, die stärker war als die des Priesters, «zu lösen und zu binden». Ich rückte mit meinem Gedicht heraus, es wurde von unserer Lehrerin in Schönschrift abgeschrieben und diente als Elegie unserer Schule bei einer Gedächtnismesse für den Pontifex. Ich wagte nicht zu sagen, daß ich es schon fertig im Pult gehabt hatte. Nicht viel später, als ich zehn Jahre alt war, gewann ich in einem Kinderpreisausschreiben über das Thema: «Die Irländer in der Geschichte Amerikas» mit meinem Aufsatz zuerst den Preis der Stadt und dann den des Staates. Die meisten Tatsachen hatte ich aus einem Artikel über Katholiken in der Geschichte Amerikas abgeschrieben, der in Fortsetzungen in *Unser Sonntagsgast* erschienen war. Ich ging von der Voraussetzung aus, daß jeder, der katholisch war, irisch sein müsse, sodann zu den Unterzeichnern der Unabhängigkeitserklärung über, wobei ich großzügig jeden Namen, der meinen Ohren irisch klang, beifügte. All dies war in eine Rhetorik gekleidet, ähnlich den «Lilien Frankreichs» – Gott weiß warum, ich war eben in Frankreich verliebt und hatte über den Marschall MacMahon hinaus auch Lafayette als Iren hingestellt. Ich glaube, selbst Kosciusko figurierte als Wahl-

Ire. Jedenfalls gab es in der Schule eine Zeremonie, bei der mir der Preis der Stadt überreicht wurde (fünfundzwanzig Dollar, glaube ich, oder vielleicht war dies der Staatspreis); meine Tante saß im Auditorium, trug ihren besten Wilderpelfederhut und sah für einmal stolz und glücklich aus. Auf dem Heimweg sprach sie freundlich mit mir, als wir aber in unser häßliches Haus kamen, erhob sich mein Onkel schweigend aus seinem Sessel, zog mich in den dunklen Waschraum im Erdgeschoß, der immer nach Rasiercreme roch, und schlug mich wütend mit dem Griff des Rasierapparats – um mir eine Lehre zu erteilen, sagte er, da ich sonst hochnäsig würde. Tante Margaret trat nicht für mich ein. Nach einem ersten verwirrten Blick legte sich ihr Gesicht in zustimmende Falten: sie war zu sanft gewesen. Gewöhnlich zahlte sie Myers' tieferer Einsicht diesen Tribut – sie fürchtete, durch Schwäche seine Liebe zu verlieren. Das Geld wurde mir abgenommen, «um es für mich aufzubewahren», und ward daraufhin natürlich nie mehr gesehen. Nicht anders erging es allen Dingen, die als «viel zu gut für sie» erachtet wurden, eine Gattung, mit der nur ihr Pendant «noch lange gut genug» rivalisierte.

Wir wurden jederzeit und mit Selbstverständlichkeit geschlagen, bei gewöhnlichen Anlässen mit der Haarbürste an die nackten Beine, bei besonderen Anlässen, wie dem Preisgewinn, mit dem Rasiergriff auf das bloße Hinterteil. Es war, als ob diese beiden unwissenden Menschen, auf hoher See mit vier verängstigten Kindern, einen Dickensschen Roman – *Oliver Twist* vielleicht oder *Nicholas Nickleby* – als Navigationskarte benutzt hätten. Manche Strafen hatten wir verdient, andere nicht, oft wurden sie um nichts als vorbeugende Medizin verabreicht. Ich wurde, lediglich weil ich die Älteste war, häufiger als meine Brüder geschlagen; das heißt, jedesmal, wenn einer von ihnen verhauen wurde, erhielt ich ebenfalls Hiebe, weil ich kein besseres Beispiel gegeben hatte, und in jeweils vermindertem Maß geschah dies mit allen vieren. Kevin wurde für Prestons und Sheridans Untaten verprügelt, Preston für Sheridans, wohingegen Sheridan, der Kleinste und der Liebling, nur für seine eigenen büßen mußte. Daher fürchteten wir einander natürlich und mißtrauten einander, und nur zwischen Kevin und mir bestand eine Art unsicheres Bündnis. Als Kevin einmal bei denkwürdigem Anlaß davonrannte, hatte ich ein Gefühl trotziger Freude, vermischt mit der Angst vor Strafe und mit etwas Üblerem, der rachsüchtigen Erwartung der Hiebe, die *er* sicherlich bekäme. Vermutlich waren während meiner beiden Fluchtversuche seine Gefühle sehr ähnliche – Neid, Ehrfurcht, Angst, Bewunderung und eine gewisse böse, mit dem Onkel heimlich sympathisierende Erregung beim Gedanken an den drohenden Rasiergriff. Jedoch, seltsam genug, an jenen historischen Tagen wurde niemand verprügelt. Nachdem der Missetäter aufgefunden war, nahm er seine Zuflucht im Hause meiner Großmutter, und über dem Haus in der Blaisdell Avenue lag furchtsames Schweigen, da man sich die ungeheuerliche Verwegenheit und Hinterlist des Ausreißers vorstellte; ohne Zweifel fiel Onkel Myers das Herz in die Hosen bei der Aussicht auf Auseinandersetzungen im McCarthyschen Familienrat. Die drei Daheimgebliebenen wurden dazu verurteilt, den Tag im Obergeschoß in strikter Stille zu verbringen. Obwohl meines Onkels unparteiische Strafanwendung sehr oft dazu führte, daß wir einander feind wurden, erreichte sie doch nicht die geringste Disziplin, da wir keinen Antrieb hatten, uns gut aufzuführen. Wir wußten ja nicht, wann wir mit Strafe zu rechnen hatten, ob wir nicht für etwas, das wir nicht getan hatten oder das sogar nach allgemeiner Ansicht für gut galt, bestraft würden. Wir wußten nicht, wann wir uns vergingen, und aus dieser Unsicherheit lernte ich in der Hauptsache eine Politik der Lüge und der Heuchelei; mehrere Jahre nach unserer endlichen Befreiung noch war meine Verlogenheit ein wirkliches Problem.

Trotz Myers' durchaus berechtigtem Haß gegen den Intellekt, gegen Belesenheit und Bildung (denn wirklich waren sie Mittel zur Flucht vor ihm), hatte mein Onkel, wie alle Diktatoren, ein Buch, das er liebte. Es war *Uncle Remus*, ein roter Band, ein Buch, das ich verabscheute und aus dem er uns des Abends in der «Bude» immer wieder vorlas. Mir schien, als ob die Herabminderung menschlichen Lebens auf die Ebene sprechender Tiere und der Verfall der

Sprache in Dialekt meinem Onkel einen ganz persönlichen Genuß bereite. Er wußte, daß ich das Buch haßte, und, meinen Bruder Sheridan auf den Knien, verabfolgte er mir einen Absatz unter vielem Gekicher und zahlreichen Wiederholungen, bei irgendwelcher Heldentat des Fuchses verweilend. Dank *Uncle Remus* hatte er seine große Stunde, und ich kann bis zum heutigen Tag Dialekt und Fabeln nicht ohne einen gewissen Widerwillen lesen.

Ein Unterschied muß festgehalten werden zwischen der launenhaften Brutalität meines Onkels und den Strafen und Vergeltungsmaßnahmen meiner Tante, die ihr wahrscheinlich ihr Gewissen eingab. Meine Tante war keine böse Frau; sie war nur äußerst methodisch. Da die Familie behauptete, wir seien verzogen worden, begab sich die Tante energisch daran, uns mit sozusagen wissenschaftlichen Mitteln zu heilen. Alles, was wir taten, geschah gemäß den Bestimmungen eines umfassenden Plans. Sehr genau nahm sie es natürlich mit der Verdauungsdisziplin, und alles in unserem Dasein war auf die nach dem Frühstück erfolgende Sitzung «auf dem Thron» hin ausgerichtet. Unser ganzer Speisezettel – vom morgendlichen Orangensaft mit Rizinusöl, das wir einnehmen mußten, sobald «Blässe» den geringsten Vorwand lieferte – kreiste um diese Zeremonie. Zum Frühstück gab es täglich Pflaumen und Brei aus Weizenflocken oder Maismehl. Ich mußte Mehl oder Flocken unvermischt essen, da wegen irgendwelcher medizinischer Schrulle die Meinung herrschte, daß Milch mir schädlich sei. Das übrige Tagesmenü bestand aus Pastinaken, weißen Rüben, Kohlrabi, Karotten, Salzkartoffeln, Kohl, Zwiebeln, Kürbis und so weiter; die meisten grünen Gemüse waren anscheinend zu teuer, um für uns angemessen zu sein, wenngleich ich glaube, daß die Familie überdies eine moralische Affinität zum Wurzelgemüse hegte, die vielleicht von allem Faserigen, Zähen, Wäßrigen und Knotigen im irischen Bauerngeschlecht herrührte. Zum Nachtisch erhielten wir Reispudding, Maizenapudding, verkochten Milchbrei mit kleinen Luftlöchern darin, Backpflaumen, gekochte Eierpflaumen, Rhabarber, gekochte Birnen, gekochte getrocknete Pfirsiche.

Wir müssen auch Fleisch bekommen haben, aber ein blasses Lammstew ist mir nur noch ganz schwach im Gedächtnis, ein Stew, in dem die Karotten die Stücke von weißem, fettigem Fleisch, von Knochen und Knorpel an Zahl übertrafen; bestimmt bekamen wir keine Steaks oder Braten oder Truthahn oder Brathähnchen. Doch vielleicht wurde uns gelegentlich ein Suppenhuhn mit Gemüse vorgesetzt (denn ich erinnere mich an den in seinem faltigen Hautüberzug zusammengeschrumpften Hals, der mir als meine Portion zukam, und daß ich eine eßbare weiße Schnur aus ihm heraussaugen konnte) und zweifellos ein falscher Hase und gekochtes Rindsstew. Eiscreme, Kuchen, Obsttorte oder Butter sahen wir nie, aber an seltenen Morgen gab es Maisbrotküchlein oder dicke, fette Pfannkuchen mit Sirup.

Ehe jedes Krümchen aufgegessen war, durften wir nicht vom Tisch aufstehen, und ich saß gewöhnlich einen halben dunklen Winternachmittag lang und starrte in die kalten Karotten auf meinem Teller, bis ich während einer kurzen Schneeperiode entdeckte, daß ich sie zum hinteren Fenster hinauswerfen konnte, sofern ich es sehr leise hochschob. (Unglücklicherweise landeten sie auf dem geteerten Dach eines neben der rückwärtigen Veranda stehenden Schuppens, und als der Schnee schließlich schmolz, erntete ich eine schreckliche Strafe.) Von Zeit zu Zeit hatten wir eine Hausangestellte, aber das Essen war so schlecht, daß die Mädchen nicht bei uns blieben und meine Tante das Kochen mit saurem Eifer wieder übernahm, von ihrer Schwester unterstützt. Tante Mary, eine arthritische, weißhaarige, blasse, fromme alte Dame, hatte sich still unserem Haushalt beigesellt, verdiente sich ihren Unterhalt, indem sie beim Nähen und Abstauben half, und bemühte sich, Myers aus dem Weg zu gehen. Mit ihrer freundlichen Hilfe gelang es Tante Margaret, in bescheidenem Umfang den Bedingungen nahezukommen, die in den von uns vier Kindern als Zufluchtsstätten stets erträumten Waisenhäusern vorherrschen.

Myers teilte unsere Kost nicht mit uns. Er saß am Kopfende des Tischs, Serviette um den Hals gebunden, aß die besonderen Speisen, die Tante Margaret für ihn zubereitete, und tat manchmal einen Löffelvoll davon auf den Teller meines jüngsten Bruders, der neben ihm auf einem hohen Stühlchen saß. Zum Frühstück bekam er Weizenflocken oder Weizenschrot mit Bananen oder Pfirsichschnitzeln, eine Bewirtung, die wir für lukullisch hielten, zum Abendessen Schweinsfüße und andere Delikatessen, deren ich mich nicht mehr entsinnen kann. Ich weiß nur noch, daß er sie mit Sheridan, der Herdie genannt wurde, teilte. Mein mittlerer Bruder wurde Pomps oder Pompsie gerufen – zärtliche, kindliche, von unseren toten Eltern ererbte Namen. Sie klangen dumpf wie Grabeserde in Tante Margarets erstickter Stimme, die an einen mit Asant getränkten, gegen winterliche Halsentzündungen angelegten Brustwickel gemahnte.

Zusätzlich zu solchen Umschlägen und Senfpflastern und Eisenpillen zur Unterstützung unserer ohnehin fürchterlichen Nahrung wurden wir der Gesundheit dienenden Übungen unterworfen, die in der Jugend meiner Tante beliebt gewesen waren. Ich habe schon erzählt, wie wir abends zu Bett gebracht wurden, Klebepflaster, welche die Mundatmung verhindern sollten, über den Mündern; morgens wurde Äther, der mir Übelkeit bereitete, benutzt, um das Pflaster wieder zu entfernen. Aber auf unseren Oberlippen und in den Winkeln unserer spitzen Kinne blieb gewöhnlich ein schmieriger, grauer Gummirest zurück, wenn wir uns in unseren schweren Überkleidern, unserem langen Unterzeug, unseren schwarzen Strümpfen und hohen Schuhen zur Schule aufmachten. Die Kopfkissen wurden uns weggenommen; im Frühjahr bekamen wir ein Tonikum aus Schwefel und Molasse verabreicht, und im Winter mußten wir an den Samstagen und Sonntagen, ungeachtet der Temperaturen, morgens und nachmittags je drei Stunden im Freien bleiben. Wir waren aus dem milden Klima von Seattle hierhergekommen, und bei sechsundzwanzig, neunundzwanzig oder einunddreißig Grad unter Null vermochten wir nicht zu spielen – auch wenn wir Spielsachen gehabt hätten –, standen gewöhnlich nur weinend im Schnee und schlugen manchmal mit unseren gefrorenen Fäustlingen gegen das Fenster, bis dort das ärgerliche Gesicht der Tante erschien und uns verjagte.

Kein Versuch wurde unternommen, uns einen Sport beizubringen, weder im Sommer noch im Winter. Im nahen Fairoaks Park,
wo die ärmeren Kinder sich eine abfallende Eisbahn machten,
über die sie sitzend oder stehend hinabflitzten, durften wir nicht
schlittern, aber ich liebte diesen waghalsigen Sport und schlitterte
trotz des Verbots auf dem Rückweg von der Schule, bis ich eines
Tages auf dem Eis meinen schäbigen Mantel zerriß und mich nicht
nach Hause traute. Eine freundliche Frau namens Mrs. Corkerey,
die in unserer Nähe einen Süßwarenladen hatte, flickte ihn mir
sehr geschickt, so daß meine Tante nie etwas merkte; dennoch
verlor das Schlittern für mich seinen Reiz; denn einen zweiten Riß
konnte ich nicht riskieren.

Oft waren die Nachbarn insgeheim freundlich zu uns, und bisweilen redeten sie auch mit den Schwestern der Gemeindeschule;
aber alle fürchteten, meine Großeltern zu verärgern, die sonntags,
wenn sie ihren Kirchenstuhl in der St. Stephanskirche betraten, ein
Air von Reichtum und Pomp verbreiteten. Mrs. Corkerey brachte
sich und mich in Schwierigkeiten, weil sie mich, wenn ich morgens
ihre Tochter Clarazita, die in meine Klasse ging, zur Schule abholte,
in ihrer Küche über dem Süßwarenladen fütterte. Ich pflegte Mrs.
Corkerey anzulügen und zu behaupten, ich hätte kein Frühstück
bekommen (während ich in Wahrheit einfach hungrig war), und
schließlich ging sie in ihrer Empörung zu den Nonnen. Die Sache
wurde mit meiner Tante besprochen, und ich war gezwungen zuzugeben, daß ich gelogen hatte und daß man mir zu essen gab,
wobei Mrs. Corkerey für allezeit ihre Vorstellung vom Leid der
Waisenkindheit verloren haben muß. Es war mir damals unmöglich, ihr auseinanderzusetzen, daß ich ihres Mitleids und ihres
grimmigen, zornigen Herzens bedurft hatte. Mr. Harrison, ein
anderer Nachbar, ein gutsituierter alter Junggeselle oder Witwer,
nahm uns mitunter zum Baden mit, und dank seiner Lektionen
lernte ich schwimmen – wunderliches altmodisches Brustschwim-
men, einem alten Mann mit hochgeschlossenem Badeanzug und
mit Bart abgesehen. Im allgemeinen war uns jedoch nicht gestattet,
mit den Nachbarn oder mit anderen Kindern irgend etwas zu tun

zu haben. Vorschrift war, daß andere Kinder nicht in unseren Hof kommen und wir nicht in ihre Höfe gehen durften; auch war uns nicht erlaubt, mit einem anderen Knaben oder Mädchen zur Schule zu wandern. Doch da wir an fünf Tagen der Woche den größten Teil des Tages in der Schule verbrachten, konnten unsere Pflegeeltern nicht verhindern, daß wir ungeachtet des Verbots Freundschaften schlossen. Tatsächlich fühlten sich die anderen Kinder sehr zu uns hingezogen, sie bemitleideten uns wegen unserer jammervollen Umstände und achteten uns, weil wir für reich galten. Frank, der Chauffeur unserer Großmutter, war der Nachbarschaft in ihrem Pierce-Arrow für die Winterzeit und ihrem offenen Dampfautomobil für den Sommer wohlbekannt, da er am Sonntag vor der Kirche wartete, um sie nach der Messe nach Hause zu fahren. Manchmal wurden wir mitgenommen, und so erschienen unsere armseligen Kleider und unterernährten Körper in den Augen unserer Klassenkameraden mit hohem finanziellen Stand verbunden als eine Art zweifelhaften Privilegiums.

Wir hatten beneidenswerte Besitztümer und hatten sie nicht. In meinem Schlafzimmerschrank, im obersten Fach, das ich nicht einmal auf einem Stuhl stehend erreichen konnte, lag ein Stoß von Puppenschachteln aus Karton, mit wundervollen französischen Puppen darin, die meine Großmutter aus Seattle in Seide, Spitzen und Satin, in Crêpe-de-Chine-Wäsche und hochstöckelige Schuhe gekleidet hatte. Diese und andere Dinge wurden uns jedes Jahr zur Weihnachtszeit gesandt, aber meine Tante hatte verfügt, daß sie alle zu gut für uns seien, und deshalb blieben sie in ihren Schachteln und Verpackungen, *verboten*, ausgenommen an dem seltenen Nachmittag, einmal in zwölf Monaten etwa, da ein Verwandter oder Freund der Familie aus dem Westen uns besuchte. Dann kamen die Puppen aus ihrer Höhe herab, kamen die Baseballhandschuhe, die Fängermaske, die Uhren, die glänzenden Autos und die Puppenstuben ans Tageslicht, und wir wurden geheißen, mit den Sachen auf dem Fußboden des Wohnzimmers zu spielen, während der Besucher liebevoll zusah. Sobald der Besucher fortging und einen guten Bericht über unseren Haushalt mit sich nahm, wurden die Puppen, Uhren und Autos schnell wieder weggeräumt, um beim nächsten Notfall wieder zu erscheinen. Falls wir klug gewesen wären, hätten wir den Köder abgelehnt und unser Elend zur Schau getragen, aber wir waren zu einfältig, wir nahmen die Gelegenheit beim Schopf und verspielten in diesen anderthalb Galastunden die Spielzeit eines ganzen Jahres. Solche Techniken sind in Konzentrationslagern und Strafanstalten, wo die gleiche vernünftige Berechnung mit der menschlichen Natur angestellt wird, natürlich üblich. Die Gefangenen schnappen nach ihrem Feiertag; die trauen ihren Aufsehern und dem Motto *Carpe diem* mehr als den Fremden, die zur Inspektion gekommen sind. Wie alle Menschen, die schlecht behandelt wurden, waren wir bedacht, keinen Nachteil zu erleiden; wir empfanden Unbehagen über diese Besucher – Protestanten aus Seattle –, die viel schlimmer sein mochten als Onkel und Tante. Deren Fehler kannten wir jedenfalls. Zudem wurden wir der Propaganda ausgesetzt und waren immer erneut mit dem Parteigeist der Seattle-Verwandten durch unseren Onkel geängstigt worden. «*Sie* würden euch zum Übertritt zwingen», pflegte er höhnisch zu bemerken.

Der Grundzug des Programms, das meine Tante für uns ausarbeitete, war totalitär, glaube ich, ihr geistiges Ziel dahin gerichtet, unser Eigenleben zu zerstören. Im Vergleich mit unseren Eltern kam sie sich aufgeklärt vor, und ein Superideal der Gesundheit, Sauberkeit und Zucht milderte in ihren eigenen Augen die Maßnahmen, die sie anwendete, um es zu erreichen. Eine nicht ungütige Natur wurde verkehrt durch bürokratischen Eifer und die Unterwürfigkeit unter ihren Ehemann, dessen autokratische Hand wie ein Hackmesser mit unserem Unsinn aufräumte. Nicht von ungefähr glich unser Leben dem Dasein in einem Waisenasyl; Tante Margaret erstrebte bewußt ein Körperschaftsziel. Wie die meisten Leiter einer Anstalt ersehnte sie sich Argusaugen. Nach besten Kräften trachtete sie danach, daß nichts ihr verheimlicht wurde. Sogar ihre hygienischen Maßnahmen verfolgten diesen Zweck. Die Abführmittel, die wir einnahmen, bürgten dafür, daß unsere täglichen Verdauungsvorgänge ihrer Besichtigung zugänglich waren, und eine monatliche ärztliche Untersuchung beruhigte sie mittels Stethoskop, Spekulum und Zungenlöffel, daß nichts in unserem Innern sich begab, in das sie nicht eingeweiht gewesen wäre. Unsere Briefe nach Seattle wurden unter ihren Augen verfaßt, und sie überprüfte unsere Hausaufgaben scharf, obwohl ihr Rechnen, ihre Rechtschreibung und Grammatik sehr unvollkommen waren. Wir beteten unter Aufsicht für eine vorgeschriebene Liste von Leuten. Und wenn man uns Kameraden, Süßigkeiten, die meisten Spielsachen, Taschengeld, Sport, Lektüre, Unterhaltung verbot, so geschah dies nicht in der Absicht, uns zu quälen, sondern um größtmögliche Nutzleistung zu erreichen. Es war einfacher, den Umgang mit anderen Kindern zu untersagen, als alle Kinder, mit denen wir spielen mochten, zu beaufsichtigen. Unser Leben mußte, vom Standpunkt der Nutzleistung aus, leer sein, um überschaubar zu bleiben; die Bücher, die wir hätten lesen, die Spielsachen, mit denen wir hätten spielen können, stellten sich dem Geist meiner Tante zweifellos als das dar, was die Hausfrau «Staubfänger» nennt – um diese Zerstreuungen mochte sich der Schmutz ansammeln. Die innersten Nischen des Bewußtseins hielt sie, wie den Nabel, für ungesund. So war meine Tante in ihrer Weltanschauung eine frühe Funktionalistin.

Wie alle Systeme war selbstverständlich auch das meiner Tante unvollkommen. Da wir nicht lesen durften, erfanden wir Geschichten, und wenn man uns voneinander trennte, so erzählte sie sich jeder von uns selbst abends allein im Bett. Unseren Schulbüchern, ja sogar dem Wörterbuch, entnahmen wir Stoff zu Märchen, im *Book of Knowledge* lasen wir – in der Schule – Auszüge aus Romanen. Die Vorliebe meines Onkels für meinen jüngsten Bruder, die Vorliebe meiner Tante Mary für mich waren ihre schwachen Punkte. Man erwartete von Tante Mary, daß sie mich bei sich in ihrem Zimmer behielt, wo ich auf Quadraten aus billiger Baumwolle nähen lernen und Taschentücher mit breiten, groben, häßlichen Säumen machen, sie wieder auftrennen und von neuem beginnen sollte. Obgleich sie keinen Sinn für Kunst und visuelle

Schönheit besaß (sie brachte mir nicht einmal das Stopfen – eine wahre Kunst – oder das Sticken bei; diese Fertigkeiten erlernte ich erst später in der Internatsschule der Schwestern), erzählte sie gern von den alten Tagen in Chicago und las mir sensationelle religiöse Geschichten aus einer Zeitschrift vor, die sich *Extension* nannte und die sie mir manchmal mit der Warnung, mich ja nicht erwischen zu lassen, in mein eigenes Zimmer mitzunehmen erlaubte. Auf den Sonntagsspaziergängen wählte mein Onkel nach endlos scheinender Straßenbahnfahrt – die beiden älteren meiner Brüder mußten sich ducken, um ohne Billett fahren zu können – gelegentlich einen waldigen, hoch über dem Mississippi gelegenen Pfad, den wir in militärischer Ordnung beschritten, und wir sahen späte Frühjahrsglockenblumen und einmal eine korallenrote Schlange. Im Minnehaha-Park, einem der beliebtesten Ausflugsziele, durften wir schaukeln und zuschauen, wie die anderen Kinder auf den Ponies ritten oder in der kleinen Berg- und Talbahn fuhren. Onkel Myers kaufte sich jedesmal eine Schachtel Knusperkuchen, und wir beobachteten, wie er schmauste und darin herumfummelte, um die kleine Überraschung am Boden der Schachtel zu finden, und beneideten ihn tief um dies Ritual; denn obwohl es daheim manchmal Puffmais gab (Myers röstete ihn gern selber) und ein- oder zweimal sogar hausgemachte Puffmaisbällchen mit Kunsthonig, hatten wir diese käuflichen Knusperkuchen mit Erdnüssen, die uns um so schätzenswerter erschienen, als *er* sie schätzte und manchmal aus einer beim Ballspiel erstandenen Schachtel essend nach Hause kam, nie mehr als gerade nur kosten dürfen. Doch eines Sonntags, in üppiger Hochsommerlaune, ausgerüstet mit seinem neuen Schrittzähler, kaufte Onkel Myers meinem Bruder Sheridan eine Schachtel, eine ganze Schachtel voll für ihn allein.

Selbstverständlich beneideten wir Sheridan – den einzigen blonden, rotgoldenen Lockenkopf von uns; wir anderen waren alle ausgesprochen brünett und hatten dichte schwarze Brauen und Wimpern –, als dieser Glückspilz das klebrige Zeug mampfte und einen bemalten Blechschmetterling mit einer kleinen Anstecknadel aus der Schachtel fischte. Meine Brüder umkreisten ihn mit

Geschrei, ich dagegen war zu stolz, um meine Gefühle zu zeigen. Sheridan war damals sechs Jahre alt, und der Schmetterling wurde sogleich sein liebster Besitz – eines der wenigen Besitztümer, die er überhaupt hatte. Die ganze folgende Woche trug er ihn mit sich im Haus umher, in der Hand oder am Hemd angesteckt, und meine beiden anderen Brüder liefen hinterdrein und bettelten um die Erlaubnis, mit dem Schmetterling spielen zu dürfen. Mich, die Zehnjährige, widerte das Gehaben ein wenig an; denn ich wußte, daß ich zu erwachsen war, um mich für Blechschmetterlinge zu interessieren, und spürte in der ganzen Angelegenheit die Absicht meines Onkels. Er genoß die Aufführungen meiner Brüder und sorgte dafür, daß Sheridan sein Anrecht auf den Schmetterling verteidigte und niemandem gestattete, sein Eigentum zu berühren. Wichtig an diesem Blechschmetterling war nicht sein Eigenwert, vielmehr der Umstand, daß er anscheinend als einziges Spielzeug im Hause nicht sozusagen sozialisiert worden, sondern Privateigentum eines Individuums war. Unsere anderen Spielsachen – eine zerbrochene hölzerne Schaukel, ein alter Leiterwagen, ein schmutziger Sandkasten und außerdem vielleicht eine Feuerspritze und ein paar kaputte Bauklötze und verbogene, aus zweiter Hand gekaufte Eisenbahnschienen auf dem Speicher – wurden von uns allen benutzt; die Fahrräder, die wir aus Seattle mitgebracht hatten, waren seit langem dahin, und das Springseil, die Kegel, die wenigen Murmeln und das Paar rostige Rollschuhe, die wir erhielten, wurden uns als gemeinsames Eigentum zubestimmt. Deshalb erweckte der Schmetterling eine volle Woche lang leidenschaftliche Gefühlsbewegungen, denen ich mich störrisch fernhielt, die ich nicht einmal zu bemerken geruhte, bis eines Nachmittags, etwa um vier Uhr, als ich gerade mit meiner Wochenpflicht beschäftigt war und im Haus abstaubte, meine weißhaarige Tante Mary in mein Zimmer huschte und, die Türe hinter sich schließend, fragte, ob ich Sheridans Schmetterling gesehen hätte.

Das Thema langweilte mich so sehr, daß ich kaum den Kopf hob, kurz verneinte und weiter abstaubte. Aber Tante Mary ließ sich nicht abbringen: Ob ich wisse, daß er ihn verloren habe? Ob ich ihr suchen helfen wolle? beharrte sie sanft. Die Aussicht gefiel mir zwar nicht, aber wegen ihres aufgeregten, beinahe flehenden Benehmens legte ich mein Staubtuch hin und half ihr. Wir durchsuchten das ganze Haus, hoben Teppiche auf, schauten hinter Vorhänge, sahen in den Küchenschränken, im Victrola nach, in allen Räumen, ausgenommen der verschlossenen «Bude» und dem Schlafzimmer von Tante und Onkel. Aus irgendeinem Grund rechnete ich nicht damit, daß sich der Schmetterling finden würde, zum Teil wohl deshalb, weil er mir gleichgültig war, und zum anderen Teil, weil ich wie alle Kinder gegenüber verlorenen Gegenständen fatalistisch war, sie für unwiderbringlich, im Fluß der Dinge verschwunden hielt. Jedenfalls täuschte ich mich nicht, wir konnten ihn nicht finden, und gerechtfertigt kehrte ich zu meinem Abstauben zurück. Was brauchte ich mich um Sheridans blöden Schmetterling zu kümmern – hätte er selbst besser darauf achtgeben sollen! «Myers ist aufgebracht», sagte Tante Mary, die unsicher und scheu in der offenen Tür zögerte. Ich schnitt eine schwache Grimasse, und sie in ihrem mattfarbenen, hochgeschlossenen, enggeknöpften Kleid ging klagend, aufbegehrend und seufzend hinaus.

Daß ich verdächtigt wurde, das Spielzeug gestohlen zu haben, fiel mir nicht ein, nicht einmal, als fünf Minuten später Tante Margaret in mein Zimmer stürzte und mir nach Sheridans Schmetterling zu suchen befahl. Ich beteuerte, daß ich dies bereits getan hätte, aber sie schenkte meinen Einwänden keine Aufmerksamkeit und nahm mich rauh beim Arm. «Dann tu es noch einmal, mein Fräulein, und sieh zu, daß du ihn wiederfindest.» Ihre Stimme klang heiser, und ihre ganze ausgekehlte, eisengraue Person schien gleichsam angespannt und in Unordnung geraten; trotzdem hatte ich den Eindruck, daß sie nicht über mich, sondern etwas einer höheren Wirklichkeit Zugehörendem böse sei – was man heutzutage als Schicksal oder Zufall bezeichnen würde. Nachdem ich, ohne Ernst, zum zweitenmal nachgeschaut und zum zweitenmal nichts gefunden hatte, schloß sie sich der Unternehmung energisch an und ließ nichts an seinem Platz. Wir gingen sogar in die

«Bude», wo Myers saß, und suchten alles um ihn herum ab, während er uns mit spöttischem Gesicht zusah und seine Pfeife aus einem Bull-Durham-Beutel stopfte. Wir fanden nichts, und Tante Margaret zog mich die Treppe hinauf in mein Zimmer, das ich durchwühlen mußte, während sie dabeistand und aufpaßte. Als wir mit meinen Schreibtischschubladen und meinem Schrank fertig waren, schien sie urplötzlich die Sache aufgeben zu wollen. Sie seufzte und biß sich auf die Lippen. Behutsam wurde die Tür geöffnet, und Tante Mary trat herein. Die beiden Schwestern blickten einander an und dann auf mich. Margaret hob die Schultern. «Ich glaube, daß sie ihn wirklich nicht genommen hat», sagte sie.

Ihre schweren Falten entspannten sich, als sie mich ansah, und ihre schlaffhäutige Hand mit dem Ehering legte sich mir auf die Schulter. «Onkel Myers glaubt, du hättest ihn», sagte sie, rauh flüsternd wie ein Spion oder Pfadfinder. Das Bewußtsein meiner Unschuld im Verein mit der Ahnung, in den Bund der beiden Schwestern aufgenommen zu sein, erfüllte mich mit Erregung und Selbstgefühl. «Aber ich war's doch nicht, Tante Margaret», rief ich, bestrebt, alles aus meinem Auftritt herauszuholen. «Was sollte ich denn mit diesem dummen alten Schmetterling?» Die Schwestern wechselten einen Blick. «Genau das habe ich auch gesagt», bekräftigte die alte Tante Mary salbungsvoll. Tante Margaret runzelte die Stirn und steckte eine beinerne Haarnadel in den Ringellocken ihrer unkleidsamen Frisur fest. «Mary Therese», sagte sie feierlich zu mir, «wenn du irgend etwas über den Schmetterling weißt, wenn einer deiner Brüder ihn fortgenommen hat, so sage es mir jetzt sogleich. Wenn wir ihn nicht finden, wird Onkel Myers, fürchte ich, dich bestrafen müssen.» – «Aber er kann mich doch nicht bestrafen, Tante Margaret», beharrte ich, geschwellt von Rechtschaffenheit, «wenn ich es doch nicht getan habe, und wenn auch du nicht glaubst, daß ich es getan habe.» Ich blickte zu ihr auf, vertrauensvoll, theatralisch, baute schwach auf die Solidarität, die sich unvermutet zwischen uns gezeigt hatte. Tante Marys blasse alte Augen wurden feucht. «Du mußt nicht zulassen, daß Myers sie bestraft, wenn du sie nicht für schuldig hältst, Margaret.» Beide sahen flüchtig zur Murillo-Madonna auf, die an meiner fleckigen Wand hing. Schweigendes Einverständnis fluktuierte zwischen ihnen, und ich war gewiß, daß, dank der heiligen Mutter Gottes, Tante Margaret mich retten werde. «Geh, Mary Therese», sagte sie heiser. «Mache dich fertig zum Abendessen. Und sprich kein Wort davon zu deinem Onkel, wenn du hinuntergehst.»

Ich frohlockte, als ich zum Essen hinunterging, versuchte aber, nichts merken zu lassen. Während des Mahls beherrschten sich alle; Herdie war schwermütig wegen seines Schmetterlings, und Preston und Kevin schwiegen still und warfen mir heimliche Blicke zu. Anscheinend wunderten sich meine Brüder, wie ich der Strafe hatte entgehen können, die mir als der Ältesten, wenn schon nicht aus anderem Grund, zustand. Tante Margaret sah ziemlich erhitzt aus, was ihrer Erscheinung zu geringem Vorteil gereichte. Onkel Myers schaute listig drein, als ob sich sein Recht noch erweisen würde. Dann und wann streichelte er Sheridans goldenes Haupt und mahnte ihn zu essen. Nach dem Essen marschierten die Jungen hinter Onkel Myers her in die «Bude», und ich half Tante Margaret beim Abdecken. Das Geschirrspülen brauchten wir nicht zu besorgen, denn zur Zeit war ein Mädchen in der Küche. Als wir die weiße Tischdecke und die Schutzdecke aufnahmen, fanden wir den Schmetterling – direkt neben meinem Platz an die Schutzdecke gesteckt.

Nun war mein Schicksal besiegelt, obgleich ich es nicht wußte. Ich begriff die Bedeutsamkeit des Fundorts – an *meinem* Platz – nicht. Margaret hingegen erschien er von unwiderleglicher Beweiskraft. Auf ihrem Gesicht stand zu lesen, daß sie die Dinge zu leicht genommen, Myers wieder einmal recht behalten hatte. Der Form halber fragte Myers die Knaben, einen nach dem anderen («Nein, Onkel», «Nein, Onkel», «Nein, Onkel») und rief sogar, weil ich darauf bestand, das schwedische Mädchen aus der Küche herbei. Niemand wußte, wie der Schmetterling an den Ort gekommen war. Als das Mädchen den Tisch gedeckt hatte, war er noch nicht dort gewesen. Meine Richter folgerten daraus, daß ich ihn bei mir getragen und während des Essens, als keiner hinsah, unter das

Tischtuch geschoben hätte. Dies einstimmige Urteil machte mich wütend, zunächst einfach als Zeichen von Torheit – wie konnten sie so dumm sein, sich einzubilden, ich würde ihn neben meinem eigenen Platz verstecken, wo er mit Sicherheit entdeckt werden mußte? Ich glaubte nicht ernsthaft, daß ich auf solch lächerliches Beweismaterial hin bestraft werden würde, konnte mir aber selbst nicht erklären, wie der Schmetterling dorthin gekommen war. Mein erster niedriger Impuls, das Dienstmädchen zu beschuldigen, wich spöttischer Überlegung. Was sollte eine Erwachsene mit dem dummen Spielzeug eines Sechsjährigen tun wollen? Und eben wegen der Ungerechtigkeit des über mich verhängten Urteils sträubte ich mich, es auf einen meiner Brüder abzuschieben. Ich blieb dabei, daß die Wahrheit auf irgendeine Weise an den Tag kommen werde, aber plötzlich endete das Verhör, und alle mieden meine Blicke.

Tante Marys schleppende Schritte gingen die Treppe hinauf, die Jungen wurden ins Bett geschickt, und dann, im Waschraum, begannen die Prügel. Myers schlug mich mit dem Griff des Rasiermessers, bis sein träger Arm ermüdete; Prügeln ist eine schwere Arbeit für einen dicken, arbeitentwöhnten Mann, wenn er eine schreiende, sich windende und um sich tretende Zehnjährige festhalten muß. Er ging hinaus und hievte sich keuchend in seinen Lieblingsstuhl, und ich glaubte, daß die Prügelei zu Ende sei. Doch Tante Margaret übernahm das Amt und schlug in sachlicher, unfroher Manier mit der Haarbürste fester zu als er, wobei sie immer wieder forderte: «Sag, daß du es getan hast, Mary Therese, sag, daß du es getan hast.» Da die Schläge fielen, ich aber nicht nachgab, nahm diese Formel einen bitteren Klang an, wie ein Gebet. Es war mir deutlich, daß sie mich darum anbettelte, meine Niederlage zu erklären und Myers Genugtuung zu geben, zu meinem eigenen Besten, damit die Hiebe aufhören konnten. Als ich endlich ausrief: «Also gut!», ließ sie die Haarbürste mit einem Seufzer der Erleichterung fallen; ein neuer Zweifel an meiner Schuld mußte sie heimgesucht haben, und mein Eingeständnis sollte nun alles in die Reihe bringen. Sie führte mich zu meinem Onkel, und beide standen wir Angesicht in Angesicht vor ihm; Tante Margaret, die Hand fest, doch nicht ungütig, auf meiner Schulter, flüsterte: «Sag ihm nur: ‹Onkel Myers, ich habe es getan›, dann darfst du zu Bett gehen.» Aber der Anblick, wie er sich in seinem Ledersessel rekelte und selbstzufrieden die Entwicklung der Dinge abwartete, war zuviel für mich. Die Worte gefroren mir auf der Zunge. Ihm gegenüber vermochte ich sie nicht auszusprechen. Tante Margaret drang in mich, vorwurfsvoll, als ob ich vertragsbrüchig werde, doch als ich ihn anstarrte und seine häßliche Natur sich mir einprägte, stimmte ich ein jähes Schreien an: «Ich war's nicht! Ich war's nicht!» keuchte ich zwischen dem Gebrüll. Onkel Myers durchbohrte seine Frau mit einem rachsüchtigen Blick, der besagen sollte, daß er unser heimliches Einvernehmen wohl begreife. Er kommandierte mich zurück in den Waschraum und krempelte symbolisch die Hemdsärmel auf. Entschlossen packte er den Griff des Rasiermessers, aber diesmal war ich völlig außer mir, und als Tante Margaret herzueilte und mir zuzureden versuchte, vermochte ich nur mit wildem Geschrei zu antworten, dieweil Onkel Myers, der ebenfalls außer Atem war, das Messer wieder an seinen Haken hängte. «Mach du weiter», keuchte er. Doch Tante Margarets Haarbürste arbeitete diesmal nach den ersten paar ärgerlichen Hieben, die mich für meinen Ungehorsam ihr gegenüber straften, nur noch oberflächlich. Myers griff nicht wieder zum Rasiermesser; die Prügelei war zu Ende, ob aus Angst vor den Nachbarn oder Tante Marys gebrechlicher Gegenwart im ersten Stock oder aus plötzlichem entsetztem Schuldgefühl, weiß ich nicht; vielleicht auch einfach, weil es für mich hohe Zeit war, schlafen zu gehen.

Schließlich hinkte ich hinauf und zu Bett im irren Gefühl meines inneren Sieges, dem einer Heiligen gleich; denn all dem, was sie mir angetan hatten oder hätten antun können, zum Trotz hatte ich nicht widerrufen. Mir fiel nicht ein, daß ich mich unchristlich betragen hatte, als ich das Gesuch, das Tante Margarets Herz und Gewissen stellten, verweigerte. Vielmehr freute ich mich beim Gedanken, daß ich sie gezwungen hatte, mich weiter zu schlagen, lange nachdem sie gewußt haben mußte, daß ich unschuldig war:

Das war die Strafe für ihre eheliche Unterwürfigkeit. Als ich am nächsten Morgen die Augen zur Murillo-Madonna und dem Baby Stuart aufschlug, legte sich mein Triumphgefühl, und ich erschrak über das, was ich getan hatte. Aber während dieses und des folgenden Tags rührten sie mich nicht an. Ich ging wie auf Wolken daher, ungläubig und zweifellos ziemlich hochtrabend, und kam mir vor wie eine Legendengestalt: Meine Stärke war gleich der Stärke von zehn, denn mein *Herz* war rein! Später wurde ich wieder verprügelt, in der üblichen Manier; die Schmetterlingsangelegenheit aber kam in diesem Haus nie mehr zur Sprache.

In meiner Vorstellung bestand und besteht noch immer ein Zusammenhang zwischen dem Schmetterling und unserer Befreiung durch unseren protestantischen Großvater. Sie geschah im Herbst oder frühen Winter des folgenden Jahres. Ihre Niederlage bereits anerkennend oder aber gleichgültig geworden gegen unser Ergehen, erlaubten die Pflegeeltern zum erstenmal zweien von uns, meinem Bruder Kevin und mir, mit dem freundlich-strengen Anwalt allein zu bleiben, als wir ihn auf dem zwei Blocks langen Weg zwischen unserem Haus und dem meines Großvaters McCarthy begleiteten. Auf diesem Gang zwischen frühen Schneewällen überwanden wir unsere Furcht und erzählten Großpapa Preston alles, wobei wir besonders auf den Puppen, den Baseballhandschuhen und den Uhren bestanden. Seltsamerweise jedoch, trotz ihrer gewissen Eignung, machten nicht die Geschichte vom Schmetterling und die anderen Abscheulichkeiten den stärksten Eindruck auf ihn, als er unseren Berichten mit pedantisch genauer Juristenmiene folgte, sondern die Tatsache, daß ich meine Brille nicht trug. Ich hatte sie bei einem Sturz auf dem Spielplatz der Schule zerbrochen, mußte zur Strafe ohne Brille gehen und konnte nicht begreifen, warum er über meine Auskunft vor Ärger errötete – mir war es eine große Erleichterung, die entstellenden Dinger los zu sein. Er aber reckte sein langes, hohlwangiges Gesicht, und unsere Hände in seine nehmend, schritt er scharf wie mit einer Gerichtsvorladung in die Einfahrt meines Großvaters McCarthy. So geriet dieser gute Amerikaner über ein gesundheitliches Problem in Unruhe; unsere übrigen Ergüsse mochte er entweder nicht glauben oder nicht überdenken, um nicht mit dem Problem des Bösen konfrontiert zu werden.

Aus gesundheitlichen Gründen also wurden wir von Onkel Myers getrennt, der mit seiner Frau und Tante Mary wieder nach Elkhart entschwand. Meine Brüder wurden ins Internat einer katholischen Schwesternschule geschickt, mit Ausnahme von Sheridan, den Myers wie eine goldene Trophäe davontragen durfte. Sheridans Verbleib war jedoch von kurzer Dauer. Bald schon starb Tante Mary, gefolgt von Tante Margaret, gefolgt von Onkel Myers; innerhalb fünf Jahren, noch auf der Höhe des Lebens, wurden sie dahingefegt, eins, zwei drei, wie die Kegel. Für mich begann ein neues Leben unter einem glücklicheren Stern. Wenige Wochen nach dem Besuch meines protestantischen Großvaters saß ich mit ihm in einem Eisenbahnabteil, beobachtete den Weg des Missouri nach Westen zum Ursprung zurück, trug meine weißgoldene Armbanduhr und einen neuen grellroten Hut, ein übernervöses Kind, fanatische Gegnerin der Protestanten, die, wie ich Großpapa Preston erklärte, alle am Marterpfahl verbrannt zu werden verdienten. Im Speisewagen bestellte ich gierig Lammkoteletts, Pfannkuchen und Würstchen und saß dann davor, unfähig sie zu essen. «Ihre Augen sind größer als ihr Magen», bemerkte der Kellner.

Sechs oder sieben Jahre später unterbrach ich in Minneapolis meine Reise ostwärts zum College, um meine Brüder zu sehen, die jetzt alle zusammen unter dem Dach eines milderen Pflegevaters lebten, bei meinem Onkel Louis, dem ansehnlichen Jüngsten der McCarthy-Geschwister. Die alten Herrschaften waren alle tot; unsere erst kürzlich verstorbene Großmutter McCarthy hatte einen Fonds hinterlassen, mittels dessen in ihrem Namen eine Kapelle in Texas gebaut werden sollte. Niemandem war bekannt, daß sie je eine Beziehung zu diesem Staat gehegt hatte.

Wir saßen im Zwielicht der abgeschirmten Veranda unseres Onkels, suchten nach einem gemeinsamen Thema für unsere Zusammenkunft und fanden es in Onkel Myers. Damals erzählte mir mein Bruder Preston, daß er am berühmten Schmetterlingsabend gesehen habe, wie sich Onkel Myers aus der «Bude» ins Eßzimmer stahl und das Tischtuch lüftete, den Schmetterling in der Hand.

Onkel Harry berichtet, daß im Tagebuch meines Vaters zweimal – am 28. Februar und am 7. November 1916 – quer über eine ganze Seite das Wort «Schmetterling» und sonst nichts geschrieben stehe. Wie die meisten Beiträge meines Onkels versetzte mir die Bemerkung einen ordentlichen Schock. Unerklärbar, sagte ich mir, bis mir einfiel, daß mein Vater als Knabe Schmetterlinge gesammelt hat. Meine Großmutter verwahrte einen Kasten mit seinen Exemplaren. Mehr Licht vermag ich auf die dunkle Eintragung nicht zu werfen.

Über Onkel Myers schreibt Onkel Harry, daß dieser «Berg von Walfischspeck» behauptet habe, ein Pökelfleischhändler in der Nähe von Terre Haute, Indiana, gewesen zu sein. Ich hatte nie von einer solchen Behauptung gehört, aber gewiß ist die Vorstellung von Eingepökeltem in Verbindung mit ihm durchaus passend. Andererseits sahen die Bleche voller Zuckerzeug nach der Hand des Fachmanns aus. Ich glaube, daß er nach der Hochzeit mit meiner Tante keinerlei Beruf mehr ausübte. Laut Onkel Harry gab das Familienunternehmen ihm eine Stelle als Sachverwalter bei auswärtigen Kornverladungen mit einem Monatsgehalt von zweihundertfünfzig Dollar, Kilometer- und Spesengeld. Der Posten sollte ihn im westlichen Süd-Dakota, in Nord-Dakota und im östlichen Montana festhalten, wo die Lebenskosten niedrig waren. Seine Spesenrechnungen – Mittagessen für drei oder vier Dollar in transkontinentalen Zügen – überwältigten Onkel Harry, der den Einfall gehabt hatte, ihn in diese halben Wüsteneien zu schicken.

Wie aber kann er immer zu Hause gewesen sein, wenn er unterwegs war? Die Aussagen lassen sich nicht in Einklang bringen, und Onkel Harrys Vorschlag – daß es vielleicht zwei Myers gegeben habe – ist keine eigentliche Hilfe. Onkel Myers war immer zu Hause, bestätigt mein Bruder Kevin. Mit einer einzigen Ausnahme: Kurze Zeit mußte er Geschworener sein und verließ morgens das Haus, angetan mit einer schwarzen Melone. Die Vorstellung

Onkel Myers' als eines Geschworenen behagt mir sehr. Kevin glaubt, er könne wohl einmal kurz auf Reisen gegangen sein – nach Elkhart, dachten wir. Doch vielleicht fällt diese Reise mit der Zeit seiner Anstellung bei der Capital Elevator Company zusammen; denn ich kann mir nicht denken, daß die Firma ihn lange behielt.

Kevin fügt eine Notiz über Onkel Myers und Ballspiele bei. Mit meinen kleinen Brüdern pflegte Onkel Myers außerhalb des Spielplatzes zu stehen, bis die Spieler nach dem siebten Gang noch einmal angefeuert worden waren, die nicht überdachten Zuschauerplätze geöffnet wurden und jeder, ohne Eintritt zu bezahlen, hereinkommen konnte. Darum sahen sie nur das Ende der Spiele, wie wir nur den Anfang der Filme sahen. Unser Leben vollzog sich mit großartiger Konsequenz, geradezu wie ein Kunstwerk; deshalb finde ich es bisweilen auch so unglaubhaft. Eine kleine Berichtigung muß ich allerdings anbringen: einen ganzen Spielfilm habe ich doch erlebt. Die Vorführung fand in der Unterkirche oder in der Aula unserer Schule statt, und der Titel des Films lautete: Das Siegel des Beichtgeheimnisses. Ich erinnere mich einer Szene, in der ein Gottloser, der den Allmächtigen herausgefordert hatte, vom Blitz erschlagen wurde. Selbstverständlich kostete der Film keinen Eintritt.

Bezüglich der Schmetterlingsepisode muß ich eine ernsthaftere Berichtigung anbringen oder wenigstens einen Zweifel aussprechen. Ein furchtbarer Verdacht überfiel mich, als ich sie letzthin wieder durchlas. Ich erinnerte mich plötzlich, daß ich im College angefangen hatte, ein Stück über das Thema zu schreiben. Könnte der Gedanke, daß Onkel Myers den Schmetterling an meinen Platz tat, mir von meiner Lehrerin eingegeben worden sein? Ich vermag beinahe den Tonfall ihrer Stimme zu hören, wie sie mir begeistert sagt: «Es muß Ihr Onkel gewesen sein!» (Meine Lehrerin war Mrs. Hallie Flanagan, die spätere Leiterin des Federal Theatre.) Und ich kann mir eine bühnenwürdige Szene vor Augen stellen: Onkel Myers, der auf Zehenspitzen hereinkommt und den Schmetterling an die Schutzdecke heftet. Nach einem Gewissenskampf (die Erstkommunion, einmal wieder!) bat ich Kevin zu kommen und teilte ihm meine Zweifel mit. Er erinnert sich der Schmetterlingsepisode und der furchtbaren Prügel; er erinnert sich an unser Zusammensein auf Onkel Louis' überdachter Veranda und daß wir vier über Onkel Myers sprachen. Dagegen erinnert er sich nicht an Prestons Behauptung, Onkel Myers habe den Schmetterling unter das Tischtuch gesteckt. Preston, den ich in einem Ferngespräch konsultierte, entsinnt sich weder etwas gesagt noch etwas gesehen zu haben. (Als der Vorfall sich ereignete, kann Preston nicht älter als sieben Jahre gewesen sein, es ist daher unwahrscheinlich, daß er eine so deutliche und dramatische Erinnerung bewahrt hätte.) Immerhin bin ich sicher, daß wir die Schmetterlingsaffäre auf Onkel Louis' Veranda zum mindesten diskutierten, möglicherweise brachte ich dabei Mrs. Flanagans Hypothese vor, und vielleicht stimmte Preston eifrig zu. Er mag sogar, meint Kevin, angeregt durch die Auslegung, sich in diesem Augenblick zu erinnern geglaubt haben. Das alles sind Vermutungen; tatsächlich weiß ich nicht einmal, ob ich vor oder nach dem Abend auf Onkel Louis' Veranda den Kursus in Dramatik belegte. Am wahrscheinlichsten, fürchte ich, ist, daß ich zwei Erinnerungen miteinander verband. Mea culpa. Übrigens wurde das Stück nie fertig. Ich kam nicht über den ersten Akt hinaus, der im Wintergarten meiner Großmutter spielte und die erste Begegnung mit den Pflegeeltern zum Inhalt hatte. Und beim Gedanken an diese Begegnung kamen mir begreiflicherweise Mrs. Flanagan und das Stück quälend ins Gedächtnis zurück. – Doch wer hat nun tatsächlich den Schmetterling neben meinen Platz getan? Onkel Myers könnte es doch gewesen sein. Auch wenn niemand ihn sah, bleibt er verdächtig: Er hatte ein Motiv und hatte die Möglichkeit. «Ich wette, es war Ihr Onkel!» Lauteten so ihre Worte?

Ich schrieb, daß mein Großvater Preston im Herbst oder Anfang des Winters gekommen sei und sich unsere Erzählungen angehört habe. Kevin glaubt, es sei Frühling gewesen. Beide erinnern wir uns an den Schnee. Wahrscheinlich hat mein Bruder recht; denn er weiß ein Nachspiel der Geschichte, das sich im Sommer ereignete, nachdem ich schon fort und der Haushalt aufgelöst worden war. Er und Preston kamen vorübergehend ins Haus meiner Großmutter McCarthy. Zum erstenmal erfreuten sie sich der Freiheit, auf der Straße spielen zu können; bisher hatten wir alle immer hinter unserem Eisengitter bleiben müssen. Er und Preston liehen sich von einem Nachbarmädchen namens Nancy einen Wagen aus und fuhren die Blaisdell Avenue hinauf und hinunter und am Hause vorbei, in dem wir gewohnt hatten. Zu ihrer Überraschung war Onkel Myers da. Er saß auf der vorderen Veranda und hielt Sheridan auf dem Schoß. Die zwei kleinen Jungen lenkten den Wagen den Bürgersteig entlang auf die andere Straßenseite, und wie die Teufel in ihrer Freiheit und seiner Macht-

losigkeit, sie zu bestrafen, schwelgend, schrien sie ihm Schimpf und Spott entgegen: «I-a, i-a, i-a!» Onkel Myers gab keine Antwort; er saß einfach da, eine geduldige Zielscheibe, Sheridan auf den Knien. Ohne Zweifel schauten alle Nachbarn zu. Wie Kevin erzählt, nahm ihm die Hilflosigkeit Onkel Myers' allmählich den Spaß an der Siegesparade; er schämte sich des bewegungslosen fetten Mannes und fuhr mit dem Wagen davon.

Ein paar Tage später gingen sie wieder am Haus vorbei. Es war leer. Sie fühlten sich auf einmal versucht hineinzugelangen und kletterten durch ein offenstehendes Kellerfenster. Das Haus sah ganz fremdartig aus; alle Möbel waren entfernt worden. Plötzlich ergriff sie eine Wut; sie rissen an den Tapeten — den Tapeten, die wir verschmiert und die uns eine Strafe eingetragen hatten. In Fetzen rissen sie sie herunter; dann machten sie den Arzneischrank auf. Jemand hatte vergessen, ihn auszuräumen, alle Familienarzneien standen noch darinnen und außerdem ein leerer Topf von Tante Marys Fleischbrühe. Sie warfen die Medizinflaschen gegen die Wand, zerschmetterten sie; ein scheußliches Orange — die vorherrschende Farbe unserer Arzneien — bekleckste alles ringsumher. So nahmen sie Rache am Haus. Nachdem sie es nach bestem Vermögen verdorben hatten, kletterten sie aus dem Kellerfenster wieder ins Freie.

Als ihre Tat entdeckt wurde, übernahm meine Großmutter es, Kevin zu bestrafen. In ihrem Badezimmer legte sie ihn übers Knie und verhaute ihn mit ihrer Haarbürste. Interessiert stellte er fest, daß ihre Hiebe nicht weh taten. Kopfabwärts festgehalten, heulte er pflichtschuldig, innerlich aber mußte er über ihre Anstrengungen lächeln. Er dachte an Tante Margarets Bürste und Onkel Myers' Rasiergriff, und Zärtlichkeit erfüllte ihn für meine Großmutter — die Zärtlichkeit der Erfahrung gegenüber der Unschuld. Im Herbst wurden er und Preston in die St.-Benedikt-Akademie geschickt, nachdem sie im Sommer eine Zeit in Captain Billy Fawcett's Breezy Point verbracht hatten.

Noch eine Schlußbemerkung zu Tante Margarets Gesundheitsmaßnahmen: Ich habe eine ausgezeichnete Verdauung und sehr gute Gesundheit und verdanke vermutlich beides Tante Margaret. Es ist wahr, daß wir Kinder, ehe wir zu ihr kamen, häufig krank waren, und ohne Zweifel härtete sie uns mit ihren Pflaumen und Pastinaken und kissenlosen Betten und Fünf-Meilen-Märschen ab. Kevin besaß lange Zeit zwei Fotografien, die eine hatte Tante

Margaret, die andere Onkel Myers aufgenommen. Auf den Rückseiten stand:
«Vor dem Fünf-Meilen-Marsch» und «Nach dem Fünf-Meilen-Marsch». Die
eine, die Onkel Myers mit Mütze zeigte, ist im Lauf des vergangenen Jahres
auf mysteriöse Weise verschwunden. Mein Bruder Preston glaubte, ein Bild von
ihm zu besitzen, aber auch dieses ist nicht mehr da, gerade als hätte Onkel
Myers selbst es darauf angelegt, die Beweise seiner ehemaligen körperlichen
Existenz aus der Welt zu schaffen.

Eine Familienfotografie, die kürzlich wieder ans Licht kam, zeigt uns vier
Kinder mit einem Pony, auf dem Preston und Sheridan sitzen. Wir sehen sehr
vergnügt aus, sind nett angezogen, ich trage keine Brille, und mein gerades
Haar ist sanft gewellt. Dieses Pony war das Requisit eines Straßenfotografen
und fliegenden Händlers und wurde häufig unsere Straße auf und ab geführt.
Die Fotografie wurde natürlich nach Westen an die Prestons geschickt, die
unmöglich wissen konnten, daß wir nur dies einzige Mal einem Pony nahe
gekommen waren. Das Bild fand sich im Nachlaß meiner Großmutter Pre-
ston.

Ich nahm bisher an, Onkel Myers und Tante Margaret seien ungewöhn-
liche, ja unvergleichliche Leute gewesen. Doch ein Leser aus Chicago schreibt
mir in einem Brief, Onkel Myers erinnere ihn so stark an seinen Vater, daß er
versucht sei, an Reinkarnation zu glauben. Und Tante Margarets gesund-
heitliche Maßnahmen waren beinahe genau die gleichen wie die, welche
fünfzehn Jahre später im Haushalt dieses Lesers befolgt wurden. Die gleichen
Menüs, zusätzlich Kabeljauknödel, die gleichen langen Sitzungen auf «dem
Thron», das gleiche Matratzenumdrehen zur Kontrolle, ob sie auch nicht naß
gemacht worden waren, das gleiche Forträumen der Geschenke mit der Be-
gründung, daß sie «viel zu schade» seien. Auch dort der Griff des Rasier-
messers und der Traum vom Einlaß ins Waisenasyl und die Drohung, daß
bestimmte andere Verwandte (möglicherweise Protestanten) sie «zum Übertritt
zwingen würden». Dieser Mann und seine Schwester hatten nur ihre Mutter
verloren; auch ihnen gaben die Nachbarn oft zu essen.

Noch seltsamer aber ist der Brief einer sechzigjährigen Frau in Australien.
Sie schreibt, die Lektüre der «Krumen vom Tisch der Reichen» sei «wahr-
scheinlich das unheimlichste Erlebnis» ihres Lebens gewesen. Sie und ihre vier
Brüder und Schwestern hätten beide Eltern verloren gehabt, und ihre Kindheit,
schreibt sie, sei eine nahezu vollständige Replik der meinen gewesen. «Besäße

ich Ihr schriftstellerisches Talent . . ., so hätte ich längst darüber geschrieben und eine Geschichte erzählt, die nicht geglaubt worden wäre, weil sie so unglaubhaft geklungen hätte – und doch wäre jedes Wort völlig wahr gewesen. Deshalb las ich Ihren Artikel immer wieder; er . . . gleicht unseren Erlebnissen so sehr . . ., daß mir war, als hätte ich selbst und hätten nicht Sie ihn geschrieben.»

Diese Frau war, wie der Mann aus Chicago, katholisch getauft worden. Ihr Vater hatte eine Protestantin geheiratet.

Der Lump

Lebte er noch, so vernähme mein protestantischer Großvater mit
Mißfallen, daß sein Seelenheil den Damen des Sacré-Cœur und mir
einst Anlaß zu lebhafter theologischer Besorgnis gegeben hat.
Während sein sterbliches Ich sich ahnungslos mit den achtzehn
Löchern beim Golf und vor dem Abendessen im Club mit seinem
Robber beschäftigte, schwebte sein unsterbliches Ich in Gefahr
bei uns, den Nonnen und Schülerinnen einer strengen Klosterschule, die auf einem bewaldeten Hügel lag, ganz in der Nähe eines
von ihm in der Annahme erworbenen wertlosen Grundstücks,
Seattle werde sich in nördlicher Richtung ausdehnen. Die von
einem begeisterten Jesuiten im Kloster gehaltene Predigt enthüllte
uns die Gefahr. Bisher hatte mich die Ungleichheit unserer Religionen nicht ernstlich beunruhigt. Der Tod meiner Eltern hatte
uns in vielerlei Hinsicht – auch in juristischer Hinsicht, denn ich
wurde sein Mündel – einander nähergebracht, aber auch die Kluft
einer Generation zwischen uns aufgeworfen, und der Protestantismus meines Großvaters erschien mir als ein natürlicher Be-
standteil der erhabenen granitenen Landschaft auf der anderen
Seite. Die Predigt des Jesuiten jedoch zerstörte das Panorama mit
einem einzigen doktrinären Donnerschlag.

Nach Darstellung des Priesters war dieser ehrenhafte und auf-
rechte Mann, den die Mutter Oberin hochschätzte, zu ewigen
Qualen verdammt, weil er das Unglück hatte, getauft zu sein. Als
Mohammedaner, Jude, Heide oder Abkömmling zivilisierter Ungläubiger wäre ihm ein Platz im Fegefeuer sicher gewesen; Cicero
und Aristoteles und Cyrus von Persien hätten ihm vielleicht Gesellschaft geleistet und die harmlosen Seelen ungetaufter Kinder zu

seinen Füßen gespielt. Falls der Jesuit jedoch die Wahrheit sprach, kamen alle getauften Protestanten direkt in die Hölle. Guter Lebenswandel nützte ihnen nichts. Denn die Taufzeremonie, durch die sie der göttlichen Gnade teilhaftig wurden, setzte sie auch dem göttlichen Mißfallen aus. Das heißt, die Taufe machte sie zu Katholiken, ob sie es wollten oder nicht, und ihr Verharren im protestantischen Ritus war eine Art beständigen Abfallsbekenntnisses. Um sechzig Jahre im Rückstand mit seiner Osterpflicht, verminderte so mein armer Großvater jedesmal, wenn er sich in eine presbyterianische Kirche setzte, seine Aussicht aufs Himmelreich.

Das sanfte Stirnrunzeln der Mutter Oberin empfing mich, als ich eine Stunde nach der Predigt ganz aufgeregt in der Tür ihres Büros knickste. Offensichtlich hatte sie mich erwartet. Madame MacIllvra, eine tüchtige Administratorin, mußte während des ganzen Schlußteils des Morgengottesdienstes im Geiste die Namen der protestantischen Schülerinnen und ihrer Eltern resigniert abgehakt haben. Zu Beginn der Unterredung schien sie, etwas besorgt, die Predigt herabzusetzen: dogmatisch vielleicht richtig, hätte sie Feingefühl vermissen lassen; der feurige Jesuit, ein berühmter Missionar, habe zu lange bei den Eskimos gelebt. Diese überlegene Haltung gab meiner Hoffnung Mut. Gewiß konnte diese Dame, die höchste mir bekannte Autorität, für meinen Großvater einen Ausweg finden. Sie vermochte zu begreifen, daß er ein besonderer Fall und nicht dem brutalen Daumenrecht unterworfen war, das der Jesuit dargelegt hatte. Schließlich bestimmte niemand anderes als sie über alle Ausnahmen im Kloster; sie erfand eigenmächtig Feiertage (die wegen der französischen Traditionen des Ordens *congés* genannt wurden); sie erlaubte uns, bei der Bibliothekarin verbotene Bücher zu holen und mitunter Briefe entgegenzunehmen, welche die Klosterzensorin nicht gelesen hatte. (In der Regel wurden alle Slangausdrücke, alle grammatikalischen Irrtümer und Schreibfehler so gut wie unschickliche Gefühlsäußerungen in den Mitteilungen unserer Bekannten dick durchgestrichen; sofern wir uns nicht in einem Kreis junger Addisons oder Burkes bewegten, erreichten uns die ersehnten Briefe daher als Fragmente, über deren ursprünglichen Text wir nur Mutmaßungen anstellen konnten.) Meinem zwölfjährigen Verstand erschien es möglich, daß Madame MacIllvra, unsere Mutter Oberin, die Macht besaß, meinem Großvater *congé* zu erteilen, und ich bestürmte ihr Mitgefühl.

Wie war es denkbar, daß mein Großvater – der tugendhafteste Mensch, den ich kannte, dessen strenge und fanatische Redlichkeit unter seinen Freunden und Kollegen sprichwörtlich war – verloren sein sollte, während ich – Gegenstand seiner Ermahnungen, Verzweiflung seines guten Vorbilds, ich, die jedem Trieb nachgab, die log, prahlte, betrog – durch den regelmäßigen Empfang der Sakramente und häufige leichte Buße gerettet werden würde?

Madame MacIllvra zog ihre dichten weißen Brauen zusammen, ihre Augen von kindhaftem Blau verdüsterten sich. Wie viele Schulleiterinnen liebte sie einen herzhaften Tränenerguß und schloß mich an ihren plumpen, mittelalterlichen Waberbusen. Sie verstand mich, weinte ja selbst über meinen Großvater und die Ungerechtigkeit des Geschicks. Tatsächlich war zwischen ihr und meinem Großvater eine sehr freundliche Beziehung entstanden, die beiden Genugtuung bereitete. Die männliche Art und Festigkeit seines Charakters fand ihr ästhetisches Wohlgefallen, die wogende Sanftmut und Tiefe der Mutter Oberin machte ihm einen günstigen Eindruck, vor allem aber gab die Verschiedenheit ihrer religiösen Bekenntnisse ihren Konversationen die Würze. Bei jeder Begegnung in ihrem nüchternen schwarz-weißen Büro erquickte beide die Weitherzigkeit des Gesprächspartners, seine Aufgeklärtheit und treffliche Überlegenheit über kleinliche Vorurteile. Mein Großvater erinnerte daran, daß er alljährlich an Weihnachten für zwei Barmherzige Schwestern, die sein Anwaltsbüro aufsuchten, einen Scheck ausschrieb, Madame MacIllvra erwähnte vielleicht ihre höheren Studien und Hume. Sie führten lange liberale Gespräche miteinander, die Aufführungen glichen; auf beiden Seiten wurden virtuose Kunststücke in punkto Großzügigkeit vollbracht. Hinterher äußerten sie sich übereinander beinahe wörtlich gleich: «Eine sehr feine Frau.» – «Ein sehr feiner Mann.»

All dies (und möglicherweise der Verdacht, daß ihr Verdikt zu Hause wiederholt werden würde) machten Madame MacIllvras Antwort zögernd: «Vielleicht wird Gott», murmelte sie endlich, «in Seiner unendlichen Barmherzigkeit . . .» Doch diese Formulierung befriedigte keine von uns. An Gottes unendliche Barmherzigkeit glaubten wir wohl, ihre Kundgebungen aber waren problematisch. Die Heilige Schrift zeigte uns, daß sie mit größerer Wahrscheinlichkeit dem guten Schächer oder der Ehebrecherin zuteil wurde als Personen von tugendhaftem Wandel wie meinem Großvater. Unsere katholischen Überlegungen schweiften ab und trafen sich in einem Blick bekümmerten Wiedererkennens. Madame MacIllvra besann sich. Es gäbe natürlich noch andere Schlupflöcher, sagte sie schließlich. Wenn er nicht richtig getauft worden sei . . . ein fahrlässiger Geistlicher . . . Ich überdachte den Vorschlag und schüttelte den Kopf. Mein Großvater war kein Mann, der selbst als Kind sich einer liederlichen Taufe schuldig gemacht hätte.

Madame MacIllvras Intelligenz oder Lebensklugheit verbat ihr, selbst damals, als die Seele meines Großvaters wie ein gerichtliches Streitobjekt zwischen uns hing, die einleuchtende orthodoxe Lösung nahezulegen. Es wäre lächerlich von mir gewesen, wenn ich versucht hätte, meinen Großvater zu bekehren. Wie sich später herausstellte, hätte ich ihn tatsächlich in meinen unschuldigen Fallen fangen können (den religiösen Büchern, die ich offen neben seinem Zigarrenabschneider liegenließ, oder durch Bemerkungen wie: «Großpapa, willst du nicht am Sonntag mit mir in die Messe kommen? Ich habe es so satt, immer allein zu gehen.»). «Bete für ihn, meine Liebe», sagte Madame MacIllvra seufzend, «ich werde unterdessen mit Madame Barclay sprechen. Die Sache gestattet vielleicht verschiedene Auslegungen. Vielleicht erinnert sich Madame Barclay an eine Stelle bei den Kirchenvätern . . .»

Wenige Tage darauf ließ mich Madame MacIllvra zu sich rufen. Nicht allein Madame Barclay, die gelehrte Studienpräfektin, auch die Bibliothekarin und sogar der Kaplan des Klosters waren herzugekommen. Die benediktinische Ansicht wich offenbar stark von der dominikanischen ab, eine wichtige Stelle beim heiligen

Athanasius aber schien die Sicherheit meines Großvaters zu erweisen.

Gemäß dieses großzügigen Gewährsmannes wurde der Ungläubige nicht verdammt, es sei denn, er verwerfe mit zureichender Kenntnis und vollem Willensentscheid die Wahre Kirche. Madame MacIllvra gab mir das Buch, und ich las die Stelle nochmals durch. Dort stand es einwandfrei; er war gerettet. Zureichende Kenntnis besaß er nicht. Die Kirche war ihm fremd, er kannte sie nur aus der Entfernung, nur dem Rufe nach, wie der Heide Hiawatha, der sonderbare Geschichten über Missionare, weiße Männer in schwarzen Gewändern, die ein Kreuz trugen, gehört hatte. Ich schlang die Arme um Madame MacIllvra und pries zum erstenmal die insulare Beschränktheit des großväterlichen Charakters, das schmale, den Ideen und Sitten, die nicht die seinen waren, verschlossene Gesicht. Ich nahm mir sogleich vor, den kleinen Altar daheim in meinem Schlafzimmer wegzuräumen, das Tischgebet, die komplizierten Fasten und alle auffälligen Frömmigkeitsübungen aufzugeben, aus Furcht, das Licht meines Beispiels könne zu mächtig auf ihn fallen und ihn mit zureichendem Wissen versengen.

Da ich nur an fünf Tagen der Woche im Internat wohnte, hatte der Plan keine Zeit, abgestanden zu werden, und am nächsten Sonntag zu Hause äußerte sich mein Großvater über meine Veränderung, die wegen meines Hangs zur Dramatik keineswegs unaufdringlich war. «Ich hoffe», sagte er mit ziemlich strenger und ironischer Stimme, «daß du die *irreligiöse* Atmosphäre dieses Hauses nicht als Entschuldigung für einen Rückfall benutzest. Wenn du erst älter bist, wirst du noch Zeit genug finden, deinen Glauben zu ändern, sofern du es willst.» Die Ungerechtigkeit seiner Rüge beglückte mich. Sie brachte mich in eine Lage, wie sie von den Heiligen und Märtyrern überliefert wird; unserem Herrn war ähnliches widerfahren und Elsie Dinsmore am Klavier ebenfalls. Nichtsdestoweniger war ich sehr wütend und schlug die Tür hinter mir zu, als ich auf mein Zimmer ging, um dort zu schmollen. Ich wünschte beinahe, mein Großvater möchte jetzt gleich tot umfallen, damit Gott ihm die Erklärung für mein Verhalten liefern könne – gewiß müßte er bis zum nächsten Leben warten, um sie zu begreifen; in diesem Leben würde er darin nur einen Eingriff in seine persönliche Freiheit sehen.

Gleichsam als Belohnung für mein Stillschweigen schenkte mir der nächste Mittwoch den glücklichsten Augenblick meines Lebens. Um meine Freude, die sonst pervers erscheinen könnte, zu verstehen, muß sich der Leser in die geistige Atmosphäre der Klosterschule versetzen. Falls er meint, das Leben hinter diesen Mauern sei leer, schwächlich, kalt, streng und sektiererisch gewesen, wird er seine Ansichten zu ändern haben: unsere Tage waren voll des emotionellen Aufruhrs. Zunächst aßen, studierten und schliefen wir in jener Atmosphäre von Intrige, Rivalität, Skandal, Begünstigung, Tyrannei und Revolte, die allen Mädcheninternaten gemeinsam ist und das «wirkliche» Leben hinterher als langen und unfaßbaren Waffenstillstand, als Erlöschen der wahren Betriebsamkeitsqualen erscheinen läßt. Doch dies Geklingel der mädchenhaften Operette mit veränderlichen Freundschaften, Komplotten, geschmuggelten Briefen, von Pult zu Pult wandernden Zetteln, Geheimnissen übertönten die tieferen, feierlichen Akkorde des Sacré-Cœur, Motive eines großen religiösen Dramas, das nicht minder von Leidenschaft und Launen beherrscht, dessen Ausgang das ewige Heil war und in dessen Verlauf Gottes sultanhafte und trügerische Gunst erfleht, verschmäht, angezweifelt, erduldet, bestürmt wurde. Ein widerspruchsvolles Moment der katholischen Lehre verlieh dem Drama seine Spannung. Der göttliche Despot, dem wir huldigten, ließ sich nicht wie eine Ware erkaufen durch viele Stunden auf dem *prie-Dieu*, gewissenhaften Empfang der Sakramente, Gehorsam, Ehrerbietung gegenüber den Vorgesetzten. Diese Bemühungen mochten sich als Hilfen erweisen, doch konnte sich durchaus herausstellen, daß das schlimmste Mädchen der ganzen Schule, auf dessen hübschem, hochmütigem Gesicht Rouge und ein ruhiger verschlossener Blick lagen, der selbst uns Jüngeren gewisse heimliche Erfahrungen mit Männern verkündete, in den Tiefen ihres Herzens eine zweite

Maria von Ägypten war, die heilige Dirne in unserer Mitten. Solche Vorstellungen lieferten der Disziplin einen wunderschönen Kontrapunkt; gewiß hätte die Mutter Oberin kein Mädchen aus der Schule verweisen können, ohne sich mit einem Schatten von Verwirrung der liederlichen Jugend des heiligen Augustinus und des heiligen Ignatius von Loyola zu erinnern.

Diese Heilslehre zugunsten der Außenseiter mit all ihrer irdischen Weisheit und ihrem rätselhaften Charme war ein geläufiges Thema im Kloster. Die einfachste Laienschwester hätte ihr Quentchen über die Heiligung durch die Sünde in einer Diskussion mit Mr. Auden, Herrn Kafka oder *Gospodin* Dostojewski mit sicherer geistiger Balance beitragen können. Und Madame MacIllvra hätte, wenngleich sie es für geschmacklos hielt, sich gleich Pater Sossima vor dem Mord in Dimitri Karamasows Herzen zu verneigen, den Staretz sicherlich zu einer Reihe von langen interessanten Gesprächen in ihr Büro gebeten.

Wie alle echten weiblichen Intellektuellen waren die Schwestern geistige romantische Desperados. Sie verachteten doktrinäre Häretiker vom Schlage der Luther und Calvin, aber die großen Atheisten und Sünder waren die Helden der kostümierten Bilder, die sie uns unter dem Namen «Geschichte» als Fach vorstellten. Marlowe, Baudelaire – vor allem Byron – hingen wie schrecklich strahlende Gestirne über ihren Literaturstunden. Kleine zehnjährige Mädchen sagten *The Prisoner of Chillon* auf und erfuhren Geschichten über Claire Clairmont, Caroline Lamb, die Segatti und Byrons Durchqueren des Hellespont. Sogar Monsieur Voltaire erfreute sich fragwürdiger Beliebtheit. Die Nonnen sprachen über ihn mit Entsetzen sowohl wie Bewunderung: «Eine hervorragende Intelligenz, ein unüberwindlicher Geist – und wie Furchtbarem haben sie gedient.» Rousseau, einer ungepflegten, kleinbürgerlichen Erscheinung, brachten sie nicht das leiseste Interesse entgegen.

Durch verschiedene Listen wurden diese von den Schülerinnen geteilten Vernarrtheiten mit der katholischen Auffassung in Übereinstimmung gebracht. Die gebildeteren unter den Nonnen waren fähig, die Verdammnis dieser großen luziferischen Geister hinzunehmen. Eine simple junge Schwester dagegen, die mit der sechsten und siebenten Klasse Baseball spielte und den Kindern Rechenstunden gab, pflegte ihren Schülerinnen zu sagen, sie persönlich sei davon überzeugt, daß Lord Byron in den letzten Stunden seines Lebens vollkommene Reue erweckt habe.

Daher war es nichts Ungewöhnliches, daß eine Zeile aus dem Werk dieses ausschweifenden Dichters im Rhetorikzimmer der achten Klasse an der Tafel uns erwartete, als wir an dem mir noch immer denkwürdigen Mittwochmorgen hineinmarschierten. *«Zoe mou, sas agapo»*: Byrons letzte Beteuerung an die *Maid of Athens* stand da in Madame Barclays französisch aussehenden Schriftzügen und redete zu uns von der Flüchtigkeit der Liebesleidenschaften. Mir allerdings erzählte sie nichts Neues; ich hatte das Gedicht bereits gelesen, allein in der Bibliothek meines Großvaters, wußte es sogar auswendig und war eigentlich verstimmt über die Verletzung meiner privaten Rechte an ihm, über seine bevorstehende Demokratisierung. Bald klopfte der Zeigestock Madame Barclays auf ein Wort nach dem anderen: «Mein . . . Leben . . . ich . . . liebe . . . dich», übersetzte sie schrill. Als der Zeigestock sich zu einer zweiten Reise anschickte, entzog ich ihm hochmütig meine Aufmerksamkeit und begann ein Bild vom neben mir sitzenden Mädchen zu zeichnen. Plötzlich schlug der Zeigestock über mein Schreibpult.

«Du bist genau wie Lord Byron, begabt, aber verdorben.»

Ich hörte, wie der Zeigestock hingestellt und die Zeichnung heftig durchgerissen wurde, vermochte jedoch nicht aufzublicken. Während der ganzen Schulstunden saß ich bewegungslos da und simulierte Demut, indes meine Kameradinnen mir staunende, bewundernde und beglückwünschende Blicke zuwarfen, als sei ich unerwartet von einer bedeutenden Krankheit befallen oder heiliggesprochen oder verklärt worden. Madame Barclays Ausspruch – den ich heimlich immer wieder vor mich hin sagte – besaß für uns Mädchen eine Art endgültiger und majestätischer Gewißheit. Sie war die strengste und ungesprächigste unserer Lehrerinnen. Ihre dunklen Brauen stießen über der Nasenwurzel zusammen; ihre Haut war vom reinsten Oliv; auf ihrer Oberlippe saß ein schwacher Schnurrbart; sie war die eiserne Autorität des Klosters. Sie duldete keine Übertretungen, übersah nichts, war absolut gerecht, kannte keine Bevorzugten; doch ihr eher spitzes Gesicht zeigte Spuren von Leiden, als ob ihre berühmte Disziplin es so schroff wie unsere Hausaufgaben mit Anmerkungen versehen habe. Sie besaß einen bitteren und sarkastischen Witz und hatte, wie erzählt wurde, an der Sorbonne studiert. Vor jenem Tag hatte ich mir selbst ein- oder zweimal zu sagen gewagt, daß Madame Barclay mich gern leiden möge. Bisweilen, wenn ihre Lippen einen Aphorismus oder eine satirische Bemerkung formten, wandte sie ihre dunklen und sehr schönen Augen in meine Richtung. Doch kaum hatte ich ihren Blick veranschlagt, gewogen und gemessen, um ihn in meinem inneren Notizbuch für vergoltene Zuneigungen zu verzeichnen, als eine empfindliche Strafe mich aus dem Traum riß und mich unsicher machte. Jetzt hingegen blieb kein Zweifel mehr möglich. Der Verweis war eine Liebeserklärung, so deutlich wie der Satz an der Tafel, der leicht vor meinen Augen flimmerte. Mein Glück war eine wirre Verzückung, in der die Tatsache, daß ich Lord Byron war, und die Tatsache, daß ich von Madame Barclay, der erstaunlichsten Nonne des Klosters, geliebt wurde, in einem donjuanesken Triumph verschmolzen.

Am Mittag im Speisesaal fehlte es nicht an Publizität, die das Ereignis an Bedeutsamkeit noch bereicherte. Unersättlich, konnte ich das Ende der Woche kaum erwarten, um Madame Barclays Worte wie einen Preis mit nach Hause zu tragen. In der Freigebigkeit des Überflusses beschloß ich, dies Glück, diese Ehre mit meinem Großvater zu teilen. Sie würde ihn gewiß für jegliche Sorge und Schwierigkeit entschädigen, die ich ihm bereitet hatte. Überdies hätte sie die praktische Wirkung, mich ihm ein wenig verständlich zu machen. Sätze über mein Urbild klangen mir im Gedächtnis: «Jenes unselige Genie», «Jene stürmische Seele», «Jene reiche und unberechenbare Natur».

Mein Großvater wurde dunkelrot, als er die Neuigkeit vernahm.

Auf seiner Stirn traten die Adern knochig hervor, er sah sonderbar und jung aus; zum erstenmal erlebte ich, daß er zornig wurde. Erörterungen und Erklärungen verfingen nicht. Denn für meinen Großvater hatte die Geschichte zwischen Lord Byron und ihm selbst keine Distanz geschaffen. Obwohl der blutschänderische Dichter vierzig Jahre vor der Geburt meines Großvaters gestorben war, fehlte die romantische Perspektive. In seiner insularen Beschränktheit, die ihn bewog, die Moral eng zu befolgen und die exotischen Wirklichkeiten zu leugnen, beurteilte mein Großvater den Dichter, wie er sich selbst oder einen seiner Nachbarn beurteilt hätte, das heißt, nach dem Verdienst seiner Handlungen. Er ging unverzüglich ans Telefon und fragte die Mutter Oberin mit donnernder Gerichtssaalstimme, mit welchem Recht eine ihrer Schwestern seine unschuldige Enkelin mit diesem degenerierten Lumpen Byron in Verbindung bringe. Am Montag erklärte Madame Barclay ihrer Klasse mit verkniffenem Mund, daß sie eine Richtigstellung vornehmen müsse: Mary McCarthy gliche Lord Byron in keiner Weise, sie sei weder begabt noch leichtlebig noch verdorben.

Die Unterredungen zwischen meinem Großvater und Madame MacIllvra fanden ein Ende. Schließlich hatte sich doch das Hindernis für diese bemerkenswerte Ehe zweier Geister gezeigt. Doch von jener Zeit an wurden Madame Barclays Gunstbezeigungen für mich immer deutlicher, während der Leidenszug auf ihrem Antlitz sich vertiefte. Bis jemand behauptete, sie habe Krebs (eine Hypothese, der die Gelblichkeit ihrer Haut Nahrung gab), und jemand anders meinte, eine Abneigung gegen die Mutter Oberin vergifte sie.

Dieser Bericht ist zum guten Teil erdichtet. Ein Jesuit hielt allerdings eine derartige Predigt, und ich sorgte mich wirklich um die Seele meines Großvaters; ich war noch immer in kindlicher Weise sehr fromm und leicht zu beeinflussen,

vermutlich nach meinen Erfahrungen in Minneapolis auch noch «ängstlich».
Ich ging mit meinem Problem zur amtierenden Mutter Oberin, die mich
schließlich mit der Zusicherung zu beruhigen vermochte, mein Großvater könne
gerettet werden, sofern er nicht wisse, daß die katholische Kirche die einzig
wahre Kirche sei. In solchem Fall sprach man von «unüberwindlicher Igno-
ranz». Die Klosterfrau, die ich Madame Barclay nenne, behauptete wirklich,
ich sei wie Byron, begabt, aber verdorben. Was sie bewog, dies zu sagen, weiß ich
jedoch nicht mehr. Auch wiederholte ich den Ausspruch vor meinem Großvater,
und er verlangte eine Entschuldigung von der Mutter Oberin – zu meiner
äußersten Wut. Kurz, die Geschichte ist in großen Zügen wahr, die Einzelheiten aber sind erfunden oder doch nur nachträglich gemutmaßt.

«Mein Großvater verminderte jedesmal, wenn er sich in eine presbyterianische Kirche setzte, seine Aussicht aufs Himmelreich», schrieb ich. Sehr stark
kann er sie nicht vermindert haben, denn ich erinnere mich nicht, daß er,
ausgenommen an Hochzeiten und zu Begräbnissen, jemals die Kirche besucht
hätte. Als ich ihn fragte, welche Religion er habe, sagte er jedoch, er sei
Presbyterianer. In der Familie war ich der einzige Kirchenbesucher; jeden
Sonntag fuhr mich der Wagen zur Messe und brachte mich wieder nach Hause.
Als ich Minneapolis verließ, versorgte mich meine Großmutter McCarthy mit
einigen katholischen Propagandaschriften und riet mir, sie im Haus umher-
liegen zu lassen und so hoffentlich eine Bekehrung zu erwirken. Doch ich
merkte bald, daß nichts zu erreichen war. Der Leser wundert sich vielleicht,
warum die Predigt mich nicht auch um meine Großmutter Preston besorgt
machte. Die Erklärung ist einfach: Sie war Jüdin, mit anderen Worten, nicht
getauft.

Diese technische Relevanz bezüglich der Taufe war es, was mich an der
Predigt des Priesters fesselte. Möglicherweise hatte er die Protestanten nur
beiläufig erwähnt, meine Aufmerksamkeit aber dadurch angestachelt. Seine
Thesis mag gelautet haben, daß das Sakrament der Taufe zugleich wunderbar
und gefährlich sei, Pflichten sowohl wie Privilegien erteile. Nur ein Getaufter
konnte das ewige Heil erlangen, doch wenn ein Getaufter (zum Beispiel ein
Protestant) die ihm durch das Sakrament zufließende Gnade zurückwies,
konnte er allein aus diesem Grund verdammt werden. Ich wußte natürlich, daß
jeder – das heißt, jeder Getaufte – gerettet werden konnte, gleichgültig was er
verübt oder unterlassen hatte, wenn er in seinen letzten Augenblicken den Akt

vollkommener Reue vollzog. Aber mein Großvater kannte die Formel nicht:
«O mein Gott, von Herzen bereue ich, Dich beleidigt zu haben durch meine
Schuld, durch meine Schuld, durch meine übergroße Schuld . . .»

Zweifellos hätte ein echtes Reuegefühl genügt, doch als Kind glaubte ich, man
müsse die Formel selbst so schnell wie möglich zitieren, falls man im Stand der
Todsünde, sagen wir einmal, von einem Automobil überfahren würde. Auf die
vorgeschriebenen Formen wurde von den uns unterrichtenden Priestern und
Nonnen großer Wert gelegt. Ich erwähnte die «ungültige Taufe». Im Katechis-
musunterricht hatten wir gehört, daß die Taufe das einzige Sakrament war,
welches ein Laie spenden konnte. Tatsächlich konnte jeder sie spenden, vorausgesetzt, daß er es in der richtigen Form und in der Absicht zu taufen tat.
(Man konnte nicht durch Zufall getauft werden.) Doch wenn dabei ein Fehler
begangen, die vorgeschriebene Form nicht befolgt wurde, nützte die Taufe nichts.
Darum erkannte die Kirche nicht alle protestantischen Taufen an. Die feineren
Einzelheiten habe ich vergessen, doch weiß ich, daß es von wesentlicher Bedeutung war, Wasser dazu zu nehmen (mit Eis konnte nicht getauft werden),
und daß wir merkwürdige hypothetische Fragen aufwarfen wie: «Wäre die von
einem Mohammedaner vorgenommene Taufe gültig?» Die Antwort müßte
vermutlich lauten: «Ja, vorausgesetzt, daß die Taufe in gültiger Form erfolgte
und der Mohammedaner die Absicht hatte zu taufen.»

In der katholischen Kirche werden selbst die entferntesten Möglichkeiten mit
pedantischer Buchstäblichkeit diskutiert. Die Frage, was im künftigen Leben
mit den Protestanten geschieht, die ein gutes Erdenleben geführt haben, war ein
häufiges Thema der Kirche, und verschiedene Antworten galten zu verschiedenen Zeiten und an verschiedenen Orten als maßgeblich. «Extra ecclesiam,
nulla salus» – dies war der jesuitische Standpunkt. Er war den damals
herrschenden Ansichten angemessen, obwohl nicht der einzige Standpunkt, den
ein Priester, ohne seinem Ansehen zu schaden, vertreten konnte. Unlängst sind
Pater Feeney und ein kleiner Kreis von Katholiken in Boston exkommuniziert
worden, weil sie eben diese These: Außerhalb der Kirche gibt es kein Heil
gepredigt hatten; ihre Antwort auf den Kirchenbann lautete, daß sie recht-
gläubig und diejenigen, die sie verurteilten, im Irrtum seien. In den letzten
Jahren hat die Kirche, insbesondere in protestantischen Ländern, sich zu einer
freundlicheren Haltung verstanden. In Spanien hingegen wäre «extra ecclesiam, nulla salus», *wenn ich mich nicht täusche, noch immer geltende*

*Anschauung. Viele Katholiken protestierten schriftlich dagegen, daß eine Pre-
digt wie die von mir beschriebene möglich sei; ich gebe zu, daß sie heute und hier
nicht stattfinden könnte – nicht mehr, seitdem der Fall des Paters Feeney die
Dinge zur Entscheidung gebracht hat. Immerhin steht es jedem amerikanischen Geistlichen privatim frei zu glauben, daß alle Protestanten, gute wie böse,
verdammt werden.*

*Zufällig erinnere ich mich des Missionars sehr gut. Bevor er unter den Eskimos
wirkte, war er der beliebte Seelenhirte der weißen Fachwerkkirche gewesen, die
ich, ehe meine Eltern starben, als kleines Mädchen besuchte. Er war ein sehr
ansehnlicher, dunkelhaariger, graumelierter Mann und wohl an die vierzig
Jahre alt, als er in der Klosterschule zu uns sprach. Ich entsinne mich, daß ich
den Eindruck hatte, er sei während seines Aufenthalts im Norden viel grober
und derber geworden. Ein solcher Priester mußte als Exerzitienprediger wie ein
rauher Windstoß in unser Kloster fahren. Er war ein gewaltiger Redner und
besaß die den Exerzitien- oder Missionspredigern häufig eignende Gabe, sein
Auditorium mit Unbehagen zu erfüllen. Jedes Wort, das er sprach, schien sich
an mich persönlich zu wenden.*

*Gegen Ende der Exerzitien lieferte er uns einen Sermon über die Un-
keuschheit, der mich auf meinem Sitz versteinerte. Wenn ich mich recht
erinnere, erbot er sich anschließend, die Beichten aller jener zu hören, die des
Sakraments besonders dringend bedurften. Ich schrieb mich ein oder stellte mich
an; die Predigt hatte mir klargemacht (was ich vorher nicht geahnt hatte), daß
meine Seele sich in bedrohlichem Zustand befand. Als einzige aller meiner
Beichten kann ich diese nahezu wortgetreu wiederholen. Zitternd vor Angst
kniete ich im Beichtstuhl nieder. «Hochwürden, ich habe das Gebot der
Keuschheit verletzt.» – «Wie oft?» – «Dreimal, fünfmal, ich kann mich an die
genaue Zahl nicht mehr erinnern.» – «Mit einem Knaben?» – Die Frage
überraschte mich. «O nein, Hochwürden.» – Der Geistliche vollführte ein
Geräusch, das nach Erleichterung klang, und setzte dann erneut mit Fragen
an, um die Einzelheiten meiner Tat aus mir herauszubekommen. Ich war
jedoch so zerknirscht, daß meine Geständnisse nur langsam erfolgten. Ich hatte
in einem Schulwörterbuch und daheim in einem medizinischen Buch Worte wie
«Brust» nachgeschlagen und über die Auskünfte mit meinen Kameradinnen
diskutiert. – «Du hast diese Worte in einem Buch nachgeschlagen, sagst du,*

und mit anderen Mädchen darüber gesprochen?» – «Ja, Hochwürden.» – «Ist das alles?» Seine Stimme klang deutlich entrüstet. – «Ja, Hochwürden.» – «Willst du mir damit sagen, daß dies deine einzige Sünde der Unkeuschheit war?» – «Ja.» – Ehe ich mich dessen versah, hatte er mir die Lossprechung erteilt und die Tür des Beichtgitters beinahe mit einem Knall geschlossen, als habe ich seine kostbare Zeit mißbraucht. Dieses Erlebnis verwirrte und ärgerte mich; die ganze Predigt über hatte er bei der entsetzlichen Beleidigung verweilt, die Gott durch einen unreinen Gedanken geschah. Und was meinte er, hätte ich mit einem Jungen getan? Oder mit mir selbst oder einem anderen Mädchen, was außer dem, was ich gebeichtet hatte? Meine Neugier war erwacht.

Damals muß ich elf Jahre gewesen sein. Ich denke jetzt, daß ich zur Zeit des «Lumpen» auch erst elf und nicht zwölf Jahre war. Im nächsten Kapitel bin ich laut Kalender ein Jahr älter geworden, und wenngleich immer noch leicht zu beeinflussen, habe ich begonnen, diese Eigenschaft zu nutzen und mich aufzuspielen.

C'est le premier pas qui coûte

(Der erste Schritt vom Wege)

Wie die Jesuiten, als deren Nichten sie gelten, sind die Damen des Sacré-Cœur ein in hohem Maße zentralisierter, in uhrwerkspünktlichem Gehorsam gegenüber der Autorität bewanderter Orden. Ihre Institute befolgen Satzungen, die zu Beginn des neunzehnten Jahrhunderts in Frankreich festgelegt wurden, geschoren und gekappt sind wie ein Garten und würdevoll wie ein Menuett. Alle Sacré-Cœur-Klosterschulen sind einander gleich: Die gleichen blauen Sergekleider, gewöhnlich mit weißen Kragen und Ärmelaufschlägen, die gleichen für gutes Betragen verliehenen blauen und grünen und rosa Moirébänder, die gleichen Buchpreise am Tag der Preisverteilung, die gleiche Rezitation von «Lepanto» durch einen englischen Schauspieler in gepaspeltem Jackett, die gleichen durch die *Mère supérieure* verkündeten *congés* oder Feiertage, das gleiche *cache-cache* oder Versteckspiel an diesen traditionellen Festen, das gleiche *goûter* oder Teetrinken, die gleichen Exerzitien und Predigten, die gleichen Knickse in der Halle, die gleiche frühmorgendliche Messe in der Kapelle mit Mädchenprozessionen, wie verwitwete Königinnen in tristen schwarzen Tüllschleiern, der gleiche *prie-Dieu* (Betstuhl), die gleichen französischen Hymnen («Oui, je le crois»), die gleichen herrlichen weißen Tüllschleier und Blumen und goldenen Gefäße an Ostern und Gründonnerstag und an besonderen Festen des Ordens. Im Jahr, als ich zu den *Mesdames* in Seattle kam, las an jedem Werktagnachmittag um vier Uhr in Roscrea, Irland, oder Roehampton, England, oder Menlo Park, Kalifornien, die gleiche winzige, alte, schnurrbärtige Nonne einem langen Tisch junger Mädchen, die französische Säume stichelten oder Tischläufer mit Blumenkränzen bestickten, ohne

Zweifel aus *Emma* oder *Die Geschichte zweier Städte* vor. *«Charles Evrémonde, genannt Darnay!»* – das rotumränderte alte schwarze Auge richtete sich auf uns und faßte uns alle in einem von der Trunkenheit des Entsetzens erfüllten Blick zusammen.

Ich war elf Jahre alt, Schülerin der siebenten Klasse, als ich zum erstenmal in den großen Studiensaal der Forest-Ridge-Kloster-schule geführt wurde und meine Seifenschüssel, meinen Schleier und meinen Serviettenring erhielt. Der Klang der französischen Ausdrücke, der Schimmer breiter, militärisch schräg über junge Busen schneidender Moirébänder, die mit Vorhängen versehenen Betten in den Schlafsälen, die leisen Schritte der Mädchen, die Knickse bis zum Boden hin, die weißen Hände des Musikmeisters (eines schwedischen Barons in Gamaschen), die Kricketturniere auf dem Spielplatz und die *Surveillante* mit ihrer hölzernen Klapper erfüllten mich mit Scheu. Ich konnte mich nicht an den Gedanken gewöhnen, daß die Klosterfrauen hier, anders als alle normalen Schwestern, die zu einer Schwester Maria Aloysia oder Schwester Josepha wurden, ihren Namen nicht aufgaben, sondern Madame Barclay oder Madame Slattery oder *Ma Mère* oder kurz Mutter genannt wurden. Sie waren keine *gewöhnlichen* Nonnen, wurde mir herablassend erklärt, sondern aus guten Familien stammende, hinter Klostermauern eingeschlossene Damen der Welt, wie ja auch die Mädchen im Sacré-Cœur keine *gewöhnlichen* Katholikinnen, sondern Töchter der besten Familien waren. Meine neuen Fächer waren ebenfalls keine gewöhnlichen Fächer wie Rechtschreibung und Rechnen, sondern Rhetorik, Französisch, Literatur, Apologe-tik, englische Geschichte. Ich kam frischweg von einer Minneapo-litanischen Gemeindeschule, wo wir allmorgendlich der Fahne die Treue gelobt, «O mein Heimatland» geschmettert, «graviierend» statt «gravierend» gesagt, in Altpapiersammlungen und stadtwei-ten Buchstabierkämpfen gewetteifert, für Washingtons Geburts-tag Hecken und für Lincolns Geburtstag Blockhütten errichtet, ausländischen Missionen für unsere braunen und gelben Brüder gespendet, den Ku-Klux-Klan gefürchtet, Lose und Zeitschriften-abonnements verkauft hatten, auf Besichtigungen von Mühlen und Wasserwerken geschickt worden waren; ich hielt meine Religion für einen Zweig der Bürgerkunde und der sich daraus ergebenden Pflichten, und die exklusive Sacré-Cœur-Atmosphäre benahm mir den Atem. Gerade die Kargheiten unseres Lebens besaßen eine geheimnisvolle aristokratische Förmlichkeit: das so oft während der Mahlzeiten über uns verhängte Silentium, der Wasserkrug und die Waschschüssel neben unserem Bett, das im kalten Badezimmer am Samstag abend unter Aufsicht stattfindende Bad; eine rotgesichtige Nonne saß hinter einem zugezogenen Vorhang und hielt unser Badetuch auf dem Schoß. Ich hatte das Gefühl, am Rande zu stehen und die Gebräuche eines Kults zu beobachten, eines Kults der Mode und Eleganz im Bereich der Religion.

Dank der Normierung einer alten Regel schwang die Vergangenheit, ein hoher, zarter Ton, noch im Kloster. Das Frankreich der Restauration lebte in der Sacré-Cœur-Atmosphäre fort, wie ein durch eine seidene Kordel geschütztes Originalzimmer in einem Museum. Die Kämpfe des *philosphes* hallten noch in den Klassenräumen wider; die Munitionskarren hatten gerade erst zu quietschen aufgehört, und Voltaire lächelte sardonisch im Hintergrund. Das rechtmäßige Königtum war wieder eingeführt, Ludwig XVIII. regierte, in der Luft aber lag eine Vorahnung des Orléanismus, und das Pick-Pick unserer Nadeln, die kunststopften und Knopflöcher umrandeten, wisperte von veränderten Verhältnissen. Byrons großer Stern war aufgegangen, und jenseits des Meeres in den Romanen von Chateaubriand und Fenimore Cooper und den Abenteuern des *coureur de bois* winkte Amerika. Der Protestantismus bekümmerte uns nicht; wir hatten mit den Hugenotten Frieden geschlossen. Was wir fürchteten, waren Skeptizismus, Deismus und der schreckliche Geist des Atheismus – der Luzifer Frankreichs. Allmonatlich beschwor die Mutter Oberin, Madame MacIllvra, im Studiensaal uns, die Töchter von Zahnärzten und Anwälten, von Materialwarenhändlern und Grundstücksmaklern, die Erbinnen der Chevrolet-Agentur und der Bauunternehmer Riley & Finn, der Sünde des Zweifels, diesem Fluch der Gebildeten, kein Gehör zu geben. Ihre blauen Augen bewölkten sich, und unter der schneeigen Haube faltete sich ihre schöne weiße Braue, als sie in echt weiblichem Mitgefühl das grauenvolle Geschick Shelleys erwog, eines jungen Mannes aus guter Familie, der in Oxford vom Atheismus angesteckt worden war.

Diese Vorträge von Madame MacIllvra fesselten mich, da sie die Welt mit neuen Charakteren und einer neuen Spezies von Helden-Bösewicht, einsam, nobel, verlassen, bevölkerten; ich sah das Branden und Wogen ihres Busens, und Schrecken und Mitleid durchpulsten mich. Während des ersten Jahrs im Kloster fühlte ich mich unglücklich oder, richtiger, fühlte ich mich wie eine hilflose neue Seele, die ins Paradies kommt, erhoben und bezaubert von dem, was ich sah – die Hierarchien, die Throne und Herrschaften –, doch unfähig, von einem der Engel ein Nicken zu erlangen, wenn er auf seinen glückseligen Botengängen mich streifte. Die Klosterschule überwältigte mich als Offenbarung des aristokratischen Prinzips. Nichts, was ich je auf Erden geschaut, kam Schönheit und Haltung der Mädchen der mittleren und älteren Jahrgänge gleich. Wenn nicht wie die Engel, so waren sie wie die Geliebten der Könige oder wie olympische Göttinnen, stolz und schnell einherschreitend. Jedes dieser Vorbilder bewegte sich in einer Aureole geheimnisvoller Selbstgenügsamkeit, jedes hatte unter den jüngeren und einfacheren Mädchen seine angelobten Bewunderer, und seinetwegen wüteten Streitigkeiten, als habe jemand den Apfel der Zwietracht unter uns geworfen. Im Licht des Klosters konnte selbst ein eher gewöhnlich aussehendes Mädchen durch Ernst und Würde ihrer Person zur Geltung verborgener Schönheit gelangen; es war eine Berufung, ein stilles Lauschen auf innere Stimmen, das ein verschwiegenes, kühles Lächeln auf die Lippen der Auserwählten malte.

Natürlich wünschte ich sogleich sehnlich, ein Mitglied der erlesenen Gesellschaft zu werden, wenn auch nur als wohlgelittene Dame des Gefolges oder als Zofe. Statt dessen lief ich geradewegs ins Verhängnis, das in jeder Schule den Neuling erwartet, der das erste Gesetz gesellschaftlicher Dynamik nicht kennt: Hüte dich vor den Hilfsbereiten. Vom allererersten Tag an, als ich meine Bücher in meinem Pult ordnete, umkreisten mich die rostigen Ausschuß-gestalten des Schulsystems, nach Freundschaft hungrig wie die Krähen, überreich an Einladungen, Ratschlägen und mitgebrach-ten Süßigkeiten. Jede Schule, jedes College, jedes Büro, jede Fabrik haben ihren Teil dieser elenden Geschöpfe, zu denen ich bald gehören sollte. Zweifellos gibt es sie auch im Himmel, wo sie direkt hinter dem Gitter dem heiligen Petrus über die Schulter spähen und auf die Ankunft eines neuen seligen Geistes warten, dem sie den ganzen Rummel zeigen können; die Hölle muß sie ebenfalls kennen, und nachdem ich weiß, was ich weiß, wäre ich beispielsweise an Dantes Stelle Vergil gegenüber und dieser Füh-rungsreise ein *bißchen* mehr auf der Hut gewesen. Jedenfalls ging ich in die Falle, mit Dank nahm ich die hilfreichen und kamerad-schaftlichen Angebote an. Ich lernte den Weg zum Speisesaal kennen, erfuhr, wie ich meine Blätter mit den Aufgaben anständig falten, meine Kragen und Aufschläge annähen, meinen Schleier anstecken mußte, und fand mich als Entgelt dafür verdammt, die Kameradin von Mädchen mit flachen, breiten Gesichtern und einer Unzahl von Sommersprossen zu sein, Mädchen mit Schin-nen auf ihren Uniformen, mit Flecken und hängenden Säumen, faltigen schwarzen Strümpfen, mit Frostbeulen, eulenähnlichen Brillen, karottenrotem Haar, die Gefährtin dumpfer, vertrauens-voller, mit vielen ihnen gleichenden jüngeren Brüdern und Schwe-stern behafteter Seelen. Und ich war selbst eine von ihnen. Wir schliefen nur an fünf Tagen im Internat, was uns «viel Gemeinsa-mes» verlieh, und am Samstag nachmittag gehörte ich zum intimen Kreis ihrer Mah-Jongg-Einladungen, aß Eis am Stiel und billiges Zuckergebäck, knickste vor ihren Müttern, verdächtig gastfreien Damen mit dicken Golfbeinen, die mit doppelten Portionen, Be-lohnungen und «Habe ich nicht deine Mutter gekannt?» in mich drangen. Am Montag morgen forderte aus ihrem Winkel Nemesis ihren Preis; wir Elenden hielten alle treu zusammen, klebten zu-sammen wie zerfließende Bonbons in den faserigen Tiefen einer Manteltasche. Damals glaubte ich mich allein mit meinen Anfällen wilder Rückzugsgelüste, doch jetzt glaube ich, daß wir alle, ausgenommen die von unterdurchschnittlicher Intelligenz, einander bitterlich haßten und einander genau abschätzten.

Ich empfand diesen Schlag um so stärker, als er mich unvorbereitet traf. In der Erwartung bereitwilliger Aufnahme war ich hierhergekommen, oder vielmehr hatte ich sie nicht einmal erwartet, so selbstverständlich war sie mir erschienen. In der Gemeindeschule war ich in den Lehrfächern und im Turnen Klassenbeste gewesen; die Tatsache, daß ich eine Waise war und die seltsamen Umstände meines häuslichen Lebens zwischen reichen Großeltern und einer Garnitur von barschen armseligen Pflegeeltern hatten mir eine einzigartige soziale Stellung verschafft. Wenn ich jetzt in meinem Bettgelaß um halb sieben Uhr morgens aufwachte und fern in der Kapelle die Schwestern ihr Offizium singen hörte, dachte ich manchmal halb ungläubig an die Zeit zurück, in der die führenden Knaben und Mädchen meines Klassenzimmers um meine Gunst nachgesucht hatten. Ich dachte an meine Firmung, die das große Ereignis der 6a in der St. Stephansschule gewesen war – welches Aufsehen hatte es gegeben, als bekannt wurde, daß Mary McCarthy, die erst zehn Jahre alt war, mit den Siebtkläßlern und Achtkläßlern gefirmt werden sollte. Ich erinnerte mich, wie meine Freunde voller Neugier und Ehrfurcht eines Nachmittags draußen um das Pfarrhaus gelungert hatten, während ich allein hineinging, um Hochwürden Gaughan, den alten Gemeindepfarrer, zu bestürmen und zu überreden, daß er mich zur Firmung zuließ, weil ich solch ein Wunder an theologischem Wissen war. Im neben dem Sprechzimmer gelegenen Eßzimmer klapperte die Pfarrhaushälterin mit den Schüsseln und vollführte ärgerliche Geräusche, um mir anzuzeigen, daß ich gehen sollte, daß Hochwürdens Abendessen fertig war, wie ich übrigens selbst sehr gut riechen konnte. Trotzdem war ich hartnäckig geblieben, hatte mich nicht beirren lassen, sondern Passagen aus dem Katechismus zitiert, bis endlich der alte Priester meinen Kopf getätschelt und gesagt hatte: «Beharrlichkeit erringt die Krone!» und ich jubilierend hinaus auf die Straße gelaufen war, um meine überraschten Klassengefährten zu treffen. «Beharrlichkeit erringt die Krone, Beharrlichkeit erringt die Krone», hatte ich heimlich immer wieder vor mich hin gesungen. Diese Maxime und der Triumph, mit dem sie mich gekrönt hatte, stärkten mich jetzt in der Internatsschule; es sei nur eine Frage der Zeit, redete ich mir ein, dann würden diese überlegenen Mädchen, zu denen ich von Rechts wegen gehörte, schon von mir Notiz nehmen.

Der Wunsch, beachtet zu werden, zehrte meine ganze Aufmerksamkeit auf; alles übrige, schien mir, werde von selbst kommen. Die Göttinnen, nach deren Gesellschaft ich so heftig begehrte, brauchten nur ein einziges Mal den Blick hinabzuwenden, um unter den Schülerinnen der siebten Klasse eine zu entdecken, die anders war als die buntscheckige Herde. Die Sprenkeln von Sommersprossen auf meiner eigenen Stupsnase hielt ich für eine Zier, ich sah mich gern als brennende Tigerlilie unter den Rosen und Osterlilien und Parmaveilchen der Schule. Doch trotz meines hochmütigen Gebarens, meiner neuen geschmückten Barette, meiner Wochenendanwendungen von Gurkenmilch, meiner einstudierten Frechheit den Freundinnen gegenüber, schien niemand fähig, mich von den anderen zu unterscheiden. Und selbst jene Freundinnen, die mittlerweile eines Besseren hätten belehrt sein sollen (denn ich konnte sie jederzeit zum Weinen bringen), behandelten mich weiterhin unbefangen als eine der ihren. Nur die Schwestern bemerkten den Unterschied, mit gewissem Kummer und sanfter Mißbilligung. Als ich mir die Augenbrauen halb wegrasierte, wurde mir eine Predigt über die Eitelkeit erteilt, doch niemandem innerhalb des Internats gestattet, mein außergewöhnliches Aussehen zu erwähnen. Man war der Ansicht, ich käme auf meinen Jahren nicht angemessene Gedanken, und sah die Liste der durch mich entliehenen Bücher durch; nach der Augenbrauen-Episode gab man mir als Besserungsmittel eine wöchentliche Dosis von Fenimore Cooper zu lesen. Als ich die Lektüre schließlich als zu kindisch ablehnte, erhielt ich *John L. Stoddart's Lectures*.
In den Fächern war ich oft die erste; das ersehnte rosafarbene

Band für gute Führung aber kam nie zu mir. Vermutlich wegen meiner Gemeinheiten und besonders der gehässigen Sticheleien, die ich gegen ein eingebildetes dickes Mädchen, die verhätschelte Tochter eines Fleischkonservenfabrikanten, richtete. Sie trug schwere Ringe an ihren Fingern, hatte einen echten Pelzmantel und war, was ehrenvolles Abschneiden im Unterricht anbelangt, meine besondere Rivalin. Damals begriff ich jedoch nicht, warum mir das Band verweigert wurde. Ich verstieß niemals gegen eine Regel, und war es etwa mein Fehler, daß sie flennte, wenn ich den vollkommen passenden Ausdruck, den ich die Schwestern hatte flüstern hören, gebrauchte – *nouveau riche*? War es denn vielleicht nicht *wahr*, wandte ich ein, als Madame Barclay, unsere Studienpräfektin, mich rügte, und prahlte die fette Beryl nicht immer mit ihrem Geld und verzog die Babylippe über Mädchen, deren Mütter arbeiten gehen mußten? Es sei unfreundlich von mir, antwortete Madame Barclay, aber ich hielt es für unfreundlich von ihr, als sie bei der Rollenverteilung der Klassenaufführung zugunsten Beryl mich überging. Jeder konnte sehen, daß ich die viel bessere Schauspielerin war, und die Hauptrolle der hochmütigen Lady Spindle paßte genau zu mir. Ich glaubte Madame Barclay nicht, als sie erklärte, in der Ausscheidungsprobe hätte ich für ein Lustspiel zu wild und grimmig gesprochen; die Schwestern der Gemeindeschule hatten nie ähnliches gesagt. Ich begriff dunkel, daß ich bestraft wurde und daß sich hierbei die für die Autorität so typische invertierte Gunst erwies («Wen der Herr liebt, den züchtigt Er.»), denn alle, selbst die Nonnen, verabscheuten Beryl. Bis zuletzt vermochte ich nicht zu glauben, daß sie mir dies wirklich antun würden; ich konnte die Rolle auswendig und übte für mich allein für den Augenblick, da sie ihren Irrtum erkennen und mich zu ihrer Rettung holen würden. Doch das Unglaubliche geschah, das Stück ging ohne mich über die Bühne, ich saß unter den Zuschauern, und meine einzige Genugtuung war zu erleben, wie Pork Barrel (= Schweinefaß) ihre Verse vergaß. Ich lieferte sie in rachsüchtigem Geflüster den Zunächstsitzenden, bis jemand mir befahl, still zu sein.

Offenbar war allen gleichgültig, wußte niemand, was sie versäumt hatten; für sie war es nur ein dummes Siebtkläßlertheaterstück. Dieses Erlebnis bestärkte mich in der Verachtung der siebten Klasse; ich beschloß, mich von ihr abzusondern. Zur gleichen Zeit geriet ich aus Gründen der Disziplin an ein anderes Pult und für den Rest des Semesters neben eine Achtkläßlerin, die lebhaftere von zwei sehr beliebten Zwillingsschwestern. Dieses Mädchen sollte für ihr Schwätzen mit der früheren Pultnachbarin bestraft werden. Der Graben zwischen den Klassen war sehr breit, und daher wurde zu Recht angenommen, daß sie neben mir nicht in Versuchung geriete, ihre Sünde zu wiederholen. Immerhin mußte die Aufsicht, die uns nebeneinandersetzte, Geschmack an optischen Spielereien haben, denn merkwürdigerweise glich das Mädchen mir viel auffälliger als ihrer Schwester. Wir hatten gleiche Brauen, gleiche Nasen, gleich helle Haut und dunkles Haar, gleiche Größe; der einzige Unterschied bestand in der Art, wie wir unsere Haare scheitelten, und in der Augenfarbe; ihre Augen waren haselnußbraun und meine grün. Ungleich mir, war Louise von freundlicher Sinnesart, aber nur geringer Neugier, nicht einmal die Ähnlichkeit zwischen uns, über die die Schwestern sich so häufig ausließen, vermochte, daß ihr heiteres Auge sich länger als für die Dauer eines staunenden Blicks auf mich wandte. Zweifellos war sie als Zwilling gegen die sonderbaren Einfälle der Natur gleichgültig geworden. Jedenfalls schenkte sie mir keine Beachtung, und was uns hätte zusammenbringen können, unterstrich so nur unsere Unvereinbarkeit. Eines Tages, als wir wieder Seite an Seite saßen und sie mit ihren Freundinnen aus der achten Klasse Zettel austauschte, mir gegenüber aber so tat, als sei ich nicht vorhanden, überkam mich Bitterkeit. Ich nahm ein Stück Papier, schrieb darauf: «In meiner früheren Schule war ich auch beliebt.» und schob es auf ihr Pult hinüber. Sie las es und hob die Augen zu einem spöttisch erstaunten Blick. «Erzähle», schrieb sie, und ich antwortete mit einem blendenden Essay über die Freundinnen, die ich gehabt, die Wettbewerbe, die ich gewonnen hatte, die Knaben, die in mich verknallt gewesen waren. Als ich sie bei der Lektüre beobachtete, erfüllte mich kolossale Genugtuung: Endlich hatte ich die Tatsachen offiziell niedergelegt. Plötzlich begriff ich, daß ich vernachlässigt wurde, weil das Kloster nicht wußte, *wer ich war*. Sobald die Wahrheit ans Licht gelangte, würde ich den mir gebührenden Tribut erhalten wie eine inkognito reisende königliche Persönlichkeit, wenn sie von einem Mann aus der Menge erkannt wird und die ganze Bevölkerung in die Knie sinkt. «Es muß sehr hart für Dich sein», schrieb sie mitleidig zurück. Und das war alles, zu meiner Verblüffung. Ich hatte ihr nur ein schwaches Bedauern abgenötigt, und von Zeit zu Zeit lächelte sie mir seither ermutigend zu. Ich war gezwungen, mich mit der Tatsache abzufinden, daß mein früheres Ich gestorben war.

Doch mein Entschluß blieb fest. Ich kehrte im Herbst als Vollinterne zurück, mit zusammengebissenen Zähnen, mit dem festen Vorsatz, meinen Weg zu machen. Ein mit Rudern auf einem Bergsee, Tauchen von einem Landungsplatz aus in schwermütiger Einsamkeit verbrachter Sommer hatte mir alle Bedenken genommen. Um jeden Preis würde ich mich durchsetzen. In der kalten, leeren Spielerstimmung, die Politikern und Heranwachsenden gemeinsam ist, betrachtete ich die Einrichtungen der Klosterschule. Wenn ich durch Tugendhaftigkeit keinen Ruhm zu erlangen vermochte, war ich bereit, ihn durch Lasterhaftigkeit zu erlangen. Zu diesem Zweck durchforschte ich die Vergangenheit nach Präzedenzfällen. Alles, was einst im Sacré-Cœur sich ereignet hatte, wurde sozusagen wie ein Fossil in den Bestimmungen des Ordens eingeschlossen. Vor langer Zeit war – vielleicht hier oder in Bruges oder in Chicago oder im Frankreich des neunzehnten Jahrhunderts – ein Mädchen mit dem Musikmeister durchgegangen; darum war bei unseren Klavierstunden eine Anstandsdame zugegen, eine dicke Schwester, eine von den Dienstboten, die sich leis schnarchend in ihren genau hinter dem des Herrn Baron aufgestellten Stuhl zurücklehnte. Während einiger Herbstwochen beschäftigte der Plan, mit dem Baron durchzugehen, in erster Linie meine Gedanken. Meine zwölfjährigen Hände erzitterten vor

Hoffnung, wenn sie, zu einer Oktave gespannt, die weißen Hände des Professors streiften; auf seinen drallen Fingern sprossen ein paar schimmernde blonde Härchen, Zeichen von Männlichkeit, von – wie die schlafende Schwester – schlummernder, jedoch vibrierender Virilität. Mir wurde schwach, wenn mein Schnürschuh seinem gamaschenüberzogenen Halbschuh auf dem Pedal begegnete. Beispiele von Kinderheiraten beim niederen Adel gingen mir, wie um den Baron zu ermutigen, durch den Kopf. Schließlich jedoch mußte ich mich der Macht der amerikanischen Sitten beugen und mir eingestehen, daß er mich wahrscheinlich für zu jung hielt.

Auf diese Enttäuschung folgte bald mein Entschluß, den Glauben zu verlieren. Immer wieder fragen mich Leute, wie ich dazu gekommen sei, meinen Glauben zu verlieren, und stellen sich eine Periode tiefer innerer Kämpfe vor. In Wahrheit entstand dieser Plan in einem Augenblick und war sogleich fix und fertig, als ich einem der Vorträge Madame MacIllvras zuhörte. Ich entschied mich dafür, ehe ich wußte, was es bedeutete, als es nur erst ein Wortgeflecht für mich war; Den-Glauben-Verlieren, nicht mehr als die aus Bettüchern geflochtene Leiter, über die hinunter das waghalsige Mädchen in die Arme seines Romeo geklettert war. «Behaupte, du hättest deinen Glauben verloren», drängte der Teufel und versicherte mir, daß die Sache ungefährlich sei, wenn ich nur den Zeitpunkt mit Bedacht wählte. Am kommenden Montag morgen sollten wir mit Exerzitien beginnen, und die Predigten sollte ein aufregender Jesuitenpater halten. Wenn ich, sagen wir einmal, am Sonntag meinen Glauben verlor, konnte ich ihn innerhalb der drei Exerzitientage zurückgewinnen, zeitig genug für die Beichte am Mittwoch. Auf diese Weise würde meine Seele sich nur vier Tage lang in Gefahr befinden, sofern mich ein plötzlicher Tod ereilte. Der einzige wirkliche Verlust dabei würde am Sonntag der Verzicht auf die Kommunion sein. Wer zögert, ist verloren, *qui ne risque rien, n'a rien*, bemerkte der Teufel, nach seiner Gewohnheit ins Französische fallend. Wenn ich es nicht tat, würde vielleicht eine andere es tun – diese gräßliche Beryl zum Beispiel. Es war ohnehin

ein Wunder, daß noch niemand anderes auf den Gedanken gekommen war, die Idee war so naheliegend, augenfällig wie ein
Schaufenster, das nur darauf wartet, ausgeraubt zu werden.

Erstaunte Blicke hafteten auf mir am Sonntag morgen in der
Kapelle, als die zur Kommunion Gehenden sich in einer Reihe
aufstellten und ich regungslos auf meinem Platz knien blieb. Ich
war sonst stets eine ostentative Kommunikantin. Jetzt kletterten
Mädchen über mich hinweg, jemand gab mir einen Puff, doch ich
schüttelte kummervoll mein Haupt und machte durch meine Miene deutlich, daß ich mich im Zustand der Todsünde befand und
nicht an den Tisch des Herrn zu treten wagte. Beim Mittagessen aß
ich wenig und wurde bereits zum Mittelpunkt der Aufmerksamkeit
an meinem Tisch; ich verharrte in trauerndem Schweigen und
wiederholte im Geist, was ich Madame MacIllvra nach dem Essen
in ihrem Büro sagen wollte. Nachdem ich um eine Unterredung
gebeten hatte, wurde mir etwas schwül zumute. Als das Mahl
vorüber war und ich draußen vor ihrer Tür wartete, fuhr ich mir
immer wieder mit der Zunge über die Lippen. Diese Angst jedoch,
sagte ich mir, war ein Merkmal der Aufrichtigkeit; natürlich fürchtete man sich, wenn man gerade den Glauben verloren hatte.

«Ma Mère, ich habe den Glauben verloren.» Madame MacIllvra,
die an ihrem Zylinderbüro gesessen hatte, sprang auf; eine feiste
weiße Hand flatterte zu ihrem Herzen. Sie warf mir einen einzigen
prüfenden Blick zu. Offenbar hatten meine guten Noten sie auf
diese Katastrophe vorbereitet, denn sie drang nicht weiter in mich,
als ich bebend und niedergebeugt vor ihr stand, bemüht, ein al-
bernes, unwillkürliches Grinsen zu unterdrücken. Ich war auf ein
langes Verhör gefaßt gewesen, sie aber griff seufzend nach dem
Telefon, als hätte ich Blinddarmentzündung oder Masern.

«Bete, mein Kind», murmelte sie, nachdem sie Hochwürden
Dennis, den Kaplan vom benachbarten Jesuitenkolleg, zu kom-
men gebeten hatte. «Ich kann nicht beten», erwiderte ich prompt.
Wie ich aus ihren eigenen Schulstunden wußte, war die Unfähig-
keit zu beten ein klassisches Symptom des Unglaubens. Madame
MacIllvra, um einen Schatten bleicher, nickte, sie sah auf die über

ihrer Brust befestigte Uhr. «Geh auf dein Zimmer», sagte sie beunruhigt. «Und sprich zu niemandem. Man wird dich rufen, sobald Kaplan Dennis kommt. Ich werde unterdessen für dich beten.»

Ein Teil ihrer Unruhe hatte sich mir mitgeteilt. Es war mir zuvor nicht klar gewesen, daß meine Worte so schwerwiegend sein könnten. Meine Handlung und die Aussicht auf ein Gespräch mit dem Kaplan ängstigten mich nun, denn er war ein alter, trockener, abstoßender Mann, ganz anders als der gutaussehende Missionspater, der uns die Predigten halten sollte. Rückzugsgedanken stellten sich mir immer verlockender dar, aber ich wußte nicht wie mich anstellen, ohne der Oberflächlichkeit überführt zu sein. Und außerdem zweifelte ich stark daran, daß Madame MacIllvra sich würde überzeugen lassen, wenn ich nun behauptete, ich hätte den Glauben urplötzlich zurückgewonnen. Sie würde trotzdem verlangen, daß ich mit Kaplan Dennis redete. Sobald die Klostermaschinerie in Bewegung gesetzt war, konnte sie nichts mehr aufhalten. Sie war wie eine Mühle Gottes, das wußte ich aus grauenvoller Erfahrung.

Als ich meine Schlafkammer erreichte, war ich völlig verstört. Ich begriff, daß ich die Sache durchstehen mußte oder vor aller Augen als Lügnerin dastände, und zum erstenmal fiel mir ein, daß ich Gründe anführen müßte, damit meine Zweifel glaubwürdig erschienen. Im selben erschütternden Augenblick aber wurde mir auch deutlich, daß ich nicht das geringste über den Atheismus wußte. Draußen in der Welt hätte ich in Büchern, die über dieses Thema geschrieben worden waren, nachlesen können, aber hier im Kloster war uns atheistische Literatur begreiflicherweise nicht zugänglich. Vom Spielplatz draußen drangen die lachenden Stimmen der Mädchen zu mir. Ich ging ans Fenster, sah hinab und fühlte mich gänzlich von ihnen abgeschnitten, eingekerkert in meiner eigenen Leere. An keinen konnte ich mich wenden außer an Gott, doch in diesem Fall würde mein Gebet vergeblich sein. Ein Gebet um atheistische Gründe würde bestimmt nur Gottes Zorn zum Vorschein bringen. Was sollte ich tun?

Ich setzte mich auf mein Bett und überzählte meine Hilfsmittel.

Eigentlich, fiel mir ein, wußte ich doch etwas über den Skeptizismus, dank Madame MacIllvras Belehrungen. Die Argumente der Skeptiker stützten sich auf die Wissenschaft – Pseudowissenschaft, sagte Madame MacIllvra – und schlossen aus der Tatsache, daß man ihn nicht sehen konnte, es gebe keinen Gott. Dies war ein törichter materialistischer «Beweis», für den ich unglücklicherweise die Widerlegung wußte. Konnte man den Wind sehen? Und doch wehte er überall, wie Gottes unsichtbare Gnade über unseren Seelen. Die Skeptiker leugneten das Leben nach dem Tode und behaupteten, es gebe keinen Himmel, nur den blauen Raum des Himmelsgewölbes. Die Wissenschaft bewiese es, sagten sie, und bewiese ferner, daß unter der Erde keine Hölle brenne. Vergangene Woche erst hatten wir die Antwort auf diesen Einwand in der Apologetikstunde gehört, in den stählernen Worten des heiligen Paulus, die wir hatten auswendig lernen müssen: «Was kein Auge gesehen und kein Ohr gehört hat und in kein Menschenherz gedrungen ist, das hat Gott denen bereitet, die ihn lieben.» Ich versank in dumpfe Verzweiflung. Würde ich Beweise vorbringen müssen, die jeder Dummkopf durchschauen konnte? Jeder Dummkopf wußte, daß des Menschen wissenschaftliches Rüstzeug Gott nicht unmittelbar fassen konnte. Hölle und Himmelreich standen mit der Wissenschaft nicht im Widerspruch, sondern waren etwas völlig anderes, etwas jenseits aller Wissenschaft. Wie aber war es mit den Wundern?

Ich setzte mich gerade auf. Wunder waren nicht unsichtbar. Von ihnen erwartete man, daß sie auf Erden, hier und jetzt, geschahen. Die Fotografien aus Lourdes mit all den zum Zeichen des Danks für die Heilung aufgehängten Krücken bezeugten es. Nichtsdestoweniger hatte ich nie ein Wunder gesehen, stellte ich erfreut fest, und all diese Leute logen vielleicht oder gaben sich Täuschungen hin. Die «Christliche Wissenschaft» beanspruchte auch Wunder für sich, doch wir wußten, daß es reine Einbildungen waren. Voltaire war ein kluger Mann gewesen und hatte über die Wunder gelacht. Warum nicht ich?

Als ich so mein Gedächtnis durchstöberte, kehrten einige, wie

Schmuggelware in einer Schreibtischschublade hastig wegverstaute Zweifel beruhigend wieder zu mir zurück. Ich fand, daß ich bezüglich des Lebens nach dem Tod immer etwas mißtrauisch gewesen war. Vielleicht stimmte es wirklich, daß die Toten einfach verwesten und ich niemals meinen Eltern im Himmel wiederbegegnen würde. Ich kratzte an einem Fleck auf meiner Uniform und beobachtete, wie er unter meinem Daumennagel weiß wurde. Ein anderer Zweifel pochte an mein Bewußtsein: die Frage nach der Auferstehung des Fleisches. Beim letzten Trompetenstoß sollten von Adam an alle Menschenkörper aus ihren Gräbern steigen und sich mit den Seelen, die sie verlassen hatten, wieder vereinigen; deshalb verbot die Kirche die Feuerbestattung. Aber vor nicht langer Zeit hatte ich irgendwo einen Priester verachtungsvoll ein materialistisches Gegenargument anführen hören. Die Materialisten sagten (ja, so war es), daß die Leute verwesten und zu Dünger wurden, den die Pflanzen und Gemüse aufnahmen, und daß dann andere Leute die Gemüse aßen und schließlich, wenn die Auferstehung käme, nicht mehr genügend Körper für alle vorhanden wären. Der Priester hatte geantwortet, für Gott sei kein Ding unmöglich; da Gott den Menschen aus Staub gemacht habe, könne er gewiß auch ein paar Extrakörper machen. Warum, hakte ich sofort ein, war er dann gegen die Feuerbestattung? Und jedenfalls würden es nicht *dieselben* Körper sein, worauf es aber ankam. Und ein noch stärkerer Einwand: die Menschenfresser. Wenn Gott den Menschenfresser in die Bestandteile der Menschen zerlegte, die der Kannibale gefressen hatte, was wurde dann aus dem Kannibalen? Gott konnte beim ersten Menschenfleisch beginnen, das der Kannibale als Baby verspeist hatte, ehe er sich für Missionarsfleisch interessierte, aber wenn der Vater und die Mutter des Menschenfressers ebenfalls Menschenfresser gewesen waren, welches Fleisch blieb dann dem Menschenfresser, das er sein eigenes nennen durfte?

Daß dieses Problem vom Aquinaten behandelt worden ist, wußte ich damals nicht, und mit der Hartnäckigkeit des Kindes unterminierte ich die Felsenfestung. Die Furcht hatte gehobener

Stimmung Platz gemacht. Ich konnte es kaum erwarten, Kaplan Dennis zu sehen und ihm mit diesen für meine Jahre so bemerkenswerten Zweifeln entgegenzutreten. Vergleiche mit dem jungen Jesus, der mit den Lehrern und Schriftgelehrten diskutiert, gingen mir durch den Kopf. «Alle, die ihn hörten, staunten über sein Verständnis und seine Antworten.» Niemand würde mich nun der Schwindelei bezichtigen können, dies fühlte ich mit Bestimmtheit. Stolz trottete ich mit der Botin ab, die mich holen gekommen war; im Augenblick ihres Klopfens hatte ich gerade das Stadium des Zweifels an der Gottheit Jesus Christi erreicht. An den staunenden Blicken, die das schöne Geschöpf über mich ergoß, konnte ich ablesen, daß ich dem Milieu schon zur Ehre gereichte.

Im dunklen Sprechzimmer wartete, noch in seiner Soutane, der Priester, ein runzeliger, ältlicher Mann mit bartlosem Gesicht und braunem, mattem, krausem Haar, das wie eine Perücke wirkte. Als er sich vom Fenster abwandte, sah er so müde und abwesend aus, als habe er sein ganzes Leben im Beichtstuhl zugebracht. Seine Stimme tönte hohl, alles an ihm war farblos und trocken. Als Kaplan bei Madame MacIllvra mußte er eine Art geistiges Faktotum geworden sein, höheres Dienstmädchen in Schürze, und in seinem Verhalten lag Kleinmut, gleichsam als ob sein *Nunc Dimittis* nie ausgesprochen werden würde. Daß er die Spannkraft unserer klugen Nonnen nicht besaß war deutlich.

«Die ehrwürdige Mutter sagt, du habest Zweifel», begann er mit leiser, gleichgültiger Stimme, zeigte auf einen geraden Stuhl ihm gegenüber und setzte sich dann in einen Armstuhl, das Gesicht halb abwendend, wie die Priester im Beichtstuhl. Ich nickte selbstbewußt. «Ja, Hochwürden», berichtete ich. «Ich zweifle an Christi Göttlichkeit und der Auferstehung des Fleisches und der Existenz von Himmel und Hölle.» Der Priester hob die dünnen Brauen – sie sahen wie angeklebt aus – und seufzte. «Du hast atheistische Schriften gelesen?» Ich schüttelte den Kopf. «Nein, Hochwürden. Die Zweifel kamen ganz von selbst.» Der Priester stützte das Kinn in die Hand. «So», murmelte er. «Dann laß sie einmal hören.»

Es kränkte mich, daß er mich mitten in den Menschenfressern unterbrach. «Das sind scholastische Fragen», sagte er kurz angebunden, «sie übersteigen dein Fassungsvermögen. Glaube mir, die Kirche weiß eine Antwort auf sie.» Ein Gefühl der Enttäuschung durchfuhr mich, mir schien, daß ich das Recht hätte, die Antwort auf das Menschenfresserproblem zu erfahren, da ich doch ganz von selbst auf es gekommen war, aber mein: «Warum kann ich sie denn nicht jetzt schon hören?» wurde beiseite gelegt, genauso als hätte ich gefragt, wie die Babies zur Welt kommen. «Nein», sagte Kaplan Dennis entschieden. Meine erste Erregung zerflatterte, und in der Art der Jugendlichen fing ich an, ihm zu mißtrauen. Was versuchte die Kirche da vor mir zu verbergen? fragte ich mich listig.

«Kommen wir zum Wesentlichen.» Er lehnte sich im Sessel vor und zeigte zum erstenmal Interesse. «Du zweifelst an der Gottheit Unseres Herrn?» Eine seltsame Gier in seiner Frage machte mich zurückhaltend. Ein Anflug meiner Angst kehrte zurück. «Ich glaube, ja», sagte ich zögernd, halbwegs bereit aufzugeben. «Du glaubst es. Weißt du es nicht?» fragte er, die Stimme zu schwachem Donner erhebend. Bebend brachte ich meine Zweifel vor. Ich gehörte zu den Feiglingen, die sich davor fürchten, nicht kühn genug zu erscheinen. Trotzdem sprach ich hastig, in mehreren Ansätzen, als schluckte ich Medizin. «Wir sollen seine Gottheit daran erkennen, daß er von den Toten auferstand – dies Zeichen gab er uns zum Beweis, daß er mehr als ein Mensch war. Aber man kann nicht beweisen, daß er von den Toten auferstand. Das haben bloß die Apostel gesagt. Woher wissen wir, daß sie die Wahrheit sprachen? Sie waren ganz ungebildete, abergläubische Menschen – nur Fischer, nicht wahr? Solche Leute glauben heutzutage an Hexen und Geister.» Flehend schaute ich zu ihm auf, halb um Anerkennung meines Zweifels bittend und halb in der Erwartung, er möchte ihn zerstören.

Der Priester fuhr sich mit der Hand über die Stirn. «Du hältst Unseren Herrn also für einen Lügner?» sagte er im Grabeston. «Du meinst, Er habe die armen unwissenden Apostel getäuscht, indem

Er vorgab, der Sohn Gottes zu sein. Denn das behauptest du, mein Kind, obgleich dir selbst dies nicht bewußt ist. Du heißest Unseren Heiligen Erlöser einen Lügner und Betrüger.» – «Er mag sich geirrt haben», wandte ich verdrossen ein. «Vielleicht *meinte* Er, Er sei Gott.» Kaplan Dennis schloß seine Augen. «Mein Kind, du mußt den Glauben haben», sagte er abrupt, stand vom Stuhl auf und tat ein paar schnelle Schritte. Seine Soutane tanzte.

In demütigem Staunen blickte ich zu ihm hinüber. Zum erstenmal kam er mir ziemlich heilig vor, als habe das Wort «Glaube» etwas Zartes und Weihevolles aus seiner Seele hervorgelockt, doch erschien er mir dadurch auch sehr fern, einer Empfindung fähig, die mir versagt blieb. Doch meine Einwände widerlegte er nicht; er schaute vielmehr mit ernster, verwirrter Miene auf mich herab, als sei auch ihm der Abgrund zwischen uns bewußt geworden, ein Abgrund, den Worte nicht überbrücken konnten. Der entsetzliche Gedanke überfiel mich, ich hätte vielleicht wirklich meinen Glauben verloren. Konnte er mir unbemerkt entschlüpft sein? «Helfen Sie mir», bat ich bescheiden, im Bewußtsein, das Passende zu sagen, dennoch aufrichtig.

Ich schien in zwei Personen gespalten, wovon die eine heimlich beobachtete, wie der Priester in seinen Armsessel zurücksank, die andere über die Wendung, die das Gespräch nahm, entsetzt und entgeistert war. «Die Weisheit und Güte Jesu», sagte Kaplan Dennis langsam, «die wir in Seinem Leben und Seinen Lehren finden – glaubst du, ein bloßer Mensch sei ihrer fähig gewesen?» Ich dachte nach. «Warum nicht?» fragte ich sachlich. Doch der Priester blickte mich vorwurfsvoll an, als sei ich vorlaut. «Ich sehe, du hast deine Geschichte nicht gelernt. Unter den Propheten und den Heiden, unter den Königen und Philosophen, unter den Heiligen und Gelehrten, kam jemals einer Ihm gleich?» Ein Lächeln blitzte in seinen Mundwinkeln. «Nein», gab ich zu. Der Priester nickte. «Siehst du wohl, mein Kind. Eine solche Abweichung von unserer gewöhnlichen Menschennatur bedeutet göttliche Einmischung. Besäßen wir nur Christi Lehre, wir könnten dennoch wissen, daß Er Gott war. Zusätzlich besitzen wir Seine Wundertaten, die Sicherheit der Überlieferung und die Lebendige Kirche, den Fels auf den Er baute und der die Stürme der Jahrhunderte überstand, während die Irrlehren scheiterten und dem Vergessen anheimfielen.»

Er zog seine Uhr und spähte im Halbdunkel aufs Zifferblatt. Von neuem in meinem Stolz verletzt, entgegnete ich kühn: «Nicht nur das Gute überdauert. Die Sünde zum Beispiel auch.» – «Der Teufel ist ewig», sagte Kaplan Dennis seufzend, mit schnellem Blick auf mich.

«Aber dann könnte die Kirche ja auch das Instrument des Teufels sein, oder etwa nicht?» Kaplan Dennis stieß wie ein Raubvogel auf mich herab. «So sind die Lehren Jesu, deren Bewahrerin die Kirche ist, von teuflischer Herkunft?» Ich wurde rot. «Andere Religionen haben auch die Zeiten überdauert», sagte ich einlenkend. «Die jüdische Religion und der Islam. Etwa weil sie teuflisch sind?» Ich gab mir den Anschein von Unbefangenheit, aber ich wußte, daß ich ihn in die Enge trieb; im Kloster hatten wir jüdische Schülerinnen. «Sie sind zum Teil wahr», murmelte Kaplan Dennis. «Deshalb wurden sie verschont.» Dies Scheingefecht machte mich ungeduldig, es brachte mich von einem wirklichen Problem ab, das ich flüchtig gestreift hatte. «Ja, Hochwürden», sagte ich. «Aber ich verstehe doch nicht, inwiefern die Tatsache, daß Christus eine Ausnahme war, besagt, daß Er Gott war.» – «Die Natur kennt keine Ausnahmen», erwiderte Kaplan Dennis. «O doch, Hochwürden!» rief ich. «Ich wüßte eine Menge zu nennen.»

Ich brannte darauf, dies Thema weiter zu verfolgen, denn mir war langsam aufgegangen, daß Christus wirklich ein Mensch gewesen sein konnte. Die Vorstellung Christi als einfacher Mensch hatte etwas Außerordentliches und Beglückendes, etwas, das, wie ich spürte, anders war als die Herablassung Gottes zur Menschennatur. Ich war froh, die Unterredung begonnen zu haben, denn in jeder Sekunde lernte ich Neues. Alle Angst und die Empfindung vorsätzlichen Widerstands hatten mich verlassen. Ich war gespannt darauf, Kaplan Dennis die sich eröffnenden Möglichkeiten zu weisen, meine Gefühle für ihn waren kameradschaftlich.

Aber er brachte mich abermals zum Schweigen. «Du mußt annehmen, was ich dir sage», erwiderte er beinahe schroff. «Du bist zu jung, um diese Dinge zu verstehen. Du mußt glauben.» – «Aber Sie sollen mir doch den Glauben geben, Hochwürden», protestierte ich. «Das kann nur Gott», antwortete er. «Bete, und Er wird ihn dir gewähren.» – «Ich kann nicht beten», widersprach ich automatisch. «Du kennst deine Gebete», sagte er. «Sprich sie.» Er stand auf, und ich machte einen Knicks. «Hochwürden!» rief ich plötzlich, verzweifelt über die Art und Weise, wie er mich verließ. «Noch etwas!»

Müde wandte er sich wieder um, aber der wilde Ausdruck meines Gesichts beunruhigte ihn offenbar. «Was denn, mein Kind?» Er kam ein wenig näher, sah mich besorgt und gütig an. «Mein Kind», sagte er feierlich, «zweifelst du an der Existenz Gottes?» – «Ja», keuchte ich in jubelnder Todespein und wußte, daß ich die Wahrheit sprach.

Er und ich setzten uns wieder, und er nahm meine Hand. Sehr gütig, im Glauben, daß ich dies von ihm erwarte, trug er mir die fünf Gottesbeweise a posteriori vor: den Beweis durch den primus motor non motus, den unbewegten ersten Beweger, den Beweis durch die erste Wirkungsursache, durch das vom bedingten Sein implizierte notwendige Sein, durch die verschiedenen Vollkommenheitsgrade und den Beweis durch das Geordnetsein der Weltdinge. Das meiste von dem, was er sagte, verstand ich nicht, aber den Kern begriff ich: Jede Wirkung mußte eine Ursache haben, und diese Ursache war selbstverständlich Gott. Das Universum konnte nur bestehen, wenn ein sich selbst genügendes Wesen es geschaffen und in Bewegung gesetzt hatte. Ich hörte eifrig zu, bemüht, seine Aussagen zu prüfen, beinahe überzeugt, doch nicht völlig. Es war, als hätte sich der Geist des Zweifels bis tief ins Gewebe meines Denkens durchgefressen, so daß Axiome, die mir noch vor einer Stunde einfach und klar erschienen waren, nun verwirrend und dunkel wurden. «Warum, Hochwürden», fragte ich schließlich, «*muß* alles eine Ursache haben? Warum kann die Welt nicht einfach dasein, sich selbst verursacht haben?»

Kaplan Dennis schaltete die Lampe auf dem neben ihm stehenden Tisch ein; die Glocke schlug zum *goûter*, ein Mädchen streckte den Kopf herein und zog sich hastig wieder zurück. «Weil», antwortete er geduldig, «wie ich dir gerade erklärt habe, jede Wirkung eine angemessene Ursache haben muß.» Ich bewegte dies in meinem Hirn und erinnerte mich daran, daß ich ja ein Kind war und er wahrscheinlich dachte, ich verstünde ihn nicht. «Mit Ausnahme Gottes», wiederholte ich hilfreich. Der Priester nickte. «Aber, Herr Kaplan», rief ich, von einer plötzlichen Entdeckung gepackt, «warum kann das Universum nicht sich selbst genügen, wenn Gott es kann? Warum kann nicht etwas Stoffliches die erste Ursache sein? Oder etwas wie die Elektrizität?»

Der Priester schüttelte traurig den Kopf. «Das kann ich dir nicht sagen, mein Kind.» Sein Tonfall änderte sich, wurde beißend, vorwurfsvoll. «Ich vermag Augen nicht zu öffnen, die zu sehen sich blindlings weigern. Kann die träge Masse Geist gebären? Hat die träge Masse dir dein Gewissen verliehen? Wer die Notwendigkeit der Kausalität leugnet, macht die Welt zum Chaos, in dem Laster und Anarchie regieren!» Seine hohle Stimme hallte, als wendete er sich an ein Aufgebot in Schlachtordnung in einer Ecke des Zimmers aufgestellter weltlicher Philosophen. «O mein Kind», schloß er, sich erhebend, «meide die atheistische Schmutzlektüre. Bete zu Gott um Glauben und lege eine gute Beichte ab.» Eilig verließ er das Zimmer, die Soutane blähte sich hinter ihm.

Kaplan Dennis' Mißerfolg machte im Kloster großen Eindruck. Wo immer ich war, folgten mir die Blicke achtungsvoll: da ging das Mädchen, das ein Jesuit nicht zu überzeugen vermocht hatte. Die Externen und Halbinternen erfuhren die Neuigkeit sogleich, als sie am Montag eintrafen. Kleine Königinnen, die bisher nie von mir Notiz genommen hatten, versammelten sich in der Pause um mich und stellten mir mit Flüsterstimme Fragen, denn während der Exerzitien durften wir nicht sprechen. Das Zusammentreffen der heiligen Gnadenzeit der Mission mit meinem unheiligen Zustand erhöhte noch das Gefühl des Ungeheuerlichen. Man glaubte, daß

Hochwürden Heeney, der lockenhäuptige, braungebrannte Missionar, der bei den Eskimos so gute Resultate erzielt hatte, seine Redekunst an mir wetzte. Bei einer zweiten Unterredung in ihrem Büro wischte Madame MacIllvra sich mit ihrem einfachen Batisttaschentuch die Augenwinkel. Sie meinte, ein von meiner seligen Mutter im Himmel in sie gesetztes Vertrauen enttäuscht zu haben. Wie die meisten hübschen weiblichen Anstaltsleiter weinte sie leicht, besonders wenn sie befürchtete, die Klosterschule möchte Gegenstand abfälliger Äußerungen werden. Als sie mich am Mittwoch zum drittenmal sah, war unsere Lage ernst geworden. Louise, meine Pultnachbarin, hatte gewettet, daß ich bis Mittwoch meinen Glauben nicht zurückgewänne; und allgemeines Unbehagen senkte sich über das Kloster, als ein feuriger Vortrag dem anderen folgte, ich aber unbewegt blieb. Allen und auch mir war klar, daß ich meinen Glauben zurückgewinnen müsse, um der schrecklichen Ungewißheit ein Ende zu bereiten.

Ich war jetzt nicht weniger besorgt als Madame MacIllvra selbst. Mit allen Kräften versuchte ich, wenn auch nur aus Rücksicht gegen die anderen, Glauben zu empfinden, aber je mehr ich mich anstachelte und prüfte, desto deutlicher mußte ich mir eingestehen, daß keiner in mir vorhanden war. Soweit ich erkennen konnte, war mir sogar die Seele abhanden gekommen. Denn seltsam genug, als ich sah, was ich bewirkt hatte, erwachte das Bewußtsein meiner Pflicht den anderen gegenüber und nicht der Pflicht gegen Gott oder die eigene Seele, und dies war bereits ein Beweis dafür, daß ich Gott verloren hatte, da ihm zu gefallen als unsere hauptsächliche Pflicht galt. Gott (sofern es Ihn gab) würde gewiß nicht wohlgefällig auf mich blicken, wenn ich, um Madame MacIllvra und Madame Barclay zufriedenzustellen – und meine neue Freundin und Doppelgängerin Louise, die zwar mutwillig, aber eine gute Katholikin war –, so tat, als ob ich meinen Glauben wiederfände. Dennoch entschloß ich mich dazu, nach einer zweiten fruchtlosen Sitzung im Sprechzimmer, diesmal mit Pater Heeney, der, wie ich matt spürte, mich bekehren konnte, falls mich überhaupt ein Mensch zu bekehren vermochte. Er hatte die gleichen Dinge angeführt wie Kaplan Dennis, mich allerdings beim Vornamen genannt und gelacht, als ich ihm erzählte, daß mein Vater und mein Großvater Rechtsanwälte gewesen seien, als gehörten meine ernsten Zweifel zu dem, was er ein gutes Mundwerk nannte. Auch er schien davon überzeugt, daß ich atheistische Literatur gelesen habe, und drohte mir scherzhaft mit der Beichte, als ich es bestritt. Diese Priester glaubten wohl, daß man nichts aus eigenem Vermögen tun könne, dachte ich bitter, daß alles ererbt und angelesen sei, genau wie sie glaubten, daß Christus kein «bloßer Mensch» gewesen sein könne, oder, wie in diesem Fall, versicherten, man müsse den «Glauben» haben, ein Wort, das mir in den letzten Tagen immer ärgerlicher geworden war. «Die natürliche Vernunft, Mary», erklärte Pater Heeney, «wird dich heute nicht bis ans Ziel führen. Es bleibt ein kleiner Graben, den wir mit Glauben auffüllen müssen.» Ich sah ihn abschätzend an. So gab es also einen Graben. Warum hatten sie diese interessante Tatsache nie zuvor erwähnt?

Als ich das Sprechzimmer verließ, beschloß ich, Pater Heeney für die Täuschung, zu der er mich zwang, persönlich verantwortlich zu machen. «Auf Wiedersehn im Beichtstuhl», rief er mir mit voller, warmer Stimme nach; doch ich schwor mir, daß er nicht mich, sondern nur ein frommes Trugbild meiner selbst sehen solle. Indem er es versäumt hatte, mich zu bekehren, und indem er meinen Fall so leichthin behandelt hatte – zum Beispiel hatte er mich Thomasina genannt in gewollt komischer Anspielung auf den ungläubigen Thomas –, führte er mich geradewegs in den Betrug. Dank seiner Unfähigkeit blieb mir nichts anderes übrig, als eine Bekehrung vorzutäuschen. Doch das Verdienst daran sollte er nicht haben. Ich würde vorgeben, über Nacht, durch einen Traum, bekehrt worden zu sein.

Und ich verspürte nicht die geringste Reue, nicht einmal, als ich am Donnerstag morgen in meinem weißen Schleier am Altar kniete und im Spott die Hostie empfing. Ich wußte, daß hinter mir die Schwestern sich, wie es guten Schwestern geziemt, über die Besserung einer Seele freuten. Madame MacIllvras blaue Augen trübten sich wahrscheinlich. Neben mir platzte Pork Barrel vor Neid aus ihren Nähten. Louise (ich hatte sie vorhin im Zimmer, wo wir unsere Schleier anlegten, von meiner Bekehrung in Kenntnis gesetzt) hatte mich eingeladen, in den Weihnachtsferien bei ihr zu übernachten. Meine eigene Empfindung war hauptsächlich die gleichgültigen Staunens darüber, wie weit ich mich von meinem früheren Standort entfernt hatte, wie damals, als ich schwimmen lernte und, nachdem ich eine Weile den Toten Mann gespielt hatte, den nassen Kopf hob, zurückblickte und meine Schwimmblase weit hinter mir auf dem See treiben sah.

Die vorstehende Geschichte gibt unser Leben in der Klosterschule so getreu wieder, daß es mir beinahe unmöglich ist, Gemutmaßtes und nur halb Erinnerliches vom unzweifelhaft Wahren abzuheben. Der Musiklehrer, die schnarchende alte Nonne, der englische Schauspieler, der Lepanto *vortrug, die Stickereien,* Emma *oder* Die Geschichte zweier Städte, Lady Spindle *(die andere Rolle im Stückchen hieß Mrs. Dwindle) sind genau, wie sie wirklich waren. Was die zeitliche Aufeinanderfolge anbetrifft, bin ich mir nicht völlig sicher; das ganze Drama meines Abfalls vom Glauben vollzog sich in sehr kurzer Zeit und, wie ich meine, während einer Mission. Daß die meisten Gespräche erfunden sind, habe ich schon gesagt, Ton und Tenor aber stimmen. Die Priester redeten so und brachten im großen und ganzen die genannten Argumente vor, um auf mich einzuwirken. Obgleich ich dies doch selbst geschrieben habe, muß ich vor Überraschung lächeln, wenn ich es durchlese.*

Die Gottesbeweise sind der Katholischen Enzyklopädie entnommen. Meine Fragen sind eine Mixtur aus Erinnerung und Vermutung. Eine Dialogstelle entlehnte ich einem episkopalischen Geistlichen: «Es bleibt ein kleiner Graben, den wir mit Glauben auffüllen müssen.» Mein Sohn Reuel kam eines Tages nach Hause und zitierte dies Wort seines Religionslehrers. Ich lachte (es erinnerte mich so sehr an die Art, wie meine *Priester gesprochen hatten) und verwendete es in der Erzählung.*

In Wirklichkeit fand meine Unterredung mit dem ersten Priester vermutlich gar nicht im Sprechzimmer des Internats, sondern im Studierzimmer dieses alten Priesters statt. Wo der Raum sich befand und wie ich hingelangte, weiß ich nicht mehr. Der zweite, von mir Pater Heeney genannte Priester, kann der Missionar aus dem Kapitel «Der Lump» oder ein anderer gewesen sein, den ich mit dem ersten verwechsle. Tatsächlich erinnern kann ich mich nur daran, daß seine Haltung gegenüber meinen vermeintlichen Zweifeln schroffer und summarischer war als die des alten Priesters. Er nahm meine Zweifel nicht ernst, und das ärgerte mich, aus Gründen der Eitelkeit, hauptsächlich aber, weil sie unterdessen ernsthafter Natur geworden waren und weil ich mich fürchtete. Dieser Missionsprediger, sofern er es war, hatte mit Mädchen nicht viel Geduld.

Die McCarthy-Verwandtschaft hielt stets meinen Großvater für die «atheistischen Ideen» verantwortlich, die ich mir in Seattle zu eigen gemacht hatte. Doch von meinen drei Brüdern, die alle seinem Einfluß entgingen, ist nur noch der jüngste der Kirche treu geblieben. In der Generation meiner Mutter hatte die Kirche drei Rekruten ausgehoben. Alle protestantischen Schwiegertöchter konvertierten; Onkel Florrie, Tante Esthers Mann, dagegen hielt bis zum Ende aus – er fuhr seine Familie zur Sonntagsmesse und blieb draußen im Wagen, zum neidvollen Staunen der Kinder. In meiner Generation gingen der Kirche mindestens drei Mitglieder verloren (über meine Vettern und Kusinen weiß ich nichts Genaues).

Entgegen der Vermutung der McCarthys machte mein Großvater Preston es sich zur Pflicht, dafür zu sorgen, daß ich meine Religion ausübte. Wir hatten miteinander vereinbart, daß ich weiterhin sonntags die Kirche besuchen sollte, bis ich ein wenig älter geworden wäre. Meine Aufrichtigkeit jedoch stellte er nie in Frage. Als ich ihm sagte, daß ich meinen Glauben verloren hätte (unterdessen war es wahr geworden), deutete er die Mitteilung nicht als Ausrede, um der Messe fernbleiben zu können. Die meisten Familien würden sie wohl so interpretiert haben. Ihm schien es natürlich und schicklich, daß eine Person, sogar ein Kind, aus Gewissensgründen handelte. Seine Liberalität beruhte auf dieser Annahme. Jahre später, als ich anfangs der Zwanzig eine «Radikale» wurde, nahm er diese Neuigkeit mit dem gleichen forschenden Ernst entgegen, und auf seine Anordnung hin fuhr mich der Wagen, der mich einst zur Kirche gebracht hatte – oder vielmehr sein Ersatz – zu Versammlungen im Tempel der Arbeit.

Das Familienleben der Prestons werde ich in späteren Kapiteln beschreiben.

Zur Zeit, als ich die Klosterschule besuchte, war ich zu Hause eine Art Fremdling. Meine Schulfreundinnen waren allesamt katholisch, ihre Eltern meinen Großeltern meistenteils unbekannt, da nicht nur die Religion, sondern auch der Generationenunterschied sie trennte. Keines dieser Kinder kam je zu mir nach Hause, obgleich ich zu ihnen eingeladen wurde. Mein Hauptinteresse gehörte der Bühne; der Wunsch, eine Rolle zu spielen und die Aufmerksamkeit auf mich zu lenken, dazu die Leichtigkeit, mit der ich auswendig lernte, hatten mich überzeugt, daß ich fürs Rampenlicht geboren sei. Daheim sagte ich immer Gedichte auf und lud die Familie Preston als Zuhörer ein. Mein Lieblingsrepertoire war Lord Ullins Tochter *und* Der Inchcape-Felsen. *Meine neuen Onkel, meine Tante und meine Großmutter fanden die Darbietungen belustigend, ich aber argwöhnte lange nichts. Als ich dahintergekommen war, wollte ich ihnen nichts mehr vortragen.*

Die Familie hielt mich für ein Kuriosum, und einige Mädchen im Kloster dachten das gleiche, wie der Leser im nächsten Kapitel erfahren wird. Als Kind war ich unbefangen gewesen, meine Ernsthaftigkeit hatte mich vor der Einsicht bewahrt, daß andere Leute vielleicht über mich lachten. Nun mußte ich dies hinzulernen.

Anna Lyons, Mary Louise Lyons, Mary von Phul, Emilie von Phul, Eugenia McLellan, Marjorie McPhail, Marie-Louise L'Abbé, Mary Danz, Julia Dodge, Mary Fordyce Blake, Janet Preston – so lauteten die Namen – ich kann sie noch wie einen Rosenkranz herbeten – einiger der älteren Mädchen im Internat: der Tugenden und Grazien. Die Tugendsamen trugen breite Gute-Betragens-Bänder aus blauem oder grünem Moiré wie Partronenriemen schräg über ihren blauen Sergeuniformen; die Schönen trugen Rouge und Puder oder standen wenigstens im Ruf, beides aufzulegen. Unsere Klasse, die achte, trug rosa Bänder (ich selbst erhielt nie eines), und es gab Namen wie Patricia («Pat») Sullivan, Eileen Donohoe und Joan Kane. Sogar in dieser Hinsicht also waren wir unelegant, der beste Name, den wir vorweisen konnten, war Phyllis («Phil») Chatham. Sie prahlte damit, daß der Name ihres Vaters «Ralph» wie in England «Räf» ausgesprochen werde.

Für uns im Internat hatten Namen eine große Bedeutung, und ausländische Namen, französische, deutsche oder einfache englische (die uns wegen ihres protestantischen Klangs ausländisch dünkten), schimmerten wie prämierte Rosen unter gewöhnlichen Knollengewächsen. Irische Namen waren in der Schule zu häufig, um als Familiennamen (Gallagher, Sheehan, Finn, Sullivan, McCarthy) oder Vornamen (Kathleen, Eileen) das geringste Prestige zu besitzen. Alles Fremdartige galt als Wert: eine olivenfarbene Haut beispielsweise. Der Liebling des Klosters war eine zarte Jüdin namens Susie Lowenstein mit blassem rotgoldenem Haar und einer reizenden Himmelfahrtsnase, die als Attribut einer von uns möglicherweise als «mopsig» erklärt worden wäre. Uns gefiel auch ihr Name und der eines Kindes aus den untersten Klassen: Abbie Stuart Baillargeon. Am allerliebsten aber mochte ich den Namen Emilie von Phul (der «Puhl» ausgesprochen wurde); die ältere Schwester des Mädchens hatte gerade ihr Abschlußexamen gemacht, sie hieß Celeste. Ein anderer Name, den ich schön fand, war Genevieve Albers, weil die heilige Genoveva die Schutzpatronin von Paris war und Attila von den Toren der Stadt gewiesen hatte.

Alle diese Namen spiegelten den noch immer bestehenden Pioniercharakter der Nordwestküste. In der Gemeindeschule in Minneapolis hatte ich nie ähnliche vernommen; dort war ausländische Herkunft etwas, dessen man sich schämte; das soziale Bestreben ging dahin, Vor- und Nachnamen zu amerikanisieren. Ausnahmen bildeten die Iren, die sich solcher Namen wie Catherine O'Dea oder Mary Catherine Anne Rose Violet McCarthy – dies der Name meiner Kusine zweiten Grades – rühmen konnten, während ein unseliger deutscher Junge wegen seines Namens Manfred leiden mußte. Doch so war es eben in Minneapolis. In Seattle und vorzüglich im Kloster Sacré-Cœur gemahnten ausländische Namen nicht an Einwanderung, sondern an Auswanderung, an ein vornehmes Exil. Minneapolis war ein Kornspeicher, Seattle ein Hafen, der eine wahre Fremdenlegion von Abenteurern angezogen hatte, Glücksritter, jüngere Söhne, Spieler, Händler, die mit Hölzern oder Schiffen oder in Alaska durch Gold ein Vermögen machen wollten. Kriege und Revolutionen hatten die Besiegten bis nach Puget Sound geschickt; zuletzt hatte uns die russische Revolution auf dem Schiffsweg über Harbin eine russische Kolonie herbeigebracht, komplett mit eigenem Restaurant auf dem Queen Anne Hill, und alle diese Menschen wünschten ein neues Leben zu beginnen. Die englischen Namen im Kloster, die nicht auf unmittelbar englischen Ursprung deuteten, wie im Fall von «Räf» Chatham, stammten aus den Südstaaten und gemahnten an eine Art inneres Exil. Mädchen wie Mary Fordyce Blake und Mary McQueen Street (eine Klasse über mir; ihre Schwester hieß Francesca) trugen ihre Doppelnamen wie Adelsprädikate aus dem

Vorkriegs-Süden. Keineswegs alle Mädchen waren katholisch; einige der hübschesten – Julia Dodge und Janet Preston – waren, wenn ich mich nicht täusche, Protestantinnen. Die Schwestern hielten uns dazu an, zu diesen Fremdlingen in unserer Mitte besonders zuvorkommend zu sein, und deshalb wirkte das Sacré-Cœur wie eine höhere Herberge für die Flüchtlinge aus den verlorenen Kämpfen der letzten hundert Jahre. In einer solchen Atmosphäre konnte Geld nicht viel gelten; die Väter und Großväter mancher unserer besten Schülerinnen waren verarmt.

Im nordwestlichen Küstengebiet klangen die Namen und insbesondere die Mädchennamen oft abnorm. Im Episkopalischen Internat in Tacoma, das ich später besuchte, hatten wir Mädchen, die De Vere Utter, Rocena und Hermoine hießen. Waren Rocena und Hermoine Verstümmelungen von Rowena und Hermione? Und hieß Vere, wie wir sie nannten, nach Lady Clara Vere de Vere? Wahrscheinlich. Jedenfalls sind solche Namen östlich der Cascade Mountains nicht häufig zu hören; sie gehören zum Grenzgebiet, wo Bücher und Bibliotheken selten waren und – wie zu Zeiten Homers – mündliche Überlieferung geherrscht zu haben scheint.

Für Katholiken besitzen Namen mehr Bedeutsamkeit als für andere Leute: Vornamen werden wegen der geistigen Eigenschaften der Heiligen gewählt, die sie einst trugen. Protestanten pflegten ihren Kindern alttestamentarische Namen zu geben, jetzt entnehmen sie die Namen Romanen und Theaterstücken, deren Helden und Heldinnen vielleicht die neuen Schutzheiligen eines säkularisierten Zeitalters sind. Bei Katholiken verhält es sich jedoch anders. Der Heilige, nach dem ein Kind genannt wird, soll ihm als Muster und Vorbild dienen, dem es nachstrebt; der Name ist Bestimmung, er sagt, was einer ist oder sein soll. Katholische Kinder suchen wie in Geburtstafeln in ihren Namen nach mystischem Sinn; mein eigener – Name der heiligen Jungfrau und der heiligen Maria von Ägypten – hatte ursprünglich «bitter» oder «Stern des Meeres» bedeutet. Durch meinen zweiten Vornamen, Therese, konnte ich mich entweder der heiligen Theresa von Avila weihen oder der kleinen heiligen Theresia, Sœur Thérèse von Lisieux, auf die Gott in Gestalt eines Rosenregens herabgekommen sein sollte. Bei der Firmung hatte ich einen dritten Namen hinzugefügt (die Katholiken nehmen bei diesem Anlaß einen neuen Namen an, wie auch die meisten Nonnen ein weiteres Mal, wenn sie ihre Gelübde ablegen); auf den Rat einer Klosterfrau hin hatte ich den Namen «Clementina» gewählt, zu Ehren des heiligen Clemens, eines frühen Papstes, welche Wahl ich wegen «My Darling Clementine» und ihrer Schuhgröße neun schon bald bereute. Zur Zeit, als ich im Sacré-Cœur war, verriet ich niemandem mehr meinen Firmungsnamen. Statt für «Clementina» hätte ich mich beinahe für «Agnes» entschieden, um nach der kleinen römischen Märtyrerjungfrau zu heißen, die immer mit einem Lamm, zum Zeichen ihrer Reinheit, dargestellt wurde. Im Forest-Ridge-Kloster aber sah ich ein, daß Agnes genauso schlimm gewesen wäre – nicht nur wegen der möglichen Abkürzung in «Aggie», sondern weil der Name selbst auf subtile, unerklärliche Weise falsch war. Als Agnes hätte ich wie ein Esel dagestanden.

Die Furcht, lächerlich zu erscheinen, trat als beherrschendes Motiv während meines zweiten Jahres in der Klosterschule zum erstenmal in mein Leben. Bisher hatte der Wunsch hervorzuragen viele meiner Handlungen bestimmt, und dieser Wunsch bestand noch. In der achten Klasse wurde ich jedoch der Spöttelei um mich herum bewußt und merkte, daß ich mich nicht hervortun konnte, ohne verlacht zu werden. Andere konnten es, ich nicht. Das Gelächter ging nicht von meinen Klassengefährtinnen aus, sondern von den Mädchen der Klasse über mir, vorwiegend von zwei munteren Kumpaninnen, Elinor Heffernan und Mary Harty, einem clownhaften Paar, das in Größe und Gestalt, wie Clownsgruppen im allgemeinen tun, komisch zueinanderpaßte, indem die eine klein, plump und babygesichtig, die andere dagegen groß, schmächtig und eulengesichtig war, und das die Mittelschulabteilung dadurch unterhielt, daß es auf die Sonderbarkeiten der jüngeren Mädchen aufmerksam machte. Nahezu jede Schule beherbergt ein Paar solcher Satiriker, deren Noten meist schlecht sind und die eben wegen ihrer Faulheit und ihres Nonkonformismus so gerade geduldet werden; eine von ihnen (in diesem Fall Mary Harty, die dicke der beiden) scheint gewöhnlich halbwegs zu schlafen. Wegen ihrer niedrigen Leistungen, ihrer Gleichgültigkeit gegen die eigene äußere Erscheinung, des traurigen Zustands ihrer Uniformen werden ihre Clownerien für harmlos gehalten, was sie im großen und ganzen auch sind; ihr Ziel ist nicht zu verletzen, sondern zu belustigen. Solche Mädchen langweilen sich in der Schule. Wir Achtkläßler saßen im Studium gerade vor den zwei Witzbolden, so daß sie uns unter genauer Kontrolle hatten. Trotzdem fürchtete ich sie zuerst nicht, wünschte höchstens, an ihrem Gelächter teilzunehmen, in die Späße eingeweiht zu werden. Eine ihrer Spezialitäten bestand darin, den anderen Übernamen zu erteilen, und es galt als Ehre, als erste der achten Klasse durch Elinor und Mary von ihrer neuesten Erfindung in Kenntnis gesetzt zu werden. Die Ehre geschah mir oft, sie unterrichteten mich auf dem Spielplatz, und ich unterrichtete die anderen. Als ihre Mittelsperson fühlte ich mich ihnen fast befreundet, und nie kam mir der Gedanke, ich könnte die nächste auf ihrer Liste sein.

Nicht lange zuvor hatte ich Berühmtheit erlangt, indem ich offiziell meinen Glauben verlor und am Ende von Exerzitientagen wiedergewann. Elinor und Mary stellten mir hierüber wahrscheinlich auf dem Spielplatz Fragen und lauschten mit ernsten, respektvollen Gesichtern, während ich ihnen von meinen Unterredungen mit den Jesuiten erzählte. Die ernsten Gesichter hätten mir eine Warnung sein sollen, doch falls die beiden Mädchen das, was ich ihnen eröffnete, dazu benutzten, sich über mich lustig zu machen, so geschah es hinter meinem Rücken; ich hörte nie mehr davon. Zur gleichen Zeit aber begann ich etwas zu spüren, etwas wie einen kalten Atem im Genick, so daß ich mich fragte, ob die neue Stellung, die ich im Kloster errungen hatte, wirklich so gefestigt sei, wie ich mir einbildete. Wenn ich mich dann im Studium umdrehte, begegnete ich den grüblerisch auf mich gehefteten Blicken der beiden Mädchen.

Ebenfalls zur gleichen Zeit geriet ich in eine völlig alberne Lage, eine höchstpersönliche, geheime, die mich von Monat zu Monat in der Furcht vor Entdeckung leben ließ. Eines Morgens, als ich aufwachte, bemerkte ich ein paar kleine Blutflecken auf dem Leintuch; ich mußte nachts an einer geringfügigen Beinwunde gekratzt und sie dabei geöffnet haben. Was sollte ich tun? Die Nonnen nahmen es mit dem ordentlichen Bettenmachen sehr genau, auch mit unseren Kragen und Aufschlägen. Falls die Betten inspiziert wurden, brachten mir die Blutflecken vielleicht Minuspunkte ein. Am besten war es, die Schwester, die in den Schlafsälen Aufsicht hatte, die große stämmige Mutter Slattery, um ein sauberes Tuch zu bitten, obwohl sie mich womöglich dafür ausschalt, daß ich mein Bein im Schlaf aufgekratzt hatte, und mir womöglich befahl, ich solle mir die Fußnägel schneiden. Man wußte ja nie, wofür man getadelt werden konnte. Doch als Mutter Slattery hereinfegte, um sich das Leintuch anzusehen, schalt sie mich überhaupt nicht, sie schien kaum zuzuhören, als ich ihr die Geschichte von der Verletzung erklärte. Sie sagte, ich solle mich hinsetzen, in einer Minute sei sie wieder da. «Vom Turnen kannst du heute befreit werden», fügte sie hinzu und schloß die Tür hinter sich. Ich wartete und dachte über diese letzte Bemerkung nach; sie schien mir in Anbetracht der Geringfügigkeit meiner Wunde sonderbar freigebig. Gleich darauf kehrte die Schwester zurück, jedoch ohne Leintuch. Statt dessen zog sie aus ihrer großen Tasche eine Art Stoffgürtel und einen seltsamen flanellnen Gegenstand hervor, den ich zunächst für einen Verband hielt. Ich wehrte mich und sagte, ich brauche und wünsche keinen Verband, alles, was ich haben müsse, sei ein Unterbettuch. «Das Bettuch kann warten», erwiderte Mutter Slattery lakonisch und händigte mir zwei große Sicherheitsnadeln aus. Die Sicherheitsnadeln erleuchteten mich jäh, ich begriff Mutter Slatterys Irrtum, gerade als sie mich darüber belehrte, wie das Flanellding, das, wie ich jetzt verstand, eine Binde sein mußte, anzulegen war.

«O nein, ehrwürdige Mutter», sagte ich ein wenig verlegen, «Sie mißverstehen mich. Es handelt sich nur um eine kleine Wunde an meinem Bein.» Doch die ehrwürdige Mutter hörte wieder nicht zu, war scheinbar taub geworden, wie die Nonnen es häufig wurden, wenn ihnen nicht paßte, was man sagte. Und da ich nun wußte, was sie sich einbildete, fühlte ich mich einem wunderlichen Zwang unterworfen: Ich fand es nicht schicklich, einer Nonne gegenüber mit so vielen Worten über einen natürlichen Vorgang zu reden. Man wies ja auch die Vorstellung ab, daß sie ins Bad gingen, und versuchte das eisengraue, widerspenstige Haar zu übersehen, das sich unter ihren Hauben hervorstahl (die verbreitete Ansicht, sie seien kahlgeschoren, war falsch). Alles in allem war es wohl besser, ich zeigte ihr einfach meine Wunde. Doch als ich dies vorschlug und meinen schwarzen Strumpf hinunterließ, blickte sie nur flüchtig hin. «Das ist bloß ein Kratzer, Kind», sagte sie. «Jetzt eil dich und zieh das an, sonst kommst du zu spät in die Kapelle. Hast du Schmerzen?» – «Nein, nein, Mutter», rief ich. «Sie verstehen nicht.» – «Doch, doch, ich verstehe schon», sagte sie beschwichtigend, «und du wirst es auch bald verstehen. Mutter Oberin wird es dir heute vormittag erklären. Es ist nichts Schlimmes dabei. Du bist eben eine Frau geworden.»

«Darüber weiß ich ganz genau Bescheid», beharrte ich. «Mutter, bitte hören Sie mich an. Ich habe mir nur das Bein aufgerissen. Auf dem Turnplatz. Gestern nachmittag.» Doch je mehr ich mich erregte, desto beschwichtigender und dabei bestimmter zeigte sich Mutter Slattery. Es blieb offenbar nichts übrig, als zu tun, wie mir befohlen wurde. Ich war in der Gewalt einer höheren Autorität, die beinahe die Macht besaß, mich von ihrem Recht und meinem Unrecht zu überzeugen. Aber natürlich täuschte ich mich nicht, das wäre zu schön gewesen, um wahr zu sein. Während Mutter Slattery gleich vor der Tür wartete, legte ich unglücklich die Ausstattung an, die sie mir da gegeben hatte, denn verstecken konnte ich sie wegen der immer möglichen Schubladenbesichtigung nicht. Mutter Slattery führte mich die Diele entlang zu einer Rutsche und erklärte mir, wie ich mich des Flanelldings entledigen solle, indem ich es über diese Rutsche zur schmutzigen Wäsche tat. (Die klösterlichen Einrichtungen waren sehr altmodisch, zweifellos gingen sie noch auf die Tage Louis Philippes zurück.)

Die Mutter Oberin, Madame MacIllvra, war eine vernünftige

Frau, und während der ersten Schulstunden erwartete ich wie auf Nadeln sitzend die versprochene Unterredung, die, wie ich zuversichtlich erwartete, alles aufklären würde. «Ma Mère», würde ich beginnen. «Mutter Slattery glaubt . . .» Dann würde ich ihr von der Verletzung und vom Turnplatz berichten. Aber genau der gleichen Fatalität sah ich mich gegenüber, als ich in der Pause ins Büro gerufen wurde. Ich sprach von meiner Verletzung, und sie sprach von Du-bist-eine-Frau-Geworden. Es war ungefähr wie ein Reigenspiel, sie sang: «Schottland brennt, Schottland brennt», und ich sang: «Gieß Wasser drauf, gieß Wasser drauf.» Keine vermochte die andere zu vernehmen, oder vielmehr, ich konnte sie wohl hören, sie mich aber nicht. Infolge unserer verschiedenen Stellungen im Kloster konnte sie mich jederzeit unterbrechen, während ich schweigen mußte, bis sie mit Reden fertig war. Als ich sie immer wieder zu unterbrechen versuchte, gebot sie mir sanft, still zu sein, und nahm mich auf den Schoß. Genau wie Mutter Slattery schrieb sie alle meine Hinweise auf die Verletzung einer blinden Angst vor der neuen unerwarteten Wirklichkeit zu. Viele junge Mädchen ängstigten sich, wenn sie auf das Ereignis nicht vorbereitet worden seien, versicherte sie mir. «Und du, Mary, hast deine liebe Mutter verloren, die es dir hätte erleichtern können.» In Madame MacIllvras Schoß gewiegt, fühlte ich mich wie gelähmt und blieb so, stumm zuhörend, an ihrem Busen liegen. Ihr gestärkter, gefältelter weißer Schleier kitzelte mich im Gesicht, sie erklärte mir, auf welche Weise die Kinder zur Welt kommen, was ich alles schon wußte.

Es war nutzlos, sich gegen das Kloster behaupten zu wollen. Ich mußte vortäuschen, eine Frau geworden zu sein, genau wie ich, nicht lange vorher, hatte vorgeben müssen, meinen Glauben wiedergefunden zu haben – um des lieben Friedens willen. Die Heuchelei war entschieden peinlich. Vor Angst, die Laienschwestern unten in der Wäscherei könnten die Wahrheit herausfinden (sicherlich eine nur eingebildete Möglichkeit, doch im Kloster war man sehr gründlich), öffnete ich die Wunde an meinem Bein immer von neuem, um mit ein wenig Blut die Binden zu beflecken, die mir regelmäßig, nicht nur das eine Mal, sondern von da an alle achtundzwanzig Tage ausgegeben wurden. Am Ende stellte ich in der Angst vor Starrkrampf die Aderlässe ein und vertraute aufs Schicksal. Dennoch lebte ich in entsetzlicher Furcht vor Entdeckung; ich sah keine andere Rettung, als entweder die Schule zu verlassen oder wirklich eine Frau zu werden, was aber noch mindestens ein Jahr dauern konnte, da ich erst zwölf war. Einmal monatlich vom Turnen befreit zu werden war keine ausreichende Entschädigung für die Posse, die ich durchmachte. Meine Schuld war sie nicht; sie hatten sie mir aufgezwungen; trotzdem würde ich und niemand anderes dumm aussehen – schlimmer als dumm, halb wahnsinnig –, falls die Wahrheit je ans Licht kam.

Mit dieser Schuld und Scham beladen war ich, als ein Spitzname mich schließlich entdeckte. «Entdeckte» im weitesten Sinn des Worts, denn kein Mensch erfuhr je das besondere, an einem Leinenstreifen steckende Geheimnis, das ich mit mir einhertrug. «Wir haben einen Namen für dich», riefen mir Elinor und Mary eines Tages auf dem Spielplatz zu. «Was denn?» fragte ich, halb hoffend und halb ängstlich, da nicht alle ihre Spitznamen ungünstig waren. «Cye», antworteten sie, sahen einander an und lachten. «Si?» wiederholte ich, in der Meinung, es sei eine Abkürzung von «Simpel». Hielten sie mich für einen Tölpel? «C. Y. E.», erklärten sie im Chor buchstabierend. «Die Buchstaben bedeuten etwas. Kannst du's erraten?» Ich konnte es nicht und kann es noch immer nicht. Das Wahrscheinlichste, das ich im Kloster herausfand, war «Clean Your Ears» (=Putz dir die Ohren). Vielleicht sollte es das wirklich heißen, obwohl ich mir im späteren Leben überlegt habe, ob es nicht einfach «Clever Young Egg» (=Junger Schlaukopf) oder «Champion Young Eccentric» (=Junge Meisterspinnerin) bedeutete. Im Kloster war ich jedenfalls ganz sicher, daß es etwas Schreckliches besage, etwas noch Schlimmeres als schmutzige Ohren (soweit ich wußte, waren meine Ohren sauber), etwas, das ich niemals zu erraten vermöchte, da es eine Ansicht von mir zeigte, welche die Umwelt gewahren konnte, ich jedoch nicht, wie ein auf den Rücken geheftetes Schild. Jede im Kloster mußte wissen, was die Buchstaben bedeuteten, keine aber wollte es mir verraten. Elinor und Mary hatten ihnen das Versprechen abgenommen. Es war wie bei üblem Mundgeruch, nicht einmal meine beste Freundin, Louise, meine Pultnachbarin, wollte es mir sagen, sosehr ich auch bettelte. Doch jede versicherte, daß der Name «sehr gut», das hieß, sehr passend, sei. Und jede mußte darüber lachen.

Dieser Name dämpfte alle meine Ansprüche und bestärkte in mir den Glauben an die eigene Fehlerhaftigkeit. Gerade als ich spürte, daß ich zum Kloster zu gehören begann, verwandelte mich der Name in eine Außenseiterin, da ich als einzige Schülerin uneingeweiht war. Ich liebte die Klosterschule, aber sie «mochte» mich nicht, wie manche Leute von Speisen sagen, die ihnen nicht bekommen. Ich will hiermit nicht sagen, ich sei bei den Schwestern oder den Schülerinnen wirklich unbeliebt gewesen. Die Mutter Oberin weinte, als ich ging, und prophezeite mir zu meiner Verwunderung, daß ich eine Romanschriftstellerin werden würde. Auch hatte ich schließlich Freundinnen gewonnen, sogar Emilie von Phul lächelte mir mit schönen blauen Augen aus der jenseitigen Ecke des Studiersaals zu. Ich paßte nur nicht in die Klosterschablone; das Einfachste, was ich tat, wie die Bitte um ein frisches Bettuch, verstrickte mich in unvorhersehbare Folgen. Böse war ich nicht, verging mich bewußt nicht gegen die Regeln, trotzdem gelang es mir nie, ein rosa Band zu bekommen, nicht einmal für eine Woche. Das aber konnte ich nicht verstehen, denn ich bemühte mich, sosehr ich nur vermochte. Es war ähnlich wie mit dem verhaßten Namen; die Schwestern sahen offenbar etwas an mir, das mir unsichtbar blieb.

Das Widersinnigste aber blieb doch die ganze Heuchelei. Da war ich, ein wandelndes Lügengespinst, gab vor, eine Katholikin zu sein, und ging zur Beichte, während ich in Wirklichkeit den Glauben verloren hatte, gab vor, die Monatsperioden zu haben, indem ich mich selbst mit der Nagelschere schnitt. Gekommen aber war es zu all dem nicht aus eigenem Entschluß, sondern gegen meinen Willen. Als niedrigste Heuchelei, zu der ich getrieben wurde, erschien mir die Ergebung in den Spitznamen. Doch was sonst hätte ich tun sollen? Im Kloster vermochte ich ihn nicht zu überwinden. Für alle Mädchen dort war ich «Cye McCarthy» geworden, das und nichts anderes mehr. Und mit diesem Namen hatte ich mich auszuweisen, wenn ich in den Ferien meine Freundinnen anrief und ins Kino einlud: «Hallo, hier Cye.» Ich verabscheute mich, wenn ich ihn aussprach, dennoch erlag ich dem Namen völlig, machte mich zu einem gutmütigen Ding, zu dem er paßte, zu einer Art Mädchen, wie ich sie sonst verachtete. «Cye» war meine neue Schutzpatronin. Diese falsche Persönlichkeit haftete, wie der Name selbst, an mir, als ich im folgenden Herbst mein erstes Schuljahr in der öffentlichen Mittelschule begann, nachdem ich die Großeltern schließlich dazu überredet hatte, daß sie mich aus dem Internat nahmen. Meine Gründe begriffen sie nie gänzlich, da, wie ich zugab, die Nonnen freundlich waren und ich viele nette Freundinnen gewonnen hatte. Was ich erstrebte war ein neuer Start, die Möglichkeit, das Leben neu zu beginnen. Doch das erste, was ich im Gang der High School gleich einem warmen Willkommensruf vernahm, war der Name: «He, da, Si!» So glaubten sie, werde er geschrieben. Diesmal aber war ich resolut. Nach den ersten Wochen ließ ich die Herzchen fallen, die mich «Si» riefen, und seitdem hörte ich den Namen nicht mehr. Ich bekam meinen eigenen Namen wieder und warf Clementina und sogar Therese ab – sie schienen mir nicht länger mein eigen, sondern von anderen aufgezwungen. Und lieber als an die Bedeutung «Stern des Meeres» dachte ich daran, daß der Name Mary «bitter» meint.

Mit viel Nachdruck wurde behauptet, daß meine Klassengefährtinnen und ich wenig einnehmend ausgesehen hätten. Im großen und ganzen dachte ich von meiner Klasse im Pensionat und bis zu einem gewissen Grade sogar von meiner Klasse im College das gleiche. Darum waren meine Augen auch immer auf die älteren Mädchen gerichtet, und ich buhlte um ihre Freundschaft, die ich normalerweise nicht erlangen konnte (denn natürlich sahen sie auf mich herab). Ich besitze keine einzige Fotografie von meiner Klasse in Forest Ridge, aber kürzlich haben sich ein paar Bilder meiner Pensionatsklasse gefunden, die meine Erinnerung mehr als bestätigen. Weshalb dieser Jahrgang – der 1929 von der High School abging und 1933 das College-Schlußexamen ablegte – häßlicher als die vorhergehenden Jahrgänge gewesen sein soll, bleibt allerdings ein Geheimnis; irgend etwas lag wohl in der Luft. Dagegen erklärt sich das Gefühl, das ich als junges Mädchen hatte, das Gefühl von etwas Unerreichbarem, etwas mir Überlegenem – Schönheit, Tugend, Grazie –, das ich niemals einholen würde.

Mit meinen guten Noten war es vorbei in der High School; im Englischen, das bisher gewöhnlich mein bestes Fach gewesen war, fiel ich beinahe durch. Die Atmosphäre in der Schule glich in mancher Hinsicht der in der Gemeindeschule, nur war das Bildungsniveau geringer, und Disziplin gab es überhaupt nicht. Es gehörte dort zum Stil, mit Jungen zu flirten, und ich flirtete also mit dem Anführer der Footballmannschaft und dem Anführer der Leichtathletikmannschaft, was zur Folge hatte, daß ich, statt zu lernen, meine Zeit als ein Mitglied der Hurramannschaft bei sportlichen Veranstaltungen verbrachte. Die Schule hieß Garfield High, und ich war einer ihrer ärgsten Schreier und Fanatiker, begleitete auch die Basketballer hin und her durch die Stadt zu den verschiedenen anderen Schulen, gegen die wir spielten. Ausgehen durfte ich nicht mit den Jungen, aber eines Abends fuhr der Anführer der Leichtathletikmannschaft mit seinem Tourenwagen vor unserem Hause vor und hupte, damit ich käme. Mein Großvater schaltete die Lichter an der vorderen Veranda ein und verdonnerte ihn, und das war das Ende meiner Eroberung.

Zu den Anbeterinnen des Leichtathleten zählte ein scheues, intelligentes Judenmädchen namens Ethel Rosenberg (sie änderte ihren Vornamen später in Teya um), die auch für Walter Pater schwärmte. Sie und ich wurden Freundinnen; wir wohnten nicht weit voneinander entfernt. Durch ihre Familie – typische jüdische Intellektuelle, sehr gastfreie, wenngleich nicht vermögende Leute (der Vater war Schneider) – lernte ich die Künstlerkolonie in Seattle und gute Lektüre kennen. All dies vollzog sich jedoch auf einer anderen Ebene als meine sonstigen Tätigkeiten. Die einzige Gemeinsamkeit zwischen ihr und mir war der Leichtathlet gewesen.

Nachdem ich ein Jahr die Schule besucht hatte, entschieden meine Großeltern, daß ich unbedingt in ein Internat gesteckt werden müsse, fern von den Verwirrungen, welche das andere Geschlecht in mir anstellte. Ein Kloster wurde diesmal nicht in Betracht gezogen; ich sei nun alt genug, um in religiösen Dingen selbst zu bestimmen, sagte mein Großvater. Die Wahl fiel auf ein episkopalisches Internat in Tacoma, das Annie-Wright-Seminar; ich selbst hatte in die Anna-Head-Schule in Kalifornien gewollt, weil Helen Wills dort gewesen war. Doch die Familie hielt es für klüger, mich in der Nähe zu haben.

Unterdessen besuchten meine Brüder immer noch die St.-Benedikt-Akademie, der jüngste, Sheridan, war zu den beiden anderen gestoßen. Während der Weihnachts- und Osterferien blieben sie dort bei den Schwestern, im Sommer wurden sie unter Verwandte verteilt oder in ein Lager geschickt. Sechs Jahre vergingen, ehe wir einander wiedersahen, und dann schienen sie mir beinahe fremd, so verschieden war unsere Erziehung gewesen. Ich war ein Kind des Reichtums, und sie lebten von den Zinsen der Summe, die mein Großvater McCarthy ihnen vererbt hatte. Mit meinem Erbteil, das ebenso groß war wie jedes der ihren, wurde nie mehr als Pension und Schulgeld bezahlt; die Prestons kamen für alles übrige auf. Die Ausgaben meiner Brüder dagegen wurden einzeln angeführt und vom Konto abgezogen. An Weihnachten und an ihren Geburtstagen «gedachte» die Familie Preston ihrer mit Schecks, aber das war auch alles. Sonst schien ihr Dasein übersehen zu werden.

Wenn ich mir den Charakter meines Großvaters vergegenwärtige, finde ich diesen Umstand sehr erstaunlich. Er war nicht der Mann, der eine Pflicht versäumte. Seine Rechnungen zahlte er an dem Tag, an dem er sie erhielt, eine Gepflogenheit, von der mein New Yorker Zahnarzt noch mit Bewunderung erzählt. Ordnung, Genauigkeit, Rechtlichkeit – für diese Züge war mein Großvater berühmt, sie entdeckte ich immer von neuem an ihm. Warum, zumal er wußte, wie wir in Minneapolis behandelt worden waren, kümmerte er sich nicht darum, was aus meinen Brüdern wurde? Ich kann es mir nicht erklären.

Er war kein unedelmütiger oder gefühlloser Mann. Meine Mutter hatte er zärtlich geliebt. «Die Prestons wollten euch alle haben», schreibt mir, gleichsam beschwichtigend, die einstige Freundin meiner Mutter. Da es ihm mißlang, uns alle vier zu bekommen, hat mein Großvater vielleicht mit einer Art männlichem Groll reagiert, indem er sich von den ihm Verweigerten, will sagen, meinen Brüdern, strikt fernhielt. Oder aber das Vorgehen der McCarthys hatte ihn verärgert: Mein Onkel Harry hatte ein paar Jahre zuvor an eine Bank in Seattle geschrieben, um Erkundigungen über die finanzielle Lage meines

Großvaters einzuziehen. Doch was auch der Grund der überraschenden Gleichgültigkeit gewesen sein mag, die Tatsache läßt sich nicht bestreiten. Noch kann ich bestreiten, daß ich selbst ebenfalls gleichgültig blieb. Ehe ich erwachsen war, kam mir nie der Gedanke, daß die Prestons, ebensogut wie für mich, für meine Brüder etwas hätten tun können. Die einzigen Menschen, denen dies einfiel, waren selbstverständlich die McCarthys.

DIE ZIFFERN IN DER UHR

Unlängst, als ich mit meinem dreizehnjährigen Sohn nach der
Regel für die Bildung des Vokativs suchte, holte ich aus einem
obersten Gefach meine alte lateinische Grammatik von Allen und
Greenough herunter. Das abgegriffene grüne Buch fiel beim Vor-
satzblatt auf, und mein Name, meine Schule und Klasse blickten
mir in Tinte und der gezierten Handschrift entgegen, die ich mir
während müßiger Stunden im Annie-Wright-Seminar in Tacoma
angewöhnt hatte. Drei Jahre zuvor hatten mich meine Großeltern
in ihrer Verzweiflung dorthin geschickt, nachdem ich ein Jahr lang
die dortige High School besucht hatte. Die Sacré-Cœur-Schwe-
stern hatten mich, so dachten sie, zur Atheistin gemacht, die
öffentliche Schule jungenstoll – wie sollte es weitergehen? Mein
kleiner Knirps krähte, als er über meine Schulter blickend sah, daß
seine hochmütige Mutter ihre i statt mit Punkten mit Kreisen
versehen hatte; da standen sie, wie Vogelmist über die Seite gespritzt. Im übrigen aber war es meine Hand mit ihren griechischen
e, ihren verschnörkelten großen und schmalen, leserlichen kleinen
Buchstaben, und es frappierte uns beide festzustellen, daß schon
damals in meinem letzten Mittelschuljahr meine Schrift ihren end-
gültigen Charakter entwickelt hatte. In entgegengesetzter Richtung und weit nachlässigerer Bleistiftschrift stand auf demselben
Blatt eine Liste. Ich drehte das Buch um. Neben drei roh gezeich-
neten Zylindern (der Einfluß des Physikunterrichts) und dick
eingeklammert fand ich folgendes: blauer Drillich, 2½ Meter.
 Drillich, feuerrot
 Spültücher
 Wachstuch

Goldfarbe
Ungebleichter Musselin, 9 Meter
Blauer Drillich, 2¹/₂ Meter

Ihr Götter, es war mein Catilinakostüm für die Aufführung von *Marcus Tullius* durch den Lateinischen Club!

Oder vielmehr war es die Gußform, der ein glänzender Catilina entsteigen sollte: Die Spüllumpen würden, nachdem sie in flüssige Goldfarbe getaucht und von Miss Gowrie, unserer Lateinlehrerin, zusammengenäht worden wären, die Brustplatte meines Kettenpanzers abgeben; das Wachstuch, vergoldet, mit Pappdeckeln versteift und mit einer roten Feder gekrönt, meinen Helm; der feuerrote Drillich meinen Militärmantel, wenn ich in der fürchterlichen Szene der Schlacht von Pistoria auftrat, wo ich in die dichtesten Haufen der Feinde stürzte und nach großer Bravour den Tod fand. Über die Verwendung des blauen Drillichs konnte ich keine Rechenschaft ablegen (vielleicht eine kurze Militärtunika?), aber der ungebleichte Musselin war in Anbetracht seiner Länge offenbar meine Toga gewesen, die ich in der Senatsszene um mich warf, als ich, zu meinem langweiligen Verleumder gewandt, triumphierend mit dem Versprechen abtrat: «Ich will den Brand, der mich vernichten soll, unter den Trümmern Roms ersticken.»

Doch, halt einmal, sagte ich stirnrunzelnd zu mir selbst. Wieso *ungebleicht*? Die Toga des römischen Senators war doch gewiß weiß gewesen. Und in meiner eigenen Erinnerung waren die Togen meiner Mitsenatoren weiß mit einem «purpurnen» Streifen oder Band, welcher Purpur in Wirklichkeit scharlachfarben gewesen war, genau wie der römische *purpura*, der sich, so sagte Miss Gowrie, vom griechischen *porphyra* herleitete. Dennoch mußten die Togen ungebleicht gewesen sein, denn ungebleichter Musselin ist billig, und Miss Harriet Gowrie, eine schottische Hochländerin, vertraute felsenfest auf die Macht der Illusion. Für die Zuschauer hat ungebleichter Musselin auf einer hellerleuchteten Bühne so weiß auszusehen, wie er mir jetzt jenseits des im Rampenlicht schimmernden Proszeniums der Zeit erschien. Ich lächelte reuevoll beim Gedanken an Miss Gowrie, ihre große, schmale, steif-

gelenkige Figur und bäurische, schlichte, reizlose Aufmachung, die
mitten unter unseren Brennscherenondulationen und Wasserwel-
len, Reitjacken und Reitpeitschen und Melonen, Pelzmänteln und
Parfums («Toujours Moi» und «Christmas Night») so sehr fehl am
Platze schien. Mein Gedächtnis bewahrt ihr Originaldrama *Marcus
Tullius* als ein fabelhaftes Beispiel von Hausgemachtem.

DER LATEINISCHE CLUB

LÄDT ZUR AUFFÜHRUNG EINES DRAMAS

IN FÜNF AKTEN EIN,

GESCHRIEBEN UND EINSTUDIERT

VON HARRIET GOWRIE, B.A., M.A.

1. Akt, der Senat in Rom, 63 v. Chr.

Die Personen in der Reihenfolge ihres Auftretens:
Cicero . . . . *Frances Berry*

Gleich einem Gemälde von David sehe ich die dichtgedrängte
Szene vor mir. Nun wird der Vorhang hochgehen. Miss Gowrie,
schwarzhaarig, in frisch gedämpftem Samtkleid, weitem, weißem
Halsband und einem Rosenstrauß an der Korsage, den ihr die
Besetzung geschickt hat, steht in der Kulisse; ihre schwarzen Augen wandern böse umher, ihre Apfelbäckchen glühen. Cicero, eine
Musterschülerin mit Bubikopffrisur, wartet auf der Rednertribüne
und strafft die Toga über ihrem großen, kräftigen Busen; der gek-
kenhafte Caesar und der bleiche Cato und andere *patres* sitzen auf
hölzernen Bänken, dieweil ich, ein verachtungsvolles Lächeln auf
den dunklen, verwüsteten Zügen, allein in meiner Bank mich re-
kele. Im Zuschauerraum, Programme in den Händen, sitzen die
Anstaltsleiterin, der Dekan der Episkopalkirche, der Bischof und
seine Gattin, der Herausgeber der Zeitung, das große und kleine
Volk der Ärzte, Zahnärzte, Anwälte, Versicherungsleute, Besitzer
von Dampfschiffahrts-Gesellschaften, Bauholzunternehmer von
Puget Sound – unsere Verwandten; die Mächen in ihren Crêpe-
de-Chine-Uniformen und ein paar der Herzensbrecher der Stadt,

die dem Auge der Prinzipalin getrotzt haben. Miss Gowrie zerrt, und der Vorhang geht pünktlich in die Höhe. Cicero wirft einen Frageblick auf ihre Lehrerin, wartet, bis der Applaus verebbt, erhält ein kräftiges Nicken, öffnet den Mund, zeigt mit dem Finger auf mich, füllt den Blasebalg ihrer Lungen und läßt die erste Catilinarische Rede vom Stapel: «Wie lange noch, Catilina, willst du eigentlich unsere Geduld mißbrauchen? Wie lange noch soll deine Tollheit ihr Gespött mit uns treiben?»

Wie lange noch, Miss Gowrie, konnten Sie ihre Geduld eigentlich mißbrauchen? Nach Miss Gowries Taschenuhr dauerte Ciceros Rede einunddreißig Minuten. Die weiße Säule von Frances' Kehle zitterte mitunter zart vor Anspannung, aber ihr fester, klarer erster Sopran hatte sich seit Jahren im Chor geübt. Als die Spule in ihr die Worte abrollte, wurde sie immer bleicher, wie ein Patient, dessen Zahnarzt sich bei der Extraktion viel Zeit läßt, während das Auditorium überwältigt und respektvoll dasaß, als säße es angesichts des Todes oder einer jener quälenden athletischen Heldentaten und Zerreißproben, die damals in Mode waren. Da gab es kein Husten und kein Rascheln, Bewegung nur auf den Bänken der Bühne, wo die anderen Senatoren noch mehr von Catilina abrückten, die Köpfe schüttelten, Bestürzung mimten, Unglauben, Entsetzen oder Ich-habe-es-ja-immer-gesagt, gemäß der Rolle, die sie in der Geschichte gespielt haben sollen. Cato nickte grimmig zu Catulus hinüber, und Caesar kratzte sich den Schädel. Während die Anklagerede gegen Catilina fortschritt, konnte ich spüren, wie die Neugier der ersten Reihen sich allmählich mir zuwandte – Lucius Sergius Catilina, Ehebrecher, Erpresser, Verschwender, Bankrottierer, Totschläger, des Mordes an der Ehefrau Verdächtigter, heruntergekommener Patrizier, Demokrat, Demagoge, Strolch. Die ermüdende Anklagerede nötigte diesem Menschen ein Lächeln ab. Er blickte achselzuckend auf seine Fingernägel und lockerte gleichgültig seine Toga, um einen Schimmer seiner Tunika mit dem breiten scharlachroten *clavus* des Patriziats, das in der Mitte hinablief, zu enthüllen. Als ein Wüstling und Mann der Taten fand er die weibische Rhetorik republikanischer Einrichtungen unerträglich; in vorgeschriebenen Abständen hob er die dichten Brauen und ballte drohend die beringte Faust. Zu guter Letzt war es vorüber. Cicero schloß seine Rede und schritt von der Tribüne. Großer Beifall brach los. Miss Gowrie gab ein Zeichen. Mein Augenblick war gekommen.

Von meiner einsamen Bank aus betrachtete ich die anderen in hochmütiger Isolierung, verdammte Seele, stolz und unnahbar, gezeichneter, hochtalentierter Mann. Ich schwieg, als zögerte ich, meine Worte an diese Leute zu verschwenden, sprang dann aber auf und hielt Catilinas Rede *in toto*, wie Sallust sie berichtet – eine leider kurze Tirade, sehr farbenreich, aber doch hölzern und mit dem *défi* endend: «Ich will den Brand, der mich vernichten soll, unter den Trümmern Roms ersticken.» Nun hatte mich die Rede von Anfang an geärgert. Mit ihren Drohungen, ihrem Bombast, ihrer Senecaschen Frigidität klang sie einfach sträflich und ziemlich dumm. Wenngleich ich Sallusts Voreingenommenheit und Miss Gowries steifleinene Übersetzung ins Treffen führte, hatte die Wiederholung in den allabendlichen Proben doch einen winzigen Zweifel in mir erweckt: War der von mir so sehr bewunderte Catilina nur ein gewöhnlicher Brandstifter, wie Cicero und seine Frommen behaupteten? Diese Regungen beginnender Reife waren mir unlieb. Nach meinem Dafürhalten war Catilina nicht allein ein Held – er war ich selbst. Nicht daß ich in unserer Schule als Schandfleck gegolten hätte, ganz im Gegenteil. Ich besuchte die oberste Klasse und war eine Kanone; die Sonderheiten, die mich in den ersten Jahren zum Gegenstand der Verwunderung gemacht hatten, brachten mir mit der Zeit Ruhm und Neid ein. Und doch stellte mich mein Sieg nicht zufrieden, er war zu leicht gewesen, hatte sich gemäß dem natürlichen Verlauf der Dinge vollzogen – eine Oberklasse mit ihren Klassenbesten legte die Examina ab, und die nächste folgte, wie von der Handtuchrolle gezogen. Nicht anders geht es im Leben zu, nichtsdestominder ist etwas Ärgerliches an der langsamen Entfaltung der Generationen; jedes Geschlecht hat seine Diensttabelle von Dichtern und Politikern, die allmählich zur Herrschaft aufrücken vermöge der bestehenden Machtverhältnisse; die Frage nach dem Wert wird dabei umgangen.

Und ich, die ich sechzehn Jahre und meiner Autorität in der Schule nun sicher war, sicher, daß mir verziehen, daß ich bewundert würde, was ich auch tat, aus der Schule davonrennen, rauchen, mich auf den Nachmittagsspaziergängen mit Jungen treffen oder grausam und unverschämt sein gegen eine junge Lehrerin – sicher dieser hohlen Freiheit –, ich konnte mich nicht eher zufriedengeben, als bis ich nicht allein mich selbst, sondern mein ganzes Pantheon dem Seminar aufgezwungen hatte. Die Rechtfertigung Catilinas schien mir eine Aufgabe von äußerster Wichtigkeit; an dem bedeutsamen Abend sollte das Urteil der Geschichte umgestoßen werden. Und ohne daß Miss Gowrie Verdacht schöpfte, so wähnte ich voller Stolz, hatte ich eine «interessante» Auffassung meiner hölzernen Rede ausgearbeitet. Ich würde Catilina ganz nüchtern spielen, will sagen, den größten Teil meines Textes «verschenken», ihn kalt und stockend sprechen, wie ein Mann, der zu sehr enttäuscht ist, um sich für rednerische Effekte herzugeben. Dann aber, bei den allerletzten Worten, würde ich vortreten, Cicero und den Senat fallenlassend und Aug in Aug mit den Optimaten unter den Zuschauern ihnen meinen *défi* entgegenschreien – dem bebrillten Dekan und dem Bischof, den alten Leisetretern von Lehrerinnen, der Leiterin und meinen Großeltern und den braven, gehorsamen Mädchen. Diesen Plan hatte ich in den Proben lediglich angedeutet, denn ich fürchtete Miss Gowries Verweise, und jetzt konnte ich beinahe spüren, wie sie auf ihrem Souffleursitz erstarrte, als ich meinen Text mit gedämpfter Stimme sprach, meine Toga über die Schulter warf und von der Bühne marschierte, aus Rom hinaus nach Etrurien, meinem Schicksal, dem Tode entgegen. Doch donnernder Applaus brach los, bevor der Vorhang über meinen Abgang fallen konnte. Die allzeit empfängliche siebte und achte Klasse stampfte. «Bravo!» riefen mehrere Männerstimmen.

Andere Szenen folgten, derweil ich in ein neues Kostüm stürzte: eine mit den weniger wichtigen Verschwörern; eine häusliche Abendszene zwischen Cicero und seiner hübschen erstsemestrigen Tochter Tullia; ein Auftritt zwischen Cicero und Fulvia, der Geliebten des Verschwörers Curius und Spionin des Cicero; eine

zweite Senatsszene (mit der dritten Rede gegen Catilina?) und eine
Szene, in der ein paar schnurrbärtige Gallier, die Allobroger, Ci-
cero in seinem Haus aufsuchten. Nach einer weiteren Rede
Ciceros und Caesars Gesuch um Milde, Catos scharfem Einspruch
kam eine barbarische Kerkerszene, in der die gefangenen Ver-
schwörer (einige Statisten sowie der rüde Lentulus und der blutige
Cethegus) auf Ciceros Ansuchen erdrosselt wurden. Schließlich
die große Szene der Schlacht bei Pistoria; ich an der Spitze meiner
Armee Unzufriedener kämpfte grimmig und gab den Geist auf.
Der Vorhang fiel, als die Republik gerettet war.

Ein wahrer Tumult erhob sich im Zuschauerraum. In widerstrei-
tendem Partisanengefühl, das an die Capulets und Montagues oder
die Blauen und Grünen von Byzanz erinnerte, nahm die Schule
Partei. Unter ihrer frommen Oberfläche nämlich war unsere Schule
erschrecklich aufrührerisch und stürmisch; die jährlichen Skandale
vor der Wahl der Maikönigin hätten Milo und Clodius erbleichen
lassen. Nun wurden wir ein um das andere Mal vor den Vorhang
gerufen, und dank der achten Klasse schwoll der Beifall für Catilina,
als er seinen Federhelm gegen seine Anhänger schwenkte, noch
höher als der dem Cicero gespendete. Schülerinnen weinten, und
ältliche Doktoren und Anwälte drängten zur Bühne hinauf, um den
beiden Hauptdarstellern und Miss Gowrie zu gratulieren, wobei sie
feuchten Auges versicherten, es habe ihnen wohlgetan, dies zu
sehen. Das Stück wurde als das beste erklärt, welches das Seminar je
aufgeführt habe. Die Wärme der Reaktion überraschte die Schauspieler. Über den Köpfen der schwärmenden Bürgerschaft begegneten sich unsere gemalten Augen fragend. Dies Gequirle im
Festsaal war für uns auf der Bühne unvertraut, hatte fast Pionier-
gepräge, als fände es vor dreißig oder vierzig Jahren in einem alten
Opernhaus von Alaska oder Virginia City statt. Wir übersahen
dabei, welchen Zauber Bildung auf das Herz des in mittlerem Alter
stehenden Westbewohners ausübte. Für diese Männer in Straßen-
anzügen besaß Miss Gowries fossiles Stück die wunderbaren
Merkmale des Echten wie ein versteinerter Wald oder der Fuß-

stapfen des Riesenfaultiers, und Miss Gowrie, die mit steifer
Verneigung und einem ihre falschen Zähne wie zwei enge Gum-
mibänder umspannenden Lächeln ihre Glückwünsche entgegen-
nahm, war durch ihre Herkunft selbst wundersam genug: wie die
schottischen Wollshawls, die man von einem Schiffsausflug nach
Victoria heimbrachte, ein echtes Produkt des Britischen Weltreichs.

Solche Importe und Reliquiensammlungen waren die Speziali-
tät unserer Schule. Wir hatten eine dicke alte, unter der Anrede
«Madame» bekannte Österreicherin, Französinnen selbstverständlich, Schweizerinnen, Witwen von Klerikern der Episkopalkirche,
eine großgewachsene Schauspielerin, zwei Damen aus Virginia
und eine bildschöne blonde Göttin von Engländerin mit einer
Nase gleich dem umgedrehten Bug eines Wikingerschiffs, doch
keine war uns auf so fürchterliche Weise fremd wie die Autorin von
Marcus Tullius, die, als der Vorhang gefallen war, mit gekreuzten
Armen und abweisendem, fernem Blick dastand, sich alle Scherze
verbat und unter strengem Nicken das Einpacken der Bühnenaus-
stattung und der Kostüme überwachte. In Miss Gowries rundem
Kopf stak ein Big Ben, der sie warnte, wann ein Geschehnis vorüber sei. Cicero und ich erhielten, als wir lobbegierig daherkamen,
ein abwesendes Nicken der Anerkennung und die Ermahnung,
schnell zu Bett zu gehen, welche Ermahnung unsere historischen
Persönlichkeiten so radikal demontierte wie vorher die vielen Lein-
wandszenerien. Ich sah schon, meine «geistvolle» Auffassung
würde kommentarlos vorübergehen. Der kurze Triumph des Catilina war, sofern sie ihn überhaupt bemerkt hatte, bereits dem
langen Triumph der Klassiker eingegliedert worden, der Ordnung
der Ablative und sonstigen Regeln. Ein Irrtum war es – ein ame-
rikanischer Irrtum – zu glauben, Erfolg könne Miss Gowrie
auftauen. Das vermochte nur Arbeit, wie ich aus Erfahrung hätte
wissen sollen. Und doch hätte ich gegen Ende unserer Proben-
abende schwören mögen, daß uns allen etwas entgegenströmte,
eine schwache mürrische Wärme wie der warme Hauch ihres
Atems, als sie sich zu uns geneigt und unsere Gesichter sorgfältig
mit einem Schminkstift bemalt hatte.

Miss Gowrie nahm ich als meine Entdeckung in Anspruch. Unter den normalen Seminarschülerinnen galt es als affektiert, Latein zu lernen, falls man nicht «mußte» wegen der östlichen Hochschulen oder weil die Eltern darauf bestanden. Man hatte zu stöhnen, wenn man ihr eisiges Schulzimmer betrat, dessen Fenster, um unserer Schläfrigkeit vorzubeugen, stets offenstanden. Miss Gowrie trug im Winter, Herbst und Frühling eine kastanienbraune, über ihrem schmalen Brustkorb zugeknöpfte Wolljacke, und die in der Nähe des Fensters Sitzenden wickelten sich während mehr als der Hälfte des Jahres in ihre Mäntel. Wenn wir schlecht vom Blatt übersetzten, wurden die Fenster noch weiter aufgestoßen; die lange Stange mit dem Haken am oberen Ende schien Teil ihrer Persönlichkeit geworden, wie der Krummstab des heiligen Joseph. Ihr frostbeuliges Wesen ermangelte aber nicht einer seltsamen, steifen, leichtverwundbaren Empfindlichkeit. Wie viele Junggesellinnen in fremden Landen litt sie schrecklich unter dem Gedanken, es werde über sie geredet: Jede leise Bemerkung glaubte sie auf sich beziehen zu sollen und wurde dunkelrot wie eine Maulbeere. Angesichts einer mißglückten Übersetzung zeigte sie sich sehr aufgebracht, und die Kapillaren ihres Adersystems schienen ihr zu verraten, wann wir nicht gelernt hatten und nicht aufsagen konnten, auch wenn wir kühn mit der Hand wedelten. Und wenn wir unsere Lektion wußten, unterbrach sie uns rechthaberisch.

Damals war sie wohl achtunddreißig oder vierzig Jahre alt. Sie hatte in Girton und Edinburgh studiert und war, jedenfalls über Kanada, in unser kleines kirchliches Internat an der Nordwestküste gekommen. Zweifellos hatte sie schon anderenorts, an den Außenposten des Empire, unterrichtet; in den Staaten hielt sie sich zum erstenmal auf, und sie verstand ihr Schottentum höchst persönlich, wie sie auch unsere Fehler persönlich nahm. Soweit wir zu sehen vermochten, besaß sie weder Privatleben noch Vergangenheit und bestand gänzlich aus nationalen Merkmalen (Sparsinn, humorlosem Arbeitssinn, Porridge-Essen und Tee-Trinken) wie eine der Holzpuppen im Nationalkostüm, die auf Jahrmärkten und Ausstellungen gezeigt werden. Ihre Erscheinung hätte den Text eines Anthropologiebuchs illustrieren können. Sie war äußerst dunkel, hatte bräunliche Haut, braunschwarze Augen, glänzendes, glattes schwarzes Haar und einen kugelförmigen Schädel, den es rund umkleidete. Auch ihr Gesicht war rund und hatte Backenknochen wie die der Eskimos oder der Pygmäen. Sie war von großem Wuchs, steifgelenkig und sonderbar fahrig in ihren Bewegungen. Kurz, sie gehörte, wie ich jetzt weiß, zu dem alten keltoiberischen oder möglicherweise piktischen Stamm, der noch im nördlichen Hochland lebt, und die Fremdartigkeit, die uns an ihr auffiel, war vielleicht ein Beweis für die Behauptung der Wissenschaft, in vorgeschichtlicher Zeit hätten die Britischen Inseln nichtarische Ureinwohner bevölkert, deren Abkömmlinge jene kleinen dunklen Menschen gewesen seien, von denen die römischen Schriftsteller zu berichten wußten, daß sie Zinn bearbeiteten. Miss Gowries Gesicht, Hals und Hände waren von beinahe unnatürlicher Sauberkeit, und ihre roten Lippen öffneten sich über einer Garnitur sehr weißer falscher Zähne. Dies schimmernde Zeichen früher Armut erfüllte uns mit Scheu, als sei es wie etwa eine Mönchstonsur ein Zeichen der Heiligung gewesen.

Im Freien trug sie einen sehr alten, aber echten Sealmantel von der gleichen Farbe und Textur wie ihr Haar; nach seinem unmodernen Schnitt zu urteilen, schien er, wie auch ihre langen, flachen schwarzen Schuhe, ein mütterliches oder sogar großmütterliches Erbstück zu sein. Sie sprach mit Cambridge-Akzent, aber wunderlicher Überdeutlichkeit, jede Silbe genau und einzeln formend, gleichsam als sei Englisch eine preisgekrönte Fremdsprache, die sie in jungen Jahren mittels der phonetischen Methode erlernt habe. Dieser Eindruck verstärkte sich, wenn sie Latein sprach; ihre Zähne klirrten, und manchmal schien der durchs offene Fenster hereinkommende Windzug aus ihrem Mund zu pfeifen.

Es gereichte Schottland zum Stolz, so belehrte sie uns, in dunklen Zeitaltern ein Zentrum klassischer Bildung geblieben zu sein, und wirklich gemahnte sogar ihre Verdauung an ein starres Kapitel in der schottischen Literatur und Philosophie: Wie Carlyle, den wir im Englischunterricht durchnahmen, und wie Mrs. Carlyle litt sie unter träger Darmtätigkeit. Ihre braune Haut erbleichte manchmal und nahm gelbliche Färbung an, und nach dem Mittagessen hatte sie oft Blähungen.

Trotzdem war Miss Gowrie keine unangenehme Person. Die Schule gab zu, daß sie wahrscheinlich in bester Absicht handelte. Aber sie begriff die Vorschriften nicht. Unsere Direktorin war eine behäbige Geschäftsführerin mit den Vorurteilen einer alten Schloßherrin. Füllfederhalter waren untersagt, weil Mädchen durch Schütteln Wände und Böden mit Tinte bespritzt hatten. Außer Obst wurden keine Eßwaren in den Zimmern geduldet, und wir durften zwischen den Mahlzeiten, auf unseren Spaziergängen oder Einkaufsbummeln nichts verzehren, damit wir um so sicherer dem Internatsmenü alle Ehre antaten. Jedes Mädchen mußte eine von den Angehörigen unterzeichnete Liste von zehn erlaubten Korrespondenten abgeben und durfte von niemandem sonst Briefe erhalten. Alle Postpakete wurden untersucht. Diese Vorschriften aber führte niemand durch – außer Miss Gowrie. Gemäß schweigender Übereinkunft, die, glaube ich, selbst die Direktorin teilte, bestanden viele der Verfügungen lediglich um der Form willen, aus sozusagen künstlerischen Gründen. Sie verliehen der Schule eine bestimmte Note. Bonbons und Plätzchen und moderne Romane und Liebesbriefe von nicht gebilligten Absendern flossen auf dem Postweg herein; die Aufsicht war oberflächlich; die Füllfederhalter herrschten vor. Auf unseren Spaziergängen galt unser erster Halt der kleinen Imbißstube an der Ecke, die, wie jedermann wußte, ihren Hauptverdienst durch das Seminar bezog. Seit Menschengedenken endeten die Samstagmorgen-Einkaufsbummel und die Samstagabend-Kinobesuche im «Gestiefelten Kater» oder der «Grünen Laterne» mitten im Geschäftsviertel, wobei die Mädchen ihre Anstandsdamen zu den neuesten Eisspezialitäten einluden. Die Gruppe von uns, die an Freitagnachmittagen und Samstagvormittagen Reitstunden nahm, stopfte sich ihre Zigaretten in die Reithosen, ehe sie mit der Aufsicht zur Reitschule fuhr. Die Aufsicht benutzte gewöhnlich die Gelegenheit dazu, allein mit der Frau des Reitlehrers selbst eine Zigarette zu rauchen, und eine bestehende Regel forderte, daß die ganze Partie am Bratstand an der Straße Würstchen schmauste. Wenn wir an Sonntagvormittagen von einer «durch die Angehörigen zu ernennenden Person» ausgeführt wurden, gingen viele von uns mit nicht ernannten Männern fort und kehrten mit alkoholischer Fahne zurück. Die Vizedirektorin, die über unsere Ausgänge Buch führte, achtete darauf, uns nicht zu nahe zu kommen, und in meiner Zeit dort wurde kein Mädchen je wegen Trinkens angezeigt, obwohl wir manchmal stark nach Gin gerochen haben müssen. Wenn uns eine Lehrerin am Sonntag in der Stadt mit unseren «Brüdern» oder «Vettern» begegnete, wandte sie sich eilig in eine andere Richtung. So taten alle außer Miss Gowrie, die es für ihre Pflicht hielt, uns anzuzeigen.

Die jungen Lehrerinnen seufzten, die Mädchen schlugen sich vor die Stirn, die verärgerte Prinzipalin weinte und nahm die Schuldige auf den Schoß. Sie war herb und vernünftig und verabscheute es, drastische Strafen zu verhängen, da sie den reibungslosen Schulbetrieb nur störten. Wenn ihre besten Schülerinnen straffällig wurden, begnügte sie sich gewöhnlich mit deren bloßem Reuebekenntnis; jedes schlaue Mädchen konnte sich aus einer Patsche herausweinen. Unterdes verfolgte die arme Miss Gowrie starr und bestürzt ihren einsamen Weg, taub gegen die schüchternen Hinweise der Kolleginnen, die ihr den richtigen Kurs zeigen wollten. Auf allen Schulausflügen war sie die letzte Anstandsdame, die erwählt wurde, und die Lumpensammlergruppe, die sie bekommen hatte, sahen wir mit immer neuem Mitleid an: Rauchen, Essen, private Späße verboten. Beim jährlichen Picknick der Schule stieß ihr Boot als letztes vom Dock ab und führte ein trostloses Schülerinnentrio an Bord, während sie, ein strahlendes Ausflugslächeln an den Zähnen verklammert, kerzengerade aufgerichtet dem Ruderer gegenübersaß. N. A. T. (Nur allgemeine Themata), die Schulvorschrift bezüglich der Tischgespräche, war auch dann noch ihre Boje, wenn Miss Gowrie auf dem Wasser schwamm; nie gestattete sie, daß ihr Boot in eine der reizenden, schattigen Buchten, außer Sicht der Prinzipalin, gelenkt wurde, wo man nach den

Zweigen der Trauerweiden haschen und den Vorschlag zu waten vorbringen konnte. Dies war traurig, denn wer sie kennenlernte, fand heraus, daß sie ein sehr einfaches Wesen, eine Art verkümmertes Mädchen war und sich über eine Landpartie, und was sie für ein herzhaftes Vergnügen hielt, freute. Unsere amerikanische Vorstellung von einer Landpartie als einer Massenbummelei aber konnte sie nicht begreifen; bei jeder vergnüglichen Gesellschaft war es Miss Gowries erste Sorge, daß der offizielle Charakter gewahrt blieb. Es erforderte Seelenstärke, an solchen Ausnahmetagen ein Spielverderber zu sein, aber sie zeigte sich der Lage gewachsen, schwang sich, wie eine Forelle zum grausamen Haken, mit pathetischer, geradezu sportlicher Entschiedenheit zur schmerzlichen Pflicht auf.

Ihr Husten und ein Tabakfleck auf dem Zeigefinger ihrer rechten Hand verrieten uns, daß sie eine starke Raucherin war, doch, wie wir von der Frau des Reitlehrers erfuhren, lehnte Miss Gowrie es standhaft ab, im Umkreis des Seminars eine Zigarette anzunehmen, und blinzelte mißbilligend, als sie hörte, daß andere Lehrerinnen dies täten. Ihre wachsame Gewissenhaftigkeit brütete gleichermaßen über ihren Favoritinnen, will sagen, guten Schülerinnen, denn sie kannte keinen anderen Zuneigungsmesser als schulische Leistung. Miss Gowries Gunst konnten wir daran merken, daß sie unweigerlich schlechte Betragensnoten hinter unsere Namen ins Klassenbuch setzte. Tatsächlich glich ihr Verhalten dem einer Stoikerin von römischem Schlag und beschwor jene bei Plinius zitierte Matrone, die schreckliche Arria, die, um ihren Mann zum Selbstmord zu ermutigen, sich selbst einen Dolch in die Brust stieß, ihn mit den Worten «Es tut nicht weh, Paete» wieder herauszog und ihrem Mann reichte.

Zweifellos in einer Laune fürs Sonderbare entschloß ich mich dazu, Miss Gowrie «zu mögen». Und die übrigen Stars der Klasse, die zufällig in diesem Jahr alle den Lateinkurs nahmen, schlossen sich mir rasch an. Die anderen Schulinsassen seien ungerecht gegen Miss Gowrie, dachten wir und beobachteten mit Vergnügen,

wie sie staunten, wenn wir auf unsere Zigaretten und unsere
Würstchen und Eisspezialitäten verzichteten und Miss Gowrie
baten, uns ins Kino und zur Reitschule zu begleiten, wo sie, *mirabile
dictu*, erhitzt vom Kaminfeuer und vom Tee, in Gegenwart des
scheuen englischen Majors und seiner Frau, den Leitern der Schule, gebildeten Leuten und gleich ihr im Exil Lebenden, ein wenig
auftaute. Als wir nach einstündigem Ritt in den kleinen Salon
trampelten, konnten wir aus der Art, wie das Gespräch abgebro-
chen wurde, entnehmen, daß sich Miss Gowrie der Frau des
Majors anvertraut hatte. Duldsame Gefühle durchströmten uns;
wir waren entschlossen, Miss Gowrie auszuführen und ihr rundes
Antlitz vor unbeholfener Freude glänzen zu sehen. Außerdem
wollten wir der Schule zeigen, daß wir recht gehabt hatten, daß es,
just wie wir erklärt hatten, unter der bekannten Oberfläche eine
«andere» Miss Gowrie gab. Und um diese andere Miss Gowrie in
dem ihr gebührenden Rahmen zu zeigen, erweckten wir den ster-
benden Lateinischen Club zu neuem Leben, ernannten uns selbst
zum Vorstand, warben Anhänger unter Neulingen und Zweiten
Jahrgängen und ermutigten Miss Gowrie dazu, mit der Nieder-
schrift des *Marcus Tullius* zu beginnen.

Natürlich kam ich nicht auf den Gedanken, daß es hinter den
Catilinarischen Posen auch ein «anderes» Ich gab, daß meine Entdeckung Miss Gowries, mir selbst unbewußt, gewisse seltsame
eigene Seelenlandschaften enthüllte. Und doch hatte sich zu Beginn meines letzten Schuljahres etwas Unvorhersehbares ereignet.
Da ich erst im vergangenen Jahr mit Latein begonnen hatte, nahm
ich, um den Anforderungen des Colleges zu genügen, in Privatstunden mit Miss Gowrie Caesar durch, während wir in der Klasse
Cicero lasen. Am allerersten Tag, als wir, die *Comentarii* zwischen
uns, an ihrem Pult saßen und die Einteilung Galliens lernten, geschah das Phantastische: Ich verliebte mich in Caesar! Eine äußerst
verwirrende Empfindung. All meine früheren Schwärmereien waren Produkte meines Willens gewesen, Erfindungen nach eigener
Laune oder Widerspiegelungen meiner selbst in anderen – wie
Catilina beispielsweise. Diese Zuneigung aber kam ganz selbstän-

dig, überwältigte mich; nichts hätte mich darauf vorbereiten können, daß Caesar *so* war.

Wahrscheinlich hätte mir ähnliches durch einen anderen Autor widerfahren können, durch Thukydides vielleicht, wenn Griechisch Lehrfach an der Annie-Wright-Schule gewesen wäre. Ich spüre heute das gleiche innere Zittern, wenn ich lese: «Thukydides von Athen hat den Krieg beschrieben, welchen die Peloponnesier und die Athener miteinander geführt haben.» Doch die erste eindringliche Berührung mit einer unpersönlichen Wirklichkeit geschah mir nun einmal durch Caesar, den Gerechten, Lakonischen, Strengen, Großmütigen, Gelassenen – das bloße Instrument des Weltreichs –, der nicht «ich», sondern «Caesar» schrieb. Sogar die Grammatik beseeligte mich, wegen des objektiven Temperaments, das sie befehligte, und zwar so sehr, daß ich noch heute keinen Ablativ absolut und keine Stelle indirekter Rede erblicken kann, ohne daß sich meine Augen mit Tränen des Glücks füllen. Befreundete Altphilologen lachen, wenn ich sage, Caesar sei ein großer Stilist, aber ich bin davon überzeugt. Ich weiß, die Historiker halten den *Gallischen Krieg* lediglich für ein Kriegsdokument, aber in meinem Herzen glaube ich ihnen nicht. Die Vorstellung, daß es Kritiker gibt, die angesichts eines Abstands von zweitausend Jahren behaupten, sie vermöchten zu sagen, was damals bei Gergovia oder in Britannien «wirklich» geschah, erfüllt mich mit olympischer Heiterkeit. Mir genügt Caesars Wort; er hat seine Grausamkeiten nicht bemäntelt und seine Gegner nicht befleckt.

Ich bedurfte nur weniger Tage, um zu entdecken, daß Miss Gowrie meine Leidenschaft teilte; zwei in dieselbe Person Verliebte kommen immer einander auf die Spur. Und genau gleich zwei Liebenden pflegten wir uns in gemeinsamer ungläubiger Wonne über die Tugenden des Geliebten zu ergehen. Wir *liebten*, so gestanden wir einander, jene über den Rhein geschlagene Brücke, die seit Jahrhunderten von den Schülern verflucht wurde; wir liebten die Befestigungen und die technischen Großtaten der Legionen. Über alles aber liebten wir diesen gleichsam wie in einem einfallsreichen Detektivroman ins praktische Leben vertieften Verstand, der immer zu zeigen wünschte, wie und unter welchen ungünstigen Bedingungen etwas getan worden war. Wir liebten den Geist der Gerechtigkeit und wissenschaftlichen Untersuchung, der die *Comentarii* beherrschte, die Neugier des Geographen und die römische Anpassungsfähigkeit, die den Feind kraft des Studiums seiner eigenen Taktiken überlistete, wie damals, als die Taue der venetischen Kriegsschiffe durch die an langen Stangen befestigten Eisenhaken der Römer entzweigerissen wurden.

Wie zumeist bei wahrer Liebe gab es da Hindernisse, die überwunden werden mußten. Miss Gowrie als einer gewissenhaften Person gaben sie mehr als mir zu schaffen. Seit Jahren war ihre Einbildungskraft offenbar mit Haltestricken an dem kleinen Fleckchen der Weltgeschichte festgebunden, das sich vom Jahr 58 v. Chr. bis zum Jahr 51 v. Chr. erstreckte, und ihr sittliches Wesen grübelte schwer über diesen Zeitlauf, suchte nach Rechtfertigung für den unbarmherzigen Weg der Geschichte, für das nördliche Vordringen der Legionen, für Plünderung und Totschlag. Schließlich war Miss Gowrie, wie ich, eine Keltin, und ihrem pedantischen Geist stellten sich jene alten schnauzbärtigen Gallier als Sippengenossen dar. Die Eroberung Galliens erzürnte sie; als sie, die Füße in ihren flachen Schuhen gerade vor sich auf den Boden hingepflanzt, neben mir an ihrem Pult saß, lief jedesmal, wenn sich der Krieg von den Helvetiern, den Germanen und den Belgiern abwendete, um sich mit Uneinigkeiten in Gallien zu befassen, ein nervöses Zucken über ihre Braue. Als wir uns dem im siebten Buch beschriebenen großen Aufstand näherten, begann sie mich langsam, nach und nach, auf etwas Schmerzliches vorzubereiten, wie eine Tante, die eine Scheidung oder einen Todesfall der Familie beizubringen hat.

Für sie war der Aufstand eine Tragödie, eine Tragödie, die Caesar voraussah und bis zum letzten Augenblick abzuwenden versuchte. Nicht nur deshalb eine Tragödie, weil unter viel Verlusten eine hohe Zivilisation vernichtet wurde, obgleich eine friedliche Assimilation vielleicht möglich gewesen wäre, sondern auch weil eine noble Natur darin zugrunde ging. Ich meine Vercingetorix den

Averner. War Caesar Miss Gowries Meister, so war dieser junge romanisierte Edelmann *summae potentiae adulescens* ihr Schönheitsideal. Sie wurde nie müde, bei der Anerkennung zu verweilen, die Caesar ihm zollte, und darauf zu bestehen, daß Caesar ihn «Freund» genannt habe. Ihr schien die Tatsche von großer Wichtigkeit, daß seine Leitung der letzten bedeutenden Verschwörung der Gallier von dem Eroberer nie getadelt wurde. An seiner Stelle hätte Caesar gleich gehandelt, behauptete Miss Gowrie. Denn hieß es nicht bei Caesar: *omnis autem homines natura liberati studere et condicionem servitutis odisse* («streben doch alle Menschen von Natur aus nach Freiheit und hassen das Sklavendasein»)? Nach unserem Dafürhalten mußte Caesar ihm eine männliche Liebe entgegengebracht haben und von Herzen betrübt gewesen sein, als der junge Gallier, der hervorragendste aller seiner Gegner, der bei Gergovia ihm eine Runde abgewonnen hatte, die Anhöhe der ausgehungerten Festungsstadt Alesia hinabritt und die ritterliche Unterwerfung vollzog, die sein Volk vom Tod errettete. Wir sahen, wie Caesars Marmoraugen sich feuchteten, als er auf der Schanze wartete und der schöne Averner, wie Plutarch schreibt, vom Pferde stieg und sich ihm freundlich zu Füßen setzte. Und dennoch war Vercingetorix sechs Jahre später aus einem römischen Gefängnis geholt, in Caesars Triumphzug mitgeführt und dann hingerichtet worden.

Caesar diese Tat zu verzeihen fiel schwer, zumal wenn Miss Gowrie sie nacherzählte, unter Zähneklirren und scharfem Kopfschütteln. Nach ihr war Vercingetorix im Triumphzug auf dasselbe schwarze Schlachtroß gesetzt worden, auf dem er in seiner ganzen Jugend und Großmut den Hügel bei Alesia hinabgeritten war; das Pferd war ebenfalls für den Anlaß verschont worden und wurde dann, ein Sack voll Knochen, in der Absicht hinausgeführt, den elenden Gefangenen zu verhöhnen. Dies war eine der wunderlichen Erfindungen, die Miss Gowries verwirrte Einbildungskraft machmal hervorbrachte. Die Historie erlaubt kein Pferd und somit keinen abenteuerlich ironischen Zug, der eine hübsche Geschichte krönen könnte.

In Miss Gowries Augen fiel die Schuld jedoch nicht Caesar,

sondern den bösen Galliern zu. Sie hatte eine typisch amtliche Darstellung der Eroberung ausgearbeitet und hierbei die Eingeborenen in zwei Kategorien eingeteilt: die guten und die bösen Gallier. Die bösen Gallier waren es, die Caesars Aufgabe erschwerten und oft in Frage stellten, indem sie beständig ein falsches Spiel mit ihm trieben. Die gleichen bösen Gallier ließen Vercingetorix im Stich und trugen daher die Verantwortung für den Triumph der Römer. Vercingetorix entzog sich diesen Kategorien, da er ein ehrenwerter Opponent war, ähnlich «Seiner Majestät Loyaler Opposition». Beispiel der guten Gallier war ein gewisser Diviciacus der Aeduer und der bösen sein Bruder Dumnorix.

Diese zwei Aeduer, die in Wirklichkeit eine eher kleine Rolle in den *Comentarii* einnehmen, waren für Miss Gowrie das Mittelstück des Bildes. Auch in meiner eigenen Erinnerung an den Gallischen Krieg dominieren sie. Diviciacus, der Druide, Freund Caesars, angesehenster Staatsmann der Aeduer, ein ernster, kluger und ehrenhafter Mann, der einst nach Rom gereist war und bei Cicero übernachtet hatte, fand Miss Gowries besondere Billigung. Er symbolisierte den Geist des Südens, der romanisierten Provinz, er war fähig, geschworene Eide einzuhalten, und gab dem Caesar das erste warnende Zeichen auf dem Berggipfel, als der nördliche Angreifer seinen Einfall machte. Für Miss Gowrie und mich war es stets tröstlich, an Diviciacus mit seinem zuverlässigen latinisierten Namen zu denken und zu wissen, daß Caesar nicht allein war im unruhigen, vertrauensunwürdigen Gallien, wo Freunde sich jäh in Feinde verwandelten und eine im Norden bei Sonnenaufgang erlittene Niederlage der Römer bei Sonnenuntergang oder vor dem Ende der ersten Nachtwache im Süden gefeiert wurde. Natürlich hatte Caesar den Quintus Cicero und den Labienus, die Legaten, aber Quintus war wie der arme Marcus Tullius labil, und der kräftige Labienus ging im Bürgerkrieg zu Pompejus über und war, unserer Ansicht nach, eine rohe, unfeine Persönlichkeit, bar des Anstands und der Würde, die Caesar von einem Freund verlangte. Diviciacus war es, der, wie Miss Gowrie mit strengem Zähnepfeifen nachdrücklich betonte, für Caesar *summam voluntatem, egregiam fidem, iustitiam, temperantiam* und für das römische Volk *summum studium* bewies.

Rechtlichkeit, vortreffliche Gesinnung, Mäßigung und *ungewöhnliche Treue* – warum hätten diese Substantive den Catilina des Annie-Wright-Seminars berühren sollen? Damals war ich auf sublime Weise ahnungslos, daß meine Befestigungsanlagen durchbrochen worden waren und die Mächte des Gesetzes und der Ordnung die Stadt befriedeten, während die Standarte des Rebellen noch auf den Wällen wehte. Als ich bei Miss Gowrie das Semesterexamen ablegte, beantwortete ich die Aufgabe: «Vergleiche die beiden aeduischen Brüder» mit einem Bericht über die politischen Affären innerhalb des Stammes der Aeduer; dieser Bericht gefiel Miss Gowrie sehr, Caesar, der unparteiische Historiker, hätte mich schief angesehen. «Gut!» vermerkte Miss Gowrie neben einem Abschnitt, in dem ich den treulosen Dumnorix als eine Verkörperung der schlimmsten Eigenschaften des amerikanischen Indianers beschrieb. Während die Stimme des Diviciacus in den Beratungen der Römer stets ernst und warnend ertönte, war die schlaue Hand des Dumnorix am Grund jeder Intrige, jeden Abfalls, jeder Schwierigkeit zu entdecken. Als die Aeduer das versprochene Getreide nicht lieferten, steckte Dumnorix dahinter; als die Sequaner den Helvetiern freien Durchgang durch ihr Gebiet gewährten, hatte Dumnorix, der eine Tochter des Orgetorix, des helvetischen Anführers, geheiratet hatte, sie dazu veranlaßt. Dumnorix' Langfinger war überall, wie der eines Wilden. Dumnorix besaß Sinn für Heiratspolitik; er brachte hier eine Halbschwester, dort eine Base mütterlicherseits unter und ging so weit, seine Mutter mit einem der ersten Bituriger zu verheiraten. Caesar verzieh ihm immer wieder «seinem Bruder Diviciacus zuliebe», doch schließlich ging Dumnorix zu weit. Am Vorabend der zweiten Überfahrt nach Britannien rückte er mit der aeduischen Reiterei aus, und Caesar schickte ihm die eigenen Reiter nach mit dem Befehl, ihn niederzuhauen, wenn er sich zur Wehr setzte. «Der Tod des Dumnorix ist ironisch», schrieb ich (wir hatten den Begriff der Ironie im Englischunterricht durchgenommen), «weil ein wankelmütiger Mann sterbend noch seine

Gefolgsmänner um Treue beschwört.» – «Sehr gut», kommentierte Miss Gowrie. Und doch war Dumnorix «unter wiederholtem Schreien» gestorben, «er sei ein freier Mann und aus einem freien Staat» – *saepe clamitans liberum se liberaeque esse civitatis.*

In späteren Jahren hallten diese Schreie eines in die Enge getriebenen Mannes vorwurfsvoll in mir wider, während des letzten Krieges vor allem, als sie sich mit den Schreien anderer Gallier vermischten, anderer Patrioten und Widerstandsführer, die dem Eroberer nicht die Treue hielten. Ich sah den «guten» Diviciacus nun als Urbild der Verräter und fühlte schärfsten Verdruß über meine alte Lateinlehrerin, weil sie mich, wie ich nun dachte, in eine falsche Richtung gesteuert hatte. Heute betrachte ich die Dinge aus einer mehr «bilanzierenden» Perspektive und entdecke an Miss Gowries Standpunkt einige Meriten. Auch wir besitzen unsere nützlichen Diviciacusse, die, wie uns versichert wird, der demokratischen Sache treu dienen. Die Pax Romana (sofern sie sich in demokratischen Händen befindet, selbstverständlich) scheint einmal wieder ihre guten Eigenschaften zu haben, und wir sehen den Zweck von Rechtlichkeit, Mäßigung und ungewöhnlicher Treue ein. Falls Caesar den Caesarismus erfand, so hegte er doch einen Abscheu gegen das Blutvergießen. Er schauderte und brach in Tränen aus, als sie ihm unaufgefordert das Haupt des Pompejus brachten, und in den gallischen Kriegen trüben nur drei, nach modernem Maßstab geringfügige Verstöße seinen Ruf der Milde: daß er zwei Stammesführer zu Tode peitschen und den Verteidigern von Uxellodunum die Hände abhacken ließ. Heil Caesar!

Eins allerdings glaube ich jetzt genau zu wissen: Catilina war ein Gangster und ein Schuft, genau wie es der alte Langweiler Cicero behauptete. Ich glaube, schon damals am Abend im Theatersaal war dies mir bewußt. Doch eine unheimliche Vorstellung bereitet mir Kopfzerbrechen, das Gefühl, Miss Gowrie sei, ohne daß ich Verdacht schöpfte, meine Mitverschwörerin gewesen und unsere Vorlieben in jenem Jahr seien dem Wechsel unterlegen, wie die zwei hölzernen Wetterfigürchen in einer deutschen Uhr, von denen eins hervortritt, während das andere im Gehäuse verschwindet, je nach dem atmosphärischen Druck. Ich erinnere mich plötzlich, wieviel merkwürdige Sorgfalt jeder Einzelheit meines Kostüms gewidmet wurde – der feuerrote Drillich wurde mit Gold schabloniert, und mein Militärmantel sah daraufhin viel prächtiger aus, als die Historie gestattet hätte –, während die Kostüme der Befehlshaber der Republik einfach aus dem Firlefanz eines Theaterkostümverleihs stammten. Ich entsinne mich meiner damaligen Überraschung darüber, daß Miss Gowrie, die Pedantin, mich ein Kostüm tragen ließ, von dem selbst ich wußte, daß es falsch war. Und ich erinnere mich noch, wie die feinsten weißen wildledernen Ballettschuhe, die nur Berufstänzer benutzen, gekauft und karmesinrot gefärbt wurden, um meine *calcei patricii mullei* abzugeben (von den höchsten Magistratspersonen getragene rote Lederschuhe) mit kreuzweise gebundenen roten Schnüren, die Miss Gowrie selbst mir um die Waden band. Ich war die einzige, die mit solchen auftrat; selbst Cicero trug Sandalen. Alles, was Catilina trug, war vom Feinsten und Teuersten, er war wie eine Statue bei primitiven religiösen Feierlichkeiten gekleidet – kein Wunder, daß die siebte und die achte Klasse applaudierte.

Ich muß nur Miss Gowries große puppenhafte Gestalt, ihre steifen, ruckartigen Bewegungen, die mechanischen Drehungen des runden Kopfs und das schnelle Blinzeln der starren Augen im Geiste beschwören, um die Möglichkeit schwacher klinischer Symptome jener Krankheit zuzugeben, die sich den Erfordernissen der Routine, der Ausführung einer eintönigen Aufgabe anpaßt, während der «wahre» Patient fern davon in einer grellen Phantasie- und Symbolwelt lebt. Plötzlich befürchte ich, daß meine kindische Rebellion und demagogische Eitelkeit das Werkzeug irgendwelcher Weltherrschaftsträume Miss Gowries gewesen sind, wie ja auch diese im wirklichen Catilina gereiften Eigenschaften das Werkzeug Caesars gewesen sind. So wenig es mir damals bedeutete, heute kann ich nicht vergessen, daß Catilina in seinem glänzenden Kostüm ein Mörder war, der seinen eigenen Schwager erschlug und einen Mann zu Tode folterte.

Jedenfalls bereute Miss Gowrie sicherlich mit der ganzen Kraft ihres presbyterianischen Gewissens, *Marcus Tullius* gedichtet zu haben. Wenige Tage nach der Aufführung denunzierte sie mich wegen einer kleinen Verletzung der Vorschriften bei der Leiterin. Als nächster kam Caesar dran, darauf Cicero. Als die Examenswoche anbrach, waren eigentlich alle führenden Persönlichkeiten der römischen Republik geächtet. Im Klassenzimmer zeigte sie sich unverändert, geduldig und sogar auf ihre trockene, abrupte Weise freundlich. Im Studentenwohnheim aber schien der sonderbare Doppelgänger, ihr Pflichtgefühl, gleich einem bösen Geist sich ihrer völlig bemächtigt zu haben. Ihre Schublade stak voll konfiszierter Füllfederhalter; sie kürzte unsere Badezeiten und polterte gegen die Tür, wenn man sich zu lange aufhielt; sie schien die halbe Nacht aufzubleiben und zu horchen, ob sich nach dem Lichterlöschen nicht noch Stimmen erhöben.

Doch auch mir oblag eine Pflicht, so dachte ich wenigstens – die Pflicht, alle Vorschriften zu übertreten und alle Möglichkeiten wahrzunehmen, um nicht in der gewöhnlichen, gemeinplätzigen Manier meinen Schulabgang zu vollziehen, und als aus dem Frühjahr Frühsommer wurde und die letzte Schulwoche uns bevorstand, hatte ich das Gefühl, diese beiden feindlichen Pflichten stürzten unaufhaltsam aufeinander zu gleich zwei Zügen auf demselben Gleis. Der Zusammenstoß ereignete sich in einer Juninacht; Miss Gowrie erwischte mich, als ich auf dem Rückweg vom Rendezvous mit einem Jungen durchs Fenster der Turnhalle einstieg. Wir standen da und starrten einander in traurigem Wiedererkennen an; Miss Gowrie in einem braunen Bademantel, ich in meinem taufeuchten Uniformkleid. Sie schlief nicht gut, sie hatte ein Geräusch gehört und geglaubt, jemand versuche, zum Schwimmbekken zu gelangen. Beide wußten wir, daß die Direktion einen Verstoß, wie den von mir verübten, als einzigen wirklich ernst nahm. Miss Gowrie fragte nicht, wo ich gewesen sei, sondern schickte mich auf mein Zimmer. Mich hielt die Unruhe wach, ob sie mich am Morgen anzeigen werde. Das Schuljahr war so gut wie vorbei, doch ich zweifelte, ob dies Miss Gowrie abschrecken würde. Falls sie mich verpetzte, war ich wohl erledigt, denn mein Ehrenkodex verbot mir, auf direkte Beschuldigung hin zu lügen.

Am nächsten Tag wurde ich nach dem Lunch ins Büro der Anstaltsdirektorin gerufen. Miss Gowrie hatte mich angezeigt. Nachdem die Unterredung ein paar Minuten gedauert, die Leiterin aber *nicht* gefragt hatte, was ich getrieben habe, begriff ich, daß ich, trotz allem, mein Examen ablegen könne, falls ich mich zu lügen bereit fand: Ich war Klassenbeste, und die Schule zählte offenbar darauf, daß ich ihr im College Ehre machen würde. Wir prüften einander beharrlich; beide erkannten wir die Lage, erkannten, daß die Lüge ein Gefallen war, den man von mir forderte, nicht allein um meinet- und der Schule willen, sondern auch zugunsten der armen, irregeleiteten Miss Gowrie, die etwas Klügeres hätte tun können, als in der letzten Schulwoche nachts in ihrem Bademantel umherzustreifen. Ein Gefühl der Macht und caesarischen Großmut überkam mich. Ich würde eine vieldeutige Antwort geben, nicht aus egoistischen Gründen, im Interesse der Gemeinschaft, wie ein erwachsener, verantwortungsbewußter Mensch. Ich zögerte, suchte nach einer Formel, welche die Wahrheit nicht zu sehr verletzte. «Ich ging hinaus, um zu rauchen», schlug ich schließlich vor; das war in dem Sinne wahr, als ich immerhin wirklich geraucht hatte. Die Direktorin seufzte und nahm die weit hergeholte Erklärung an. Im nächsten Augenblick saß ich auf ihrem Schoß, und wir weinten, hauptsächlich vor Erleichterung, doch teilweise, so empfand ich wenigstens, weinten wir auch meiner Kindheit nach; ich fühlte mich plötzlich alt und müde, so alt und müde wie die Direktorin. Einige Tage später legte unsere Klasse die Abschlußprüfung ab, und bei der Feier saß Miss Gowrie, angetan mit einem alten Seidenimprimékleid, im Auditorium und betrachtete uns mit gekränkter, verwirrter Miene, während wir in unseren weißen Baretten und Talaren, mit unseren neuen Perlen und Armbanduhren und Anhängern, umgeben von Körben voller Rosen und Schwertlilien, die uns Anverwandte und Anbeter geschickt hatten, unsere sieghaften Begrüßungs- und Abschiedsreden hielten.

Miss Gowrie kehrte nach den Ferien nicht ins Seminar zurück, und ich sah sie nur noch einmal in jenem Sommer, als ich, im Aufbruch zum College, sie zum Lunch in den Tearoom eines Warenhauses von Seattle bat. Es war eine sonderbare, inhaltslose Zusammenkunft. Sie mißgönnte mir mein Abschlußexamen nicht, aber ich sah wohl, daß sie nun, da Arbeit und Disziplin uns nicht mehr verbanden, mir nichts mehr zu sagen wußte. Sie blinzelte mich entgeistert an, als ich rauchte, angeberisch über moderne Literatur und das College redete und über die Schule zu klatschen versuchte. Ich hatte meinen Caesar mitgebracht, und auf Miss Gowries Aufforderung hin gingen wir zusammen die Übersetzung durch, die zum Programm der Aufnahmeprüfung in das College gehörte. Ich hatte nicht so gut wie erhofft abgeschnitten. Miss Gowrie aß ein knuspriges Dessert, das sich «Frange» nannte, in unserer Stadt berühmt war und ihr eine leichte Indigestion verursachte. Voller Schuldgefühl, Langeweile und voll der heillosen Empfindung, dies geheimnisvolle Wesen zu betrügen, das etwas von mir zu erhoffen schien, was ich nicht zu geben verstand, wurde ich verwirrt und ließ meinen Caesar auf dem Tisch des Speiseraums liegen. Falls Miss Gowrie es bemerkte, sagte sie jedenfalls nichts und ging unbeirrt ihren Weg zurück nach Kanada und ins britische Weltreich. Als ich später im Fundbüro des Geschäfts nach dem Buch fragte, sagten sie mir, es sei nicht abgegeben worden. Außer der lateinischen Grammatik war das einzige von unserer Bekanntschaft mir verbliebene Andenken das Paar Ballettschuhe vom allerfeinsten Wildleder, das ich fünfzehn Jahre lang in meinem Schrank aufhob.

Das Kapitel enthält einige halbwahre Einzelheiten. Meine Arbeit im Semesterexamen beispielsweise: Ich weiß nicht, ob mir wirklich die Aufgabe gestellt wurde, die beiden Aeduer-Brüder miteinander zu vergleichen und ob ich schrieb: «Der Tod des Dumnorix ist ironisch, weil ein wankelmütiger Mann sterbend noch seine Gefolgsmänner um Treue beschwört.» Aufgaben ähnlicher Art aber stellte Miss Gowrie, und meine Ausführung könnte so gelautet haben. Bestimmt wurde der Vergleich der beiden Aeduer zu irgendeiner Zeit von mir verlangt. Auf den Einfall, des Dumnorix' Verhalten gleiche dem eines amerikanischen Indianers, kam ich erst viel später, als ich zufällig über den Aufstand des Pontiac las. Der indianische Häuptling hatte einen Bruder, der mich plötzlich an den Diviciacus gemahnte. Tatsächlich staken mir die beiden Gallier im Kopf. Während des Kriegs plante ich einige Zeitlang einen Roman mit historischen Zwischenspielen über das Thema: geteilte Untertanentreue. Ein Zwischenspiel sollte den beiden Brüdern gewidmet werden, ein weiteres dem irischen Politiker Parnell.

Miss Gowrie verpetzte ihre Lieblingsschülerinnen immer, wenn sie eine Vorschrift nicht befolgten. Sie zeigte mich wegen Rauchens an, doch glaube ich nicht, daß sie es am Tag nach der Aufführung von Marcus Tullius tat. Diese Behauptung ist ein Beispiel von Fabuliererei, ich «arrangierte» die wirklichen Ereignisse, um eine «gute Geschichte» daraus zu machen. Dieser Versuchung widersteht es sich nur schwer, wenn man gewohnt ist, Erfundenes zu Papier zu bringen; fast automatisch arrangiert man die Ereignisse nach literarischem Gutdünken.

Ich wurde kurz vor der Abschlußprüfung dabei erwischt, wie ich, von einem Rendezvous mit einem Jungen kommend, in die Turnhalle eindrang. Ich glaube, daß Miss Gowrie mich entdeckte, weiß es aber nicht mit Sicherheit. Manchmal meine ich, sie war es, andere Male wieder, sie sei es nicht gewesen. Ans Nachspiel erinnere ich mich deutlicher. Die Anstaltsleiterin legte mir tatsächlich nahe, Ausflüchte zu gebrauchen. Sie war eine große Weinerin und weinte von neuem beim Examen, nannte mich «Cousine Mary» (sie hieß Preston, wie mein Großvater, und sie hatten ihre Stammbäume miteinander verglichen) und prophezeite, daß ich eine «Zierde» des Seminars sein würde. Ich weinte ebenfalls, und unsere vereinten Tränen überzeugten mich davon, daß ich allzeit eine Musterschülerin gewesen war.

Miss Preston hätte mich freilich ausschließen müssen, falls die Wahrheit zutage gekommen wäre, denn der Junge, den ich im Wald hinter dem Seminar getroffen hatte, war ein seltsames Individuum, ein jugendlicher Delinquent. Er hatte bei einem Jagdunfall ein Bein verloren und war auf Abwege geraten; seine Schwester war, glaube ich, als Externe im Seminar gewesen und sein Fall der Direktorin daher genau bekannt. Tatsächlich waren unsere Zusammenkünfte unschuldig. Wir rauchten und unterhielten uns nur miteinander, doch das hätte *mir niemand geglaubt. Ich suchte selbst der Angelegenheit einen dunkleren Charakter zu verleihen und schrieb ihm im Studium ein Gedicht, das den Einfluß von Swinburne, Edna Millay und vielleicht auch Dawson verrät. Die ersten Zeilen weiß ich noch auswendig:*

> O Knabe meiner Lieb', den ich nicht wiederseh,
> Laß dies dir letzter, süßer Abschied sein.
> Du bist zu jung für mich und viel zu böse.
> O Knabe, dessen Schönheit sich zu groß erwies,
> Lächle ein wenig nur, und laß mich gehn.

Wahr in diesem Gedicht ist nur, daß ich den schönen Jungen ein wenig fürchtete. Sein leeres Hosenbein erweckte mein Mitgefühl, und die Geschichten, die ich über seine Kriminalität gehört hatte, faszinierten mich; das Gerücht wollte, er sei in der Besserungsanstalt gewesen. Sein wirkliches Alter war siebzehn; er war ein Jahr älter als ich.

Wenn ich sie jetzt betrachte, erscheint mir diese Episode die beiden Themen der «Ziffern in der Uhr» widerzuspiegeln: jugendliches Vergehen gegen Reife. Der invalide Junge war für mich eine Art Catilina, will sagen, ein wildes, herausforderndes Spiegelbild, dem ich widerstrebend entwuchs. Deshalb fühlte ich mich alt im Vergleich zu ihm, obwohl ich, als ich mich im Gedicht zu einer älteren Frau machte, dies nur um der traurigen Wirkung willen zu tun glaubte. Er hieß Rex (König), und diesen Namen empfand ich als ein seltsames Bindeglied zu meinem Lateinstudium. Der Name machte einen Teil des Reizes aus, den er für mich hatte, wenn wir nebeneinander auf einer kleinen Anhöhe saßen, seine Krücken am Boden lagen und jüngere Mitglieder seiner Bande von Geächteten den Wald in unserem Rücken umkreisten, um uns, falls irgend jemand kommen sollte, zu warnen. Das Gedicht war unwahr und dennoch wahr. Es erzählt die gleiche Geschichte wie «Die Ziffern in der Uhr».

Mein Großvater war von Marcus Tullius begeistert. Er behauptete in vollem Ernst, er habe nie ein besseres Stück gesehen. Ich verstehe, warum es einem Rechtsanwalt gefallen mochte; ohne Zweifel war er auf seiten Ciceros. Er erhob sich und applaudierte lang und laut, und während seine magere Gestalt unter den Zuschauern mir jetzt vor Augen steht, findet eine weitere Figur ihren Platz in der Erinnerung. Caesar, selbstverständlich, war mein Großvater:

gerecht, lakonisch, streng, großmütig, gelassen. Dies sind genau die Adjektive, mit denen ich Rechtsanwalt Preston beschreiben könnte, der überdies auch eine Glatze hatte. Catilina dagegen war meine McCarthy-Vorfahren, der wilde Zug in meiner Erbmasse, die Strandräuber an der Küste von Nova Scotia. Zu meiner Überraschung entschied ich mich für Caesar und die Ordnung der Gesetze. Dies bedeutet nicht, daß die Pendelei zwischen den beiden entgegengesetzten Kräften ein Ende gefunden hätte; tatsächlich kann man sagen, daß es damit überhaupt erst im Lauf meines letzten Jahrs im Seminar begann, als ich die Schönheit eines Ablativus absolutus und eines strengen Verhaltenskodex erkennen lernte. Auf die Erkenntnis war ich nicht vorbereitet; sie war eine unerwartete Begegnung. Und so erklärt sich, glaube ich, warum Caesar und die lateinische Sprache in mir eine Flut freudiger Erregung befreiten und warum ich sie noch immer fühle.

Die Ungerechtigkeiten, die meine Brüder und ich in unserer Kindheit erlitten hatten, machten mich gegen Autorität rebellisch, bewirkten aber auch, daß ich das erste Mal, als ich ihr begegnete, mich in die Gerechtigkeit verliebte. Ich liebte meinen Großvater von Anfang an, aber die zwischen uns entstehenden Konflikte (von denen der Leser alsbald hören wird) beeinträchtigten mein Gefühl ein wenig, das sich daraufhin in einer Schwärmerei für Caesar Luft machte. Caesar zwar wäre im Zusammenleben ebenso streng gewesen wie mein Großvater («Caesars Weib muß über den Verdacht erhaben sein»*, mit ihm aber hatte ich ja nicht persönlich zu tun.

Im Seminar erteilte uns die Witwe eines Bischofs Unterricht im Geistlichen Studium. Als Katholikin hatte ich das Neue Testament gründlich kennengelernt — es ist nicht wahr, daß Katholiken nicht die Bibel lesen. In der Episkopalschule beschäftigten wir uns hauptsächlich mit dem Alten Testament. Ein Satz des Propheten Michäas klingt mir noch im Ohr: «Es ist dir gesagt, was der Herr von dir fordert: Nur Recht zu tun, Liebe zu üben und in Demut zu wandeln mit deinem Gott.» Er rührte mich mächtig an, als ich ihn zum erstenmal in Mrs. Keators Klassenzimmer hörte (ich glaube, sie schrieb ihn auch an die Tafel), und mir war, als vernähme ich eine neue Stimme, die einfache protestantische Stimme der wahren «Religio».

Gleichzeitig zog ich aus dem Umstand, daß ich offiziell noch katholisch

---

* Plutarch

171

war, den Vorteil, sonntags nicht mit den anderen Mädchen in die Episkopalkirche gehen zu müssen, wo der Bischof regelmäßig eine anderthalbstündige
Predigt hielt. Die katholische Mutter einiger unserer kleineren Externen nahm
mich in die katholische Kirche mit; dort dauerte die letzte Vormittagsmesse nur
fünfzehn Minuten. Die morgendlichen und abendlichen Gottesdienste in der
Schulkapelle besuchte ich, obwohl ich Atheistin war, sehr gern. Ich liebte die
Hymnen und Litaneien und liebte es, wenn unsere Anstaltsleiterin bei Ein-
bruch der Nacht intonierte: «Wir ließen ungetan die Dinge, die wir hätten tun
sollen; und wir taten die Dinge, die wir hätten meiden sollen; und es ist keine
Gesundheit in uns.»

Damals pflegte mein Großvater die Hoffnung zu äußern, ich möchte
Rechtsanwältin werden. Ich aber träumte noch davon, zur Bühne zu gehen; ich
hatte in drei Schulaufführungen die Hauptrolle gespielt, und nach der Abschlußprüfung im Annie-Wright-Seminar erlaubte mir die Familie, die
Theaterschule zu besuchen (die Cornish-Schule in Seattle). Dort wurden meine
Bestrebungen kläglich enttäuscht, denn ich lernte nur Eurhythmie und spielte
die stumme Rolle eines Piraten in einer Szene, die aus irgendeinem Grund
unter Wasser stattfinden sollte. Wir Seeräuber – lauter Mädchen – vollführten
sonderbare rhythmische Bewegungen, um einen Unterwasser-Effekt herbeizu-
führen. Im College erwachten meine Hoffnungen aufs neue; ich spielte in
mehreren Stücken, während meines letzten Schuljahres die Rolle des Leontes
im Wintermärchen. Der Schauspieler, den ich später heiratete, sah sich
meine Leistung an und sagte mir die Wahrheit: Ich besaß kein Talent. Ich hatte
selbst schon angefangen, dies zu spüren, und gab so, ohne weitere Erörterung,
den Traum auf, den ich dreizehn Jahre lang gehegt hatte, seit ich die Schwertlilie
im Königreich der Blumen gewesen war, einem Stückchen der Gemeindeschule.
Statt dessen begann ich zu schreiben, wenngleich mich diese Tätigkeit weit
weniger interessierte, hauptsächlich weil es mir leichter fiel. Zur selben Zeit, als
ich der Bühne entsagte, begann ohne mein Wissen an der Universität von
Minnesota Kevin seine schauspielerische Laufbahn.

Im Sommer meines fünfzehnten Lebensjahrs wurde ich von Ruth und Betty Bent, einem merkwürdigen Schwesternpaar, das seit Beginn des Jahres unserem Internat in Tacoma angehörte und aus einer Stadt namens Medicine Springs stammte, wo der Vater Bundesrichter war, nach Montana eingeladen. Ich sah voraus, daß meine Großeltern die Einladung abschlagen würden. Ich sei zu jung (würden sie behaupten), um allein zu reisen, wie ich ja auch zu jung war (behaupteten sie), um mit Jungen auszugehen oder Automobilfahrten anzunehmen oder um mich mit männlichen Anrufern am Telefon zu unterhalten. Diese Grille meiner Großeltern vergiftete mein Leben mit Beschämung, denn geistig war ich meinem Alter voraus – welche Feststellung ich auch von Erwachsenen des Familienkreises zu hören gewohnt war. An irdischem Wissen übertraf ich sie so weit, daß meine Großmutter und meine Großtante, als sie *The Well of Loneliness** lasen, zu mir kommen mußten, um zu fragen, was die Frauen im Buch eigentlich «machten». «Nicht zu fassen», meine Großtante nickte angesichts des Fortschritts in der Welt, «heutzutage weiß ein fünfzehnjähriges Mädchen über so etwas Bescheid.» In der Schule, während des Studiums, schrieb ich Geschichten über Prostituierte mit «Augen wie schmutziges Spülicht», die meine Englischlehrerin las und H. L. Mencken zur kritischen Beurteilung zu schicken riet. Trotz alledem jedoch – oder vielleicht deswegen – wurde ich noch wie ein Kind behandelt, das ohne erwachsene Aufsicht kaum Trambahn fahren durfte. Das Argument, daß «alle anderen es täten», verfing nicht bei meinem Großvater, dessen Anwaltssinn zu pedantisch

* Autor: Radcliffe Hall

war, um sich eine Gnade abhandeln zu lassen. Er war der Ansicht, daß meine Erziehung ein gewichtiges Treugut sei, da ich als Waise, Tochter seiner einzigen Tochter, zu ihm gekommen war.

Wie viele altmodische Treuhänder hatte er eine spezielle, sozusagen beruflich bedingte schwache Stelle. Alles, was mit Ausbildung zusammenhing, köderte ihn. Vertreter von Enzyklopädien und Projektionsapparaten und Scribners Klassikern fanden in ihm, wenn sie in seinem Büro in Seattle vorsprachen, eine leichte Beute; wie eine Forelle schnappte er nach der Fliege, wie ein Hecht nach der Schleppangel. Behende zog er die Brieftasche, wenn auf der Schulrechnung ein Extra stand. Ich hatte Musikstunden gehabt, Privatstunden in Latein, Tennisunterricht, Reitstunden, Unterricht im Kunstspringen; in diesem Sommer wünschte er unbedingt, daß ich das Golfspielen erlerne. Karten für städtische Festspielaufführungen, Theater- und Konzertabonnements, Mitgliedschaften bei Bibliotheken erachtete er als Notwendigkeiten, die ich nicht vom Taschengeld bezahlen mußte; das Taschengeld konnte ich nach Belieben Sommersprossensalben und Parfums weihen. Über manche Bücher, die ich las, und Stücke, die ich sah, runzelten andere Familienmitglieder die Stirnen, doch mein Großvater gestattete keine Einmischung. Als ich auf dem Sofa ausgestreckt ein Exemplar von *Count Bruga or The Hard-Boiled Virgin**** las, betrachtete er mich über die Brille hinweg voller Duldsamkeit. Ich hatte mich selbst zur Atheistin ernannt und hatte im Frühjahr erklärt, daß ich ein College im Osten besuchen wolle. Das Recht, den Geist nach allen Kräften zu entfalten, galt meinem Großvater als einer der wichtigsten Werte; er war so unbeugsam in der Befolgung dieses Grundsatzes, wie er in gesellschaftlichen Angelegenheiten prüde war.

Durch sein wunderliches Benehmen hatte er mir den vergangenem Sommer versauert. Im Kurort in den Olympic Mountains, wohin wir immer fuhren (meine Großmutter machte sich nichts aus solchen Aufenthalten und blieb stets zu Hause in Seattle),

* Autor: Ben Hecht

waren er und ich plötzlich ein Mittelpunkt der allgemeinen Aufmerksamkeit geworden. Die alten Richter und Obersten, die jungverheirateten Frauen, deren Männer zum Wochenende herkamen, die forsche Collegejugend, die Hotelbesitzerin mit der Sweetheart-Frisur, die zum Tanz auf das Klavier hämmerte, sogar die Jungen aus der Vorschule sahen mich mitleidig an wegen der Art, wie mein Großvater mich behandelte. Nie ließ er mich aus den Augen, er klopfte mir, wenn ich tanzte, auf die Schulter, um mir zu sagen, daß es nun Zeit zum Schlafengehen für mich sei, er stand mit einem Feldstecher auf dem Dock, wenn es einem jungen Mann gelungen war, mich während fünfzehn abgezählter Minuten zum Rudern auf dem See mitnehmen zu dürfen. Einmal, als ein Mann namens Mr. Jones aus New York gebeten hatte, ich möchte ihn mit einem Salm fotografieren, war mein Großvater vom Bridgetisch aufgesprungen und uns unter Stimmengedonner über den waldigen Pfad gefolgt. Und was hatte er entdeckt? – Mich, die gerade das Bild des auf einem rohen Brückchen stehenden Mr. Jones abdrückte, das war alles. Was hätte denn auch sonst, seiner Ansicht nach, um elf Uhr morgens, fünfzehn Meter von der Veranda entfernt, wo er mit seinen Bekannten Karten spielte, geschehen sollen? Das ganze Hotel wußte, was er geglaubt hatte, und lachte über uns. Ein Junge gab eine Vorführung, wie Mr. Jones in der einen Hand den Salm hielt, mit der anderen mich streichelte, dann aber den Salm fallen ließ und beim Herannahen meines Großvaters bestürzt die Flucht ergriff.

Meinen Großvater kümmerte dies nicht, ihn kümmerte nie, was die Leute von ihm dachten, solange er seine Pflicht tat. Und er erwartete von mir, vollkommen glücklich zu sein, wenn ich mit ihm und den Richtern und Obristinnen Spaziergänge zum Wasserfall machte, den Umfang von Douglastannen maß, den Ball um den fünflöchrigen Golfplatz trieb, vom Sprungbrett herab den Rückwärtssalto ausführte, wobei er mir, die Arme kreuzend, beifällig zusah, oder den ganzen Nachmittag allein Pianola spielte: zerfetzte Rollen mit *Tea for two* und *Who* und eine mit *Sweet Child*, welches Lied ein junger Mann mit einem Marmon-Tourenwagen mir auf der Tanzdiele so lange ins entzückte Ohr gesungen hatte, bis mein Großvater ihn verschreckte.

Süßes Kind, wahrhaftig! Ich fühlte, daß ich noch einen Sommer wie diesen nicht ertragen könnte. Ich mußte nach Montana gehen, und mein Großvater würde es zulassen, sofern ich ihn nur davon zu überzeugen vermochte, daß die Reise den Geist erweiterte und bereicherte, in meinen Augen somit zutiefst langweilig war.

Ich bedurfte keines besonderen Weissagungsvermögens, um zu erraten, was diese Forderungen erfüllen könnte: Yellowstone-Park. Das Gähnen, das ich beim Gedanken an Geysire, Old Faithful, bunte Felsenformationen, Indianer, Grizzlybären, Packpferde, Zelte, Förster, Touristengruppen mit Kameras und Familienautos ersticken mußte, bewies mir, daß ich den vor seinen gütig-strengen grauen Augen zu schwenkenden richtigen Köder gefunden hatte. Es sei zu schade, bemerkte ich beiläufig im letzten aus der Schule nach Hause gerichteten Brief, daß die Reise nicht in Frage komme, die Mädchen hätten mich auf einen Ausflug durch den Yellowstone-Park mitnehmen wollen. Mehr war nicht nötig. Schwerer wäre es auch nicht gewesen, ihn zur Erneuerung der Subskription des *National Geographic Magazine* zu bewegen. Die Leichtigkeit deprimierte mich beinahe ein wenig, erstickte das Abenteuer: Einer der lästigsten Begleitumstände des Heranwachsens ist das Wissen, wie man andere Leute bearbeiten kann.

Ich müsse unbedingt nach Montana gehen, behauptete mein Großvater mit Entschiedenheit, als er Richter Bent im Verzeichnis der Gerichtspersonen nachgeschlagen und also festgetellt hatte, daß er wirklich existierte – welche Feststellung mich etwas überraschte, denn bei meinen Ausführungen den Großeltern gegenüber hatte ich immer das Gefühl zu lügen. Was ich ihnen erzählte, war, um ihre Billigung zu erlangen, stets so sehr verschleiert und beschönigt (denn, von allen anderen Beweggründen abgesehen, liebte ich sie und versuchte mich ihren Gesichtspunkten anzupassen), daß ich, wenn ich nicht auf eine direkte Frage Antwort gab, kaum wußte, ob, was ich sagte, wahr oder falsch sei. Ich bemühte mich wirklich oder glaubte dies wenigstens, die Lügen zu vermeiden, mir schien jedoch, daß meine Großeltern sie mir durch ihre abweichende Ansicht der Dinge aufzwängen, so daß ich die Wirklichkeit immer in Begriffe transponierte, die sie verstehen konnten. Um mein Gewissen nicht zu sehr zu belasten, umging ich, wenn immer möglich, die absoluten Lügen, wie ich andererseits, aus Vorsicht, die einfache Wahrheit umging. Yellowstone-Park war ein typisches Beispiel. Ich hatte nicht völlig gelogen, als ich meinen Großeltern den bewußten Satz schrieb. Ich unterhielt sozusagen eine vage Hoffnung, dorthin zu kommen, und hatte mit den Bent-Mädchen das Thema versuchsweise vorsichtig angerührt: «Meine Verwandten hoffen, daß wir Yellowstone besuchen können», worauf die Mädchen mit der gleichen höflichen Unbestimmtheit «Hmhm» antworteten.

Zu Hause wurde beschlossen, daß ich kurz nach Semesterschluß mit den Mädchen abfahren, drei Wochen bleiben – genug Zeit, um den Park zu «erledigen» – und allein zurückkehren solle. Es würde sich nur um zwei Nachtfahrten handeln, bewies mein Großvater meiner Großmutter, und Richter Bent könne mich zum Zug bringen und in die Obhut des Zugschaffners geben. Die beiden Mädchen nickten ernst, und Ruth, die ältere, winkte mir zu, als mein Großvater die Instruktionen wiederholte.

Ich starb vor Beschämung. Wie gewöhnlich schien das Benehmen meines Großvaters die Absicht zu verfolgen, mich angesichts meiner Freundinnen bloßzustellen, vor denen ich mich als erfahrene Sirene ausgab. Mein ganzes Leben dünkte mich oft von Alpha bis Omega eine Lüge, denn obwohl ich unbändiger war, als meine Familie ahnte, war ich doch bei weitem zahmer, als meine Freundinnen sich vorstellen konnten; im Verkehr mit ihnen erfand ich nämlich auch beständig neue Geschichten, erzählte, daß ein mir von einer Großtante geschenkter Ring ein heimlicher Verlobungsring sei, daß ich regelmäßig im *Olympic Hotel* tanzen ginge, daß ein Literaturstudent, der mit mir korrespondierte, in mich verliebt wäre – die üblichen Geschichten also, aber das wußte ich nicht. Ich wußte lediglich das eine, die wichtige mich kompromittierende Tatsache, die mich brannte wie das Hemd des Centauren, mußte meinen Freundinnen verborgen bleiben: Ich galt als zu jung, um mit Jungen ausgehen zu dürfen, und konnte nicht ertragen, daß irgend jemand dies erfuhr.

Doch jedes Wort, jede Geste meines Großvaters schien dazu bestimmt, diese Tatsache zu proklamieren. Ich entdeckte eine Anspielung in der geschäftigen Art, wie er uns zum Bahnsteig in Seattle begleitete, uns in unser Abteil brachte unter vielen Ermahnungen, nicht mit Fremden zu reden, dem Pullmanschaffner ein Trinkgeld gab, indes meine Großmutter ein Spitzentaschentuch an die Augen preßte und mein Onkel grinste und der alte Gärtner der Familie und ihr Faktotum mich warnten, keine hölzernen Fünfcentstücke anzunehmen. Während dieser demütigenden Prüfung blieben die Bent-Mädchen höflich und ehrerbietig, stimmten allem zu (meine Tendenz dagegen war es, immer zu widersprechen). Doch sobald der Zug die Station verlassen hatte, nahm sich Ruth Bent kühl den Schaffner vor und tauschte unser Salonabteil gegen zwei obere Schlafkojen. Sie täten dies bei jeder längeren Bahnfahrt, erklärte sie; man könne ganz bequem zu zweit in einer Koje schlafen, und das Geld, das sie herausbekämen, sei für sie reiner Profit.

Ruth Bent war die verwegenste Person ihres Alters, die ich je kennengelernt hatte. Sie war siebzehn, zwei Jahre älter als ihre Schwester, und schien mir wie vierzig auszusehen. Sie hatte rötlichbraunes, krauses Haar, trug Ohrringe, Brille, Florentinerhüte, bedruckte Chiffonkleider, legte dunkelpurpurrotes Lippenrot auf und benutzte auffälliges Parfum. Ihre Stimme klang tief wie eine Männerstimme; ihre Gesichtshaut war dunkel und sprossenübersät; ihre schokoladenbraunen Augenbrauen formte sie mit der Pinzette. Sie war klein, gut gewachsen, ihre Bewegungen waren ein wenig shimmyhaft. In der Schule stand sie im Ruf, leichtsinnig zu sein, teils wegen ihrer Kleider und teils wegen des unverblümten Starrens ihrer rötlichbraunen Augen, die weit offenstanden und durch die dicken Brillengläser so rund schienen, daß ihr Weißes wie das gekochter Eier aussah. Sie gemahnte mich an ein Studentenliebchen.

In Wirklichkeit war sie in der ihr eigenen unergründlichen Weise ein ernsthaftes Mädchen, sang im Chor und stand in der Gunst der Direktorin. Keiner wußte genau, was er aus ihr machen sollte. Man brachte gegen sie vor, daß sie recht gewöhnlich sei (ich konnte selbst nicht umhin, dies zu finden) und daß ihre Schwester Betty mehr dem Schultyp entspräche. Betty war ein burschikoses Mädchen mit kurzen Haaren, einem großflächigen, mageren Gesicht, hohen Wangenknochen und klaren graugrünen Augen. Sie hatte einen breiten, flachen Mund, der sich über schimmernden Zähnen zu einem riesigen Weststaatlerlächeln auftat. Als Lippenstift benutzte sie Tangee. Sie hatte eine hellere Stimme als ihre Schwester und einen leichten, einen Scherzanschlag auf dem Klavier; sie spielte bei Schulaufführungen.

Beide Mädchen tanzten ausgezeichnet. Und beide ritten gern; bei diesen Anlässen hatten wir uns angefreundet. In der Tasche ihres schwarzen Reitdresses – Betty trug Reithosen – hatte Ruth immer ein Päckchen Zigaretten stecken, das sie, sobald wir aufgesessen hatten, ruhig hervorzog, direkt vor der Nase des englischen Majors, des Reitlehrers unserer Schule. Der Major mochte beide Mädchen gut leiden, gab ihnen die besten Pferde und ließ sie reiten, wohin sie wollten. Die beiden Mädchen besaßen eine Eigenschaft – Gleichmut, glaube ich –, die ältere Menschen beruhigte. Was sie auch anstellten, in Schwierigkeiten gerieten sie nie, wohingegen ich entweder in hoher Gunst stand oder nahe daran war, ausgeschlossen zu werden. Ungleich mir suchten sie sich nicht hervorzutun; sie taten einfach, was sie wollten, in kühler, unpersönlicher Weise wie zwei Naturgewalten – ein schwüler dunkelbrauiger Wind und eine leichte verspielte Brise. Ihre Selbstbeherrschung müsse auf einer sicheren gesellschaftlichen Stellung zu Hause beruhen, dachte ich. In Montana, sagten sie, hätten sie eine Menge angenehmer Bekannter, und ihre Eltern ließen ihnen völlige Freiheit. Ihre Heimatstadt sei klein, aber nie fehle es an Einladungen, und im ganzen Staat besäßen sie Freunde. In Medicine Springs würde ich massenhaft Verabredungen haben, versprachen sie mir.

Die Geographie ließ mich damals kalt, erinnerte mich zu sehr an die Grundschule und die Lektionen mit dem Projektionsapparat und den eingeschobenen Bildern. Deshalb nahm ich mir nicht die Mühe, Medicine Springs im Atlas zu suchen. Die Stadt sei einst ein Heilbad gewesen, sagten die Mädchen, und diese Auskunft genügte meiner Vorstellung, um sie in den Norden nahe Kanada zu versetzen, dorthin, wo ich das Gebirge vermutete; ich dachte verschwommen an Saratoga Springs, Pferderennen, große, weitläufige Hotels im viktorianischen Stil, Spieler, Grubenmänner aus der lärmigen Stadt Butte. Es überraschte mich, gegen Mitte des Tags zu erfahren, daß Medicine Springs im Zentrum des Staats Montana lag und daß wir, um hinzugelangen, den Zug würden wechseln müssen. Unter schuldbewußtem Beben begriff ich, daß es keineswegs in der Nähe des Yellowstone-Parks zu suchen war, in der Nähe überhaupt keines Orts, von dem ich je gehört hatte. Nicht einmal auf der Eisenbahnkarte unseres Fahrplans war es verzeichnet.

Wir stiegen um – wo, habe ich vergessen – in eine staubige kleine Zweigbahn mit harten Holzsitzen. Ich hatte nie zuvor einen solchen Zug gesehen, und eine düstere Vorahnung überkam mich, als wir, die beiden Mädchen in bester Laune bei der Aussicht, nach Hause zu gelangen, durch eine Prärie holperten. Nach Landschaft schaute ich immer wieder zum Fenster hinaus, aber da war nichts, kein Fluß, kein Hügel, nicht ein Baum, nur eine flache Weite trokkenen Grases, durchsetzt von den Erdaufwürfen der Wühlratten und den um die seltenen Stationen verstreuten Häusern. Als wir Medicine Springs erreichten, erwies es sich als kleine, platte, gelbliche, mitten ins Nirgendwo gebettete Stadt. Es hatte eine breite staubige Hauptstraße mit einem Drugstore und einem ungestrichenen Hotel; mehrere kleinere Straßen kreuzten sie, liefen ein oder zwei Blocks weit und endeten. Mit einem Blick war das Ganze zu erfassen. Hinter dem Hotel befanden sich die «Springs», die Quellen, auf die der Stadtname anspielte: ein schmutziges, schwefliges, zementiertes Schwimmbecken, über das sich ein halb abgestorbener Baum beugte. Die Hitze war entsetzlich; die einzigen sichtbaren Schatten spendeten die Telefonstangen. Ich vermochte nicht zu glauben, daß meine Freundinnen hier wohnten, und nahm an, daß wir zu einer von hier aus nicht sichtbaren, irgendwo draußen in der Prärie gelegenen Ranch fahren würden.

Richter Bent wartete am Bahnhof, ein blasser Mann mittleren Alters mit dunklem Haar, über dem ein abgewandelter Cowboyhut saß; er verstaute unsere Koffer in seinen Wagen, und ich installierte mich in Erwartung einer langen Fahrt. Doch im Nu waren wir angekommen. Das Haus der Bents war etwas größer als die anderen, an denen wir vorbeifuhren, und hatte eine Frontloggia mit einem Baum davor. Ein zweites Gebäude mit Baum wurde von den Mädchen als «Das Pfarrhaus» identifiziert; umsonst suchte ich nach irgendwelchem Grün. Die beiden Fachwerkhäuser und ein drittes, in dem es angeblich spukte, bildeten das herrschaftliche Viertel der Stadt.

Mrs. Bent kam an die Tür, und ich bemühte mich, eine freudig erregte Miene aufzusetzen. Doch alles, was ich sah, schockierte mich, erschreckte mich beinahe: die bescheidene Größe des Hauses, die dünnen Wände, das Fehlen von Büchern und Bildern, der Mangel an jeglichem Ornament, jeglichem architektonischen Zug, der schon mitten am Nachmittag gedeckte Tisch ohne eine Blume oder ein Mittelstück, die Tatsache, daß Mrs. Bent offensichtlich den Haushalt allein besorgte, daß kein Besuchszimmer vorhanden war und ich mit Betty Schlafgemach und Schrank und mit der ganzen Familie das Bad teilen mußte. Mein Empfinden war nicht eigentlich eine snobistische Reaktion; wenn die Bents arm gewesen wären, hätte ich mich nicht so unbehaglich und wirklich gehemmt gefühlt. Was mich hier bedrückte, war das Bewußtsein, desorientiert zu sein. Da mir der Wohlstand der Bents bekannt war, wußte ich nicht, «wohin sie tun». Ich merkte, daß den Mädchen meine Schwierigkeiten nicht auffielen. Nicht einmal einen Schimmer davon fingen sie auf, wie meine erstarrten Augen ihr Heim zurückwarf. Dies gereichte mir zwar zur Erleichterung, verblüffte mich aber auch. An ihrer Stelle wäre ich vor Scham gestorben.

Nichtbeachtung war für den Bentschen Haushalt typisch. Ob-

gleich ihnen herzlich zugetan, nahmen die zwei Mädchen keine
Notiz von ihren Eltern, die ebensowohl ein Statistenpaar am Fa-
milientisch gewesen sein könnten. Ich war dazu erzogen worden,
nicht eher bei Tisch zu sprechen, als bis meine Gastgeber mich
dazu aufforderten, doch weder der Richter noch Mrs. Bent schienen sich der gesellschaftlichen Verpflichtung bewußt zu erkunden,
wer ich war, woher ich kam, was meine Eltern taten. Ich war
einfach vorhanden, und sie nahmen meine Anwesenheit hin. Als
einzige Tatsache lockte ich aus ihnen hervor, daß Richter Bent in
Madison, Wisconsin, promoviert hatte. Meine Herkunft, ihre Herkunft waren ihnen so gleichgültig wie die Bratkartoffeln, die der
Richter mir schweigend auf den Teller tat.

Mrs. Bents Aufgabe schien im Bedienen des Telefons und Auf-
bügeln der Sommerkleider ihrer Töchter zu bestehen. Sie wünschte nie zu wissen, wer telefonierte und wo die Kleider getragen
würden. Ich hoffte, sie möchte beim Essen an diesem ersten
Abend sich erkundigen, denn die Frage interessierte mich. Trotz
allem, was ich von Medicine Springs gesehen hatte, begannen sich
meine Erwartungen wieder zu regen, als ich bemerkte, daß wir
heute abend ein Rendezvous haben würden. Die Mädchen sprachen von einer Tanzerei außerhalb der Stadt in der Prärie; ein
Jemand namens Frank würde uns mit seinem Wagen abholen.
Auch wenn die Mädchen mich nicht gewarnt hätten, daß sie alle
schmutzige, spuckende alte Männer seien, wäre ich zu eingebildet
gewesen, um von Cowboys zu träumen. Aus gelegentlichen Bemerkungen der Mädchen stückelte ich mir jedoch abermals ein
Bild zusammen von dem, was der wahre Westen für mich in Be-
reitschaft halten müsse – glatte, geschmeidige Burschen, deren
Väter Hammel- oder Rinderfarmen besäßen, Jungen, die weiße
Leinenanzüge trugen, Sportwagen fuhren und wahrscheinlich öst-
liche Colleges besuchten. Ich malte mir eine lange Piazza aus, eine
offene Feuerstelle und silberne Taschenflaschen, die im Mondschein glänzten.

Aber es gab keine Jungen in Medicine Springs; alle Männer in
Medicine Springs waren verheiratet.

Diese bittere Nachricht wurde mir langsam beigebracht; eine andere Information, die wie eine einleitende Dosis Novocain ihre Wirkung dämpfte, ging ihr voraus. Nicht *alle* waren verheiratet, vielmehr gab es da eine schwache Ausnahme, jenen «Frank» eben, der uns in einem alten Ford abholte. Er war ein junger Mann von zwanzig Jahren mit Brille und starr hochstehendem Haar; im Sommer amtierte er im Büro des Hotels, und im Winter besuchte er das Staatscollege in Bozeman. Sein Vater, Mr. Hoey, war der Hotelbesitzer. Die Hoeys, die Bents und die Leute, denen der Drugstore gehörte, stellten die lokale Aristokratie dar. Mehr war nicht vorhanden. Einst hatte es noch einen Geistlichen gegeben, doch er war gestorben, und eine Familie von Zirkusleuten, doch sie waren verzogen. Ich halte mir entgegen, daß es dort wenigstens einen Arzt und einen Leichenbestatter gegeben haben müsse, doch mein Gedächtnis schüttelt den Kopf: Nein. Wahrscheinlich erfüllte der Apotheker diese Aufgaben.

Jedenfalls war ich so zerschmettert durch die Lektion in Kleinstadtsoziologie, die mir die Mädchen auf dem Weg zum Hotel erteilten, sowie durch den Anblick des Hotelfoyers – es enthielt drei gerade Stühle, drei Spucknäpfe, einen Tisch mit einem Verzeichnis, etwas Fliegenpapier und Mr. Hoey in Hemdsärmeln –, daß ich die nächste Neuigkeit kaum aufzunehmen vermochte: Mein erstes offizielles Rendezvous würde ich mit einem verheirateten Mann haben müssen. Betty übrigens auch. Da standen sie, die Ehemänner, warteten neben ihren Wagen auf uns: ein dünner, schwarzhaariger Mann namens «Acey», der Autoreparaturen ausführte, Bettys Partner, und ein großer blonder mit welligem Haar namens Bob Berdan, der im Drugstore arbeitete, der meine.

Später erklärte Ruth mir, daß die hiesigen Männer sich früh verheirateten oder aber auswärts Arbeit fanden. Im vergangenen Winter hatten mehrere Hochzeiten stattgefunden, die nur Frank, der ihr als der älteren Schwester gehörte, und Acey übrigließen. Acey gehörte Betty und war praktisch unverheiratet, da er gegen seine Frau, die ihm davongelaufen war, die Scheidung eingereicht hatte. Gewöhnlich hielten sich ein paar Jungen in der Stadt auf, aber in diesem Sommer hatten sie von Glück sagen können, Bob Berdan zu bekommen, dessen Frau auf Verwandtenbesuchsreise fort war. Jedes Mädchen hier war hinter ihm her; er war der schönste Mann in Medicine Springs und äußerst anspruchsvoll.

Von den drei Männern war er sicher der bestaussehende – das mußte ich zugeben –, als er mir eine breite, beringte Hand entgegenstreckte und mir in die Augen blickte. Er war gewöhnlich; sein Haar war zu wellig, seine Haut im Verhältnis zu den Haaren zu dunkel, und er hatte ein weißes Zahnpastareklamelächeln, das mich an seine Stellung im Drugstore denken ließ. Aber aus der Distanz betrachtet, mochte er angehen. Er wartete darauf, daß ich in seinen alten Tourenwagen stieg; Betty hatte sich bereits zu Acey in dessen Lieferwagen gesetzt.

Was sollte ich tun? Mein Großvater würde mir geraten haben, höflich gute Nacht zu sagen und darum zu bitten, daß man mich nach Hause zurückbringe. Daß die anderen ihn für mich ausgeheckt hatten, war kein Grund für mich, ihren Plan zu befolgen. An meines Großvaters Stelle würde ich heute den gleichen Rat erteilen, was beweist, wie sehr außer Übung, wie sehr unpraktisch die älteren Leute sind. In Wirklichkeit blieb mir keine andere Wahl als einzusteigen; ich tat es und drückte mich nervös in die äußerste Ecke. Die drei Wagen, Frank und Ruth vornan, starteten in einer Prozession durch die Prärie. Ich konnte sehen, daß im Wagen vor uns Bettys Kopf auf Aceys Schulter lag. Erwarteten sie von mir, daß ich auch diesem Beispiel Folge leistete? Zu meiner Freude zeigte sich mein Rendezvouspartner mit dem Steuern des Wagens und dem elegischen Absingen von Liebesliedern der vergangenen Saison sehr beschäftigt. Ich beäugte verstohlen sein pfeilscharfes Profil und fühlte mich nicht mehr ganz so verschreckt.

Nicht lange, und der erste Wagen hielt. Wir stoppten ebenfalls. Ich glaubte, es sei etwas passiert; die Straße war sehr schlecht, beinahe nur eine Fährte. Doch anscheinend legten sie eine Pause ein, um zu trinken. Frank stieg aus dem ersten Wagen und kam mit einer Halbliterflasche nach hinten, die er erst Acey und Betty und dann Bob und mir reichte. Ich nahm einen Mundvoll und erstickte fast vor Ekel. Es war das erste Mal, daß ich hochprozentigen Alkohol geschmeckt hatte, aber ich wollte nicht, daß sie dahinterkamen; die paar Schlückchen Champagner und halben Gläser voll kanadischen Biers, die mir bei besonderen Gelegenheiten daheim erlaubt worden waren, hatten mich verleitet, mit meiner Trinkfestigkeit zu prahlen. Da Frank und Bob zusahen, versuchte ich ein zweites Mal, das brennende Zeug in meinem Mund hinunterzuschlucken, mußte statt dessen wieder würgen und spucken, und der Alkohol spritzte mir über Gesicht und Hals. Bob zog ein Taschentuch hervor und riet mir, noch einmal zu versuchen. Ich konnte das Getränk nicht hinunterbekommen. Inzwischen hatte die ganze Gesellschaft sich zu uns gesellt. «Ist das Whisky?» fragte ich vorsichtig; die Flüssigkeit roch anders als der Whisky, den mein Großvater trank. Es sei Schwarzgebrannter, sagten sie, Kornwhisky, aber vom allerbesten; Bob untersuche ihn immer im Drugstore. Einer nach dem anderen kippten sie die Flasche und tranken, um mir zu zeigen, wie es gemacht wurde. Doch es war zwecklos. Meine Kehle wies ihn einfach zurück; ich würgte, bis mir die Tränen kamen. Ruth schlug mir vor, die Nase zuzuhalten, und auf die Weise gelang es mir, einen großen Schluck hinunterzuspülen, der mir den Magen hob.

Ich mochte ihren Schwarzgebrannten ganz und gar nicht; der Auftrieb, den sie mir versprochen hatten, stellte sich nicht ein; lieber noch hätte ich mir vom Doktor meine Kehle mit Argyrol auspinseln lassen. Doch sie reichten mir die Flasche immer von neuem; wir hielten wiederholt an auf dem Weg zur Tanzerei, um noch einen ordentlichen Zug zu tun, und schließlich, zu meinem Horror (denn ich hatte gedacht, es sei nun endlich überstanden), brachte Bob aus der Seitentasche seines Wagens eine neue Halbliterflasche zutage. Sie zwangen mich nicht zu trinken; mir stand frei, es abzulehnen, wie mein Großvater betont haben würde. Sie beobachteten mich lediglich dabei und merkten, wenn ich die Flasche nur zum Schein an die Lippen setzte. Ich schämte mich, weil ich mir immer noch die Nase zuhielt, doch offenbar vermochte ich nur auf die Manier die Sache hinunterzuspülen, bis ich zuletzt entdeckte, daß ich einen Schluck nehmen, ihn im Mund behalten und allmählich, wenn niemand zusah, die Kehle hinabrinnen lassen konnte, jeweils nur wenige Tropfen. Dies entband mich außerdem während langer Perioden der Notwendigkeit, reden zu müssen. Bob Berdan sang, und ich fuhr schweigend ihm zur Seite, den Mund voll Schwarzgebranntem, der mir um die Zähne schwamm, während das Auto die ausgefahrene Straße entlangrumpelte. Nach einer Weile legte Bob Berdan den Arm leicht über die Rückenlehne.

Ich mußte mehr geschluckt haben, als ich für möglich hielt, denn an die Tanzerei konnte ich mich kaum erinnern. Sie fand in einer Art Schuppen – nicht einmal Scheune – statt; und eine Menge rauh aussehender, unrasierter, jackenloser Männer war da, die stießen und grapschten und brüllten, und eine alte Frau spielte Klavier. Ich fürchtete mich, und wir blieben nicht sehr lange. Niemand unserer Art und unseres Alters fand sich dort, nur Arbeiter von einer Ranch und einige ältere Frauen. Die Männer unserer Gesellschaft erschienen in dieser Umrahmung sehr weiß, zivilisiert und fehl am Platz. Ich hielt mich dicht an Bob Berdan, der mir viel anziehender vorkam als noch vor etwa einer Stunde. Ich konnte mir nahezu einbilden, daß er das College besucht habe.

Vielleicht haben wir dort eine weitere Halbliterflasche gekauft.

Einige Stunden später erwachte ich in einem fremden Raum und sah, daß ein Mann mit mir im Bett lag. Ich brauchte ein oder zwei Minuten, um herauszufinden, wer er war: Bob Berdan, natürlich. Mein Rendezvouspartner. Wir lagen in einem Doppelbett, über meinem Kopf hing an einer Schnur eine schirmlose, brennende elektrische Glühbirne. Wieviel Uhr es sein mochte, wußte ich nicht, wahrscheinlich Morgen, der Morgen danach. Und ich hatte keine Erinnerung an das Zimmer oder wie wir hineingeraten waren. Da alles um mich herumwirbelte, empfand ich eine blasse Erleichterung, wenigstens ihn wiederzuerkennen. Ich kannte ihn zwar erst seit ein paar Stunden, kannte ihn jedoch immerhin. Und es hätte schließlich jeder andere sein können. Ich war unbekleidet, da ich das Leintuch an meiner bloßen Schulter fühlte, und wollte die Decke nicht heben, aus Angst vor weiteren Erforschungen, sondern blieb bewegungslos liegen und starrte an die unverputzten Deckenbalken. Aus dem angrenzenden Zimmer konnte ich einen Phonographen und Stimmen vernehmen. Ich fühlte, daß mein Leben vorbei war. Bob schlief, einen Arm um mich geschlungen. Während ich dalag und mir meiner Lage grimmig klar wurde, wachte er auf, und seine Umarmung wurde enger; er fing an, zärtlich zu murmeln. Männer waren so, nachdem . . . hatte ich gehört. Ich war zu entsetzt, um den Gedanken zu Ende zu führen. Die allererste Nacht, der allererste Mann, sagte ich mir, ohne ihm Beachtung zu schenken, von bohrender Verzweiflung befangen. Ich machte ihm keine Vorwürfe, aber ich hätte ihn ausgelöscht, wenn mir dies möglich gewesen wäre.

Er suchte mich zu beruhigen, begriff ich langsam. Nichts sei geschehen, murmelte er immer wieder; er habe mir kein Unrecht zugefügt. Ich wagte ihm nicht zu glauben. Doch er zog zum Beweis die Leintücher fort, und in der Tat: ich war nicht wirklich ausgezogen. Ich war in Unterrock und Unterwäsche, und auch er war bis auf Schuhe und Jackett bekleidet.

Mir sei schlecht geworden, erklärte er mir, und die Mädchen hätten mein Kleid genommen, um zu versuchen, es auszuwaschen. Wir befanden uns in seinem Haus; sie hatten mich ins Bett gelegt, und ich hatte schlappgemacht, war eingeschlafen. Das war sicherlich nicht alles, erklärte nicht, was *er* hier, die Arme um mich gelegt, tat. Ich beschloß, nicht zu fragen. Falls ein beträchtliches Maß an Knutschen stattgefunden hatte (woran die Erinnerung mir nebelhaft zurückkam), wollte ich nichts darüber hören. Die Hauptsache, die wunderbare, war, daß meine Jugend mich gerettet hatte. Seine Stimme klang bewegt, als er mir sagte, daß er niemals ein süßes kleines Ding wie mich ausnützen würde. Er sei mir auf den Leim gegangen, erklärten die Mädchen neckend; der Klang unserer Stimmen hatte sie aus dem Nebenzimmer hereingelockt, und sie bestätigten seine Versicherungen. Nichts sei geschehen, bezeugten sie, die ganze Zeit über seien sie ja dagewesen.

Ob ich «eine Niete gezogen» hätte, fragten sie besorgt. Ich mußte sie um die Erklärung des Ausdrucks bitten. Hieß «eine Niete ziehen» etwas anderes als «schlappmachen»? Oh, etwas durchaus anderes, erwiderte Ruth; denn hierbei ging man umher, tat und sagte Dinge, auf die man sich später nicht mehr besinnen konnte. Ein eigenartiges, erinnerungsschwaches Lächeln huschte über die versammelten Gesichter; ich verbarg meinen Kopf in den Decken. Macht nichts, sagte Ruth freundlich. Betty hatte auch «Nieten gezogen», als sie noch jünger gewesen war. («Jünger?» schrie ich innerlich. «Um wieviel jünger? Zwölf?»)

Sachlich, als handelte es sich um ein alltägliches Vorkommnis, halfen mir die Mädchen in mein Kleid, das sie ausgewaschen und aufgebügelt hatten. War es nicht ein Glück, bemerkten sie, daß Bob ein verheirateter Mann war? Bob küßte mich zärtlich zum Abschied, und Frank Hoey, anscheinend eine Spur verlegen, fuhr uns bei Morgengrauen nach Hause. Ich bereitete mich darauf vor, dem Richter und Mrs. Bent entgegenzutreten, die erzürnt in ihren Nachtgewändern uns im Treppenhaus erwarten würden, aber im Bentschen Haus war niemand zu sehen. Als wir endlich zum Frühstück herunterkamen, war Mrs. Bent eifrig mit dem Bügeleisen beschäftigt. Ihre einzige zerstreute Frage an uns lautete: «Habt ihr euch gut amüsiert?» – «Bob Berdan hat sich in Mary verknallt», geruhte Ruth unter Lachen zu antworten. «Oh», sagte Mrs. Bent teilnahmslos. «Bob ist ein netter Kerl; ist seine Frau noch verreist?»

Im Lauf der nächsten Woche beunruhigte mich, was Mrs. Bent denken mochte. Es mußte ihr bekannt sein, daß Betty mit Acey und ich mit Bob fast jeden Abend verbrachten. Doch offenbar gingen wir in ihrer Vorstellung mit den Leuten aus, die sie als «die Bande» bezeichnete und die Frank Hoeys Schwester und die Tochter des Apothekers einschlossen. Sie mußte wohl denken, daß die Mehrzahl Sicherheit gewähre oder daß ein verheirateter Mann ein Sicherheitswauwau sei; als einen solchen schien sie den fünfundzwanzigjährigen Bob Berdan jedenfalls zu betrachten. Doch was tat die Bande ihrer Ansicht nach von acht Uhr abends bis drei Uhr morgens? Sie hörte mich gewiß mitunter im Badezimmer, wenn mir schlecht wurde, und mußte beim Frühstück mein grünes Gesicht bemerken.

Denn das war das Schreckliche. Jeder Abend wiederholte scheinbar den ersten. Ich konnte mich an ihren Alkohol nicht gewöhnen, wollte aber die Versuche nicht aufgeben, mit dem Erfolg, daß auf jeder unserer Verabredungen ich entweder einschlief oder daß mir übel wurde. Immer fuhren wir irgendwohin (oder eigentlich nirgendwohin), und immer hielt die Wagenparade meinetwegen an, damit ich mich am Straßenrand übergeben konnte. Sobald dies erledigt war, ging die Flasche wieder reihum. War ich bei Bewußtsein, so war ich oft stumm, weil ich einen Schluck Schwarzgebrannten im Mund hatte und noch nicht hinunterzuschlucken vermochte; manchmal brauchte ich zehn Minuten dazu. Es war alles nur eine Frage der Übung, tröstete ich mich, schau Ruth und Betty an. Ihnen wurde nie übel, sie machten nie schlapp. Sie waren stets fähig, mir zu sagen, was ich während der meinem Gedächtnis entfallenen Stunden getan hatte oder vielmehr nicht getan hatte, und mehr wollte ich gar nicht erfahren. Die halbe Stadt wußte wohl über mich und Bob Berdan Bescheid, bis hinab zu der interessanten Einzelheit, daß er mit Rücksicht auf meine Jugend und Unerfahrenheit mich nicht «ausgenützt» habe. Er sei wirklich gut zu mir, behauptete jeder, und ich nahm es hin, obgleich ich mir nicht denken konnte, warum in Anbetracht der Umstände dies eigentlich zutraf.

Oft schien mir, daß ich *ihn* ausnützte. Ich wurde seiner Küsse ein wenig überdrüssig; sie erregten mich nicht, vielleicht weil sie sich immer gleichblieben, zu nichts anderem führten als noch mehr Küssen. Ich spürte, daß er sentimental war, und wurde ungeduldig. Wenn ich ihn im Drugstore sah mit seinem weißen Kittel, seinem kleinwelligen Haar, wurde ich seinetwegen verlegen, weil ich ihn so deutlich von außen her erkannte, als Verkäufer, der immer Verkäufer bleiben würde, begrenzt, wie seine Küsse, schal wie die Stadt.

Dennoch hatte ich ihn gern. Gern, glaube ich, weil ein ferner Teil meines Selbst ihn bemitleidete, jener Teil, der schon nach

Seattle zurückgekehrt war, während meine übrige Person von seinen Armen umschlossen wurde. Obgleich dessen ungewahr, betrachtete ich ihn wirklich wie die anderen Erwachsenen, sah ihn so fest umrissen und endgültig und doch, wie sie alle, mit geheimnisreicher Gefühlslast beschwert. Im Hintergrund meiner Gedanken hielt ich an der kindhaften Gewißheit fest, daß ich mich bewegte, in einer Richtung fortschritte, während die Erwachsenen um mich herum stilleständen. Ich war nur geistig frühreif und lebte in tödlicher Furcht davor, meine Unschuld zu verlieren, nicht aus moralischen Gründen, sondern aus Besorgnis, für «leicht» gehalten zu werden. Deshalb war Bobs Zurückhaltung paradoxerweise die einzige Quelle seiner Anziehungskraft. Da er älter und verheiratet war, machte ihn seine Zurückhaltung mir gewissermaßen überlegen.

Ich weiß, daß ich mich trotzdem über die Galgenfrist freute, als nach zehn in Medicine Springs verbrachten Tagen die Mädchen ruhelos wurden und wir mit Frank und dessen Schwester Mehrtagestouren nach Helena und Great Falls unternahmen. Ich hatte hoffnungsvoll Yellowstone vorgeschlagen, die Mädchen aber hatten mich hingehalten. Falls wir nach Yellowstone führen, sagten sie, würde die Familie mitkommen wollen. Yellowstone könnten wir immer noch absolvieren, nach unserer Rückkehr. Die Vorstellung, auf die Suche nach Sehenswürdigkeiten zu fahren, hatte angefangen mir zu gefallen. Die einzigen erwähnenswerten Unternehmen in Medicine Springs waren ein Nachmittagsbesuch auf einer Schafweide, wo sie einige Lämmer geschlachtet hatten, und ein Morgenbesuch in einer Rinderfarm gewesen, wo ich fünf Minuten lang auf einem störrischen alten Pferd gesessen und vergeblich versucht hatte, im westlichen Sattel Trab zu halten. Eines Nachts hatten wir im Scheinwerferlicht die roten Augen eines toll gewordenen Pferds gesehen. Das war nebst den Gewittern, die jeden Abend zur Essenszeit stattfanden und am Himmel in Horizonthöhe ein fahles Grün hinterließen, alles. Mit anderen Worten, nichts, worüber sich nach Hause zu schreiben verlohnte.

In Helena und in Great Falls übernachteten wir in Hotels und ließen uns vom Pagen Gin auf die Zimmer bringen. Gin mit Zitronensoda und Eis schmeckte mir recht gut. Auch dies war jedoch nichts, worüber nach Hause zu schreiben angezeigt schien, wenngleich ich auf der Fahrt nach Helena ein seltsames Erlebnis gehabt hatte. Wie gewöhnlich führten wir bei der Abfahrt eine Flasche Schwarzgebrannten mit und ließen sie während der Reise, wie gewöhnlich, von Mund zu Mund gehen. Die Straße war rauh, und einmal, als ich am Zuge war, verschüttete ich ein paar Tropfen auf meine Seidenstrümpfe. Am Abend, als wir uns zum Dinner umkleideten, entdeckte ich überall da, wohin der Alkohol gespritzt war, kleine Löcher in den Strümpfen. Ich zeigte sie den Mädchen, die sich die Tatsache absolut nicht erklären konnten. Der Alkohol, betonten sie, sei von Bob im Drugstore analysiert worden.

Wir witzelten darüber und hoben die Strümpfe als Trophäen auf; dennoch hatte der Vorfall sozusagen ein Loch in unsere Gemüter gebrannt. In Great Falls behauptete Ruth plötzlich, daß ihr das Aussehen des Hotelpagen, der uns den Gin brachte, nicht behage. Der Gin schmeckte ganz richtig, roch ganz richtig; doch Ruth, die dunklen Brauen zusammenziehend, blieb mißtrauisch, als wir jeder ein Glas getrunken hatten und zum zweiten übergingen. Nachdem wir es halb geleert hatten, setzten wir einmütig jeder sein Glas nieder. Ruth packte die Flasche ein, um den Inhalt nach unserer Rückkehr nach Medicine Springs untersuchen zu lassen. Methylalkohol, natürlich, sagte uns Bob Berdan ein paar Tage darauf. Falls dies zutraf, hätten wir eigentlich tot sein müssen, denn wir hatten jeder zwei bis drei Schluck getrunken. Tatsächlich fühlten wir keinerlei üble Wirkung; vielleicht hatte der örtliche Schwarzgebrannte eine Immunität in uns entwickelt – Immunität, an der meine Strümpfe allerdings nicht teilnahmen. Die beiden Zwischenfälle machten uns jedoch achtsamer und zahmer. An jenem Abend in Great Falls gingen wir ehrsam ins Kino und darauf zu Bett. Am nächsten Morgen entdeckte ich einen Buchladen, und während die anderen im Wagen warteten, lief ich hinein, um einen Erwerb zu tätigen: den neuesten Band, Luxusausgabe in einem Schuber, von James Branch Cabell.

Meine Handlung erregte mich mächtig. Es war dies das erste teure Buch, das ich je mit eigenem Geld erstanden hatte. Die ganze Reise nach Montana schien sich einen Augenblick zu lohnen, als ich, das eingewickelte Buch in der Hand, auf der breiten, langweiligen Hauptstraße anhielt. Ich liebte Cabell und hatte ihm viele Briefe geschrieben, sie aber nicht abzuschicken gewagt. Es würde ihr ganzes Leben von Grund auf verändern, pflegte ich meiner Großmutter zu sagen, wenn sie sich nur bereit fände, einige wenige Seiten Cabell zu lesen oder sich von mir vortragen zu lassen. Nun, als Eigentümerin eines numerierten Exemplars, fühlte ich mich stolz ihm nahe, weit näher als Bob Berdan oder den Mädchen, die bereits hupten, damit ich zur Gesellschaft zurückkomme. Sie könnten nie begreifen – nur Cabell vermochte es – dachte ich –, was es mir bedeutete, das Buch an diesem weltverlorenen Ort gefunden zu haben. So geschah es auch in den Werken des Dichters: Hupen ertönten, Wecker schrillten, Hähne krähten, um den glühenden Träumer in den eintönigen, gemeinen Alltag der bürgerlichen Wirklichkeit zurückzurufen.

Doch als ich das Buch schließlich behutsam aus seiner weichen Hülle nahm und aufschlug, geschah etwas Sonderbares. Ich war enttäuscht. Ich sagte mir, daß es kein sehr guter Cabell sei; vielleicht hatte er sich ausgeschrieben (davon hatte ich selbstverständlich gehört). Doch gleichzeitig ahnte ich, daß meine Enttäuschung nicht im Buch, das sich nicht wesentlich von anderen Cabells unterschied, sondern in mir begründet lag. Ich war Cabell «entwachsen», wie die älteren Leute mir prophezeit hatten. Zum zweitenmal fühlte ich in Montana, daß mein Leben vorüber sei. Ich legte das Buch still beiseite und entsinne mich nicht, ob ich es je zu Ende las.

Als nächstes erinnere ich mich, im Zug, auf der Heimfahrt, zu sein. Selbstverständlich waren wir nicht nach Yellowstone gekommen, und mein Gewissen folterte mich. Ich fühlte, daß ich über die Reise nichts vorzuweisen hatte – nicht einmal ein anständiges Lügenaufgebot, denn der Bentsche Haushalt besaß keine Enzyklopädie, mittels derer ich über den Park hätte alles nachlesen

können, und die Mädchen ihrerseits hegten nur noch die nebel-
haftesten Vorstellungen von Geysiren und Bären. Mein Großvater
hatte in seiner Jugend während der Collegeferien als Feldmesser
gearbeitet und würde mir sicherlich eine Menge Fragen stellen, die
ich unmöglich beantworten konnte. Zum Beispiel, ob es dort Ber-
ge gebe. Welche Indianerstämme? Welche Gesteinsarten? Hatten
wir in einem Hotel oder in einem Camp gewohnt und wenn ja, wo?
Yellowstone erstreckte sich über ein großes Gebiet. Die Geringfügigkeit meiner Kenntnis machte mir bewußt, welch ungeheuerliche Täuschung ich ihnen würde aufbinden müssen. Nicht
eigentlich die Furcht vor Entdeckung beschäftigte mich, als der
Zug das Zuhause immer näher brachte. Da ich nicht zu den Personen zählte, die ihre Zuflucht in der Einsilbigkeit suchten, spürte
ich, daß ich meinen Großeltern die Artigkeit einer wohlgefügten
und wohldokumentierten Lüge schuldete.

Glücklicherweise stieg eine Gruppe von Touristen zu, zwei
Männer und zwei Frauen, die frisch vom Park herkamen. Sie hatten eine Flasche in den Aussichtswagen mitgenommen, waren
sehr lebhaft und freundlich und behandelten mich wie ihresglei-
chen, obwohl sie an die dreißig Jahre alt sein mußten. Ein wenig
vermochten sie mir zu helfen, als ich ihnen meine mißliche Lage
erzählte, aber die eingehende Schilderung, die mein Großvater von
einem Bericht forderte, konnten sie nicht geben. Meinem kritischen Ohr klang, was sie sagten, so, als seien sie überhaupt kaum
dort gewesen. Ich schrieb dies ihrem Trinken zu; sie amüsierten
sich zu gut in der Eisenbahn, um an Landschaften, Indianer und
Bärenarten zu denken.

Ein väterlicher alter Schaffner ließ sie nicht aus den Augen, als
sie mir Limonaden kauften. Als ich am zweiten Reisetag mit ihnen
im Aussichtswagen saß, steckte der Schaffner seinen Kopf zur Tür
herein und winkte mich zu sich. Er führte mich in ein leeres Abteil,
hieß mich Platz nehmen, und indem er mich ernst durch seine
Stahlbrille anblickte, sagte er zu mir, ich solle nicht mehr mit jenen
Leuten sprechen. «Halten Sie sich die vom Leibe», sagte er, «machen Sie einen großen Bogen um die.» Warum, wollte ich wissen,

doch statt diese Frage zu beantworten, schweifte er ab und erkärte, er habe mich beobachtet und ich sei eines der saubersten, reizendsten, ehrlichsten Mädchen, welches er je die Freude gehabt habe zu beaufsichtigen. Und deshalb auch spräche er jetzt so mit mir wie zu einer seiner Töchter oder Enkelinnen. Ich sah Tränen in seinen Augen, als er sich an dem Thema erwärmte. «Bleiben Sie so», sagte er. «Sauber, lieb und gesund.» Verlegen und doch gerührt senkte ich den Blick. Ich begriff nicht genau, worauf er hinauswollte, vermutete aber, meine Freunde vom Aussichtswagen müßten wohl Falschspieler oder ähnliches sein. Trotzdem sah ich nicht ein, welchen Schaden sie mir zufügen könnten, und meine Neugier erwachte. «Was ist los mit denen?» fragte ich grob. «Fragen Sie nicht», sagte der alte Schaffner. «Vertrauen Sie meinen Worten und halten Sie sich ihnen fern.» Ich fragte hartnäckig weiter, und schließlich verriet er es mir mit leiser Stimme und abgewandtem Gesicht. «Sie haben in der vergangenen Nacht die Betten gewechselt», sagte er. Ich verstand nicht gleich, denn ich hatte sie für Ehepaare gehalten. Da er glaubte, ich sei zu unschuldig, um zu begreifen, erläuterte er seine Bemerkung. Als sie beim Park zustiegen, sagte er feierlich, seien die zwei Frauen und die zwei Männer zusammengewesen. «Während der Nacht . . .» Er brach ab.

«Oh», sagte ich matt und dachte: Ist das alles? «Verstehen Sie?» fragte er. Ich nickte. «Begreifen Sie also, warum Sie nicht mit ihnen reden dürfen?» Ich glaubte seinen Gesichtspunkt zu begreifen und nickte widerwillig abermals. Einen Monat vorher hätte ich möglicherweise widersprochen, denn wo ließ sich mehr Sicherheit finden als im Umgang mit zwei Männern und zwei Frauen, die es ausschließlich aufeinander abgesehen hatten? Oder aber ich hätte ihm mißtraut. Nun aber besaß ich nicht das Herz, mich seinen Unterweisungen zu widersetzen. Es würde ihn verletzen, wenn er mich, nach seinen Eröffnungen, im Gespräch mit ihnen ertappte; er sähe, daß er sich in mir getäuscht hatte. Und ich fühlte mich zu alt und zu müde, um ihm auseinanderzusetzen, warum ich nicht schockiert war.

Andererseits erschien es unliebenswürdig, meine neuen Freunde fallenzulassen, lediglich um die Gefühle des Schaffners zu schonen. Ich empfand mich in einem Dilemma, das mir damals neu war, seither aber furchtbar vertraut geworden ist: die Falle des Erwachsenenlebens, in der wir stecken und uns winden, ohnmächtig zu handeln, weil wir beide Seiten zu begreifen vermögen. Damals wie zumeist seither, schloß ich einen Kompromiß. Das heißt, ich steuerte einen Zickzackkurs zwischen dem Schaffner und den beiden Paaren, unterhielt mich mit ihnen, wenn der Schaffner nicht herschaute, und verließ sie unvermittelt, unter irgendwelchen unwahrscheinlichen Entschuldigungen, wenn ich beim Aufblicken seine alten Augen auf mich gerichtet sah. Dies sprunghafte Benehmen und das übermäßige strahlende Lächeln, mit dem ich es zu mildern versuchte, mußten beide Seiten zu der Annahme führen, ich sei geistesgestört.

Wieder in Seattle, fand ich mich erneut dem Richterspruch ausgeliefert, Kind zu sein, einer Strafe, die ich noch drei Jahre lang abbüßen mußte: Ich war achtzehn, erstes Collegesemester und in den Ferien zu Hause, als ich endlich die Treppe hinunterrauschen konnte in Kleidern, die mich auf der Höhe der Mode erwiesen, und unten einen Jungen vorfand, der im unbehaglichen Gespräch mit meinen Großeltern auf mich wartete. Selbst damals noch demütigte mich mein Großvater, wenn er mir seine weiche Wange zum Kuß entgegenhob, mit der unvermeidlichen Frage: «Du bist doch um elf zurück?»

Die Reise nach Montana hinterließ keine äußeren Narben. Sie erwies sich vielmehr als erzieherisch, insofern als ich noch jahrelang den Whiskygeschmack nicht ertragen konnte; selbst heute vermag ich Whisky nicht unverdünnt zu trinken – ich fange an zu würgen. Und meinen Wunsch nach Rendezvous hatte sie zunächst ein wenig gedämpft; mehr als ein Jahr verging, ehe ich anfing, nachmittags mich mit Jungen zu treffen. Ich weiß nicht, ob meine Großeltern ahnten, daß ich nie im Yellowstone gewesen war, glaube aber, daß sie es schließlich erraten haben mußten, denn allzu viele Fragen stellten sie nicht. In schwermütiger Weise war ich glücklich, wieder zu Hause zu sein. Zu Hause konnte ich wenigstens mich der Romantik überlassen, abends auf dem Sofa liegen, lesend und träumend, und hinausschauen, über die Terrasse hinweg, dorthin, wo der Mond einen Pfad über den See zog, einen Pfad, der zum Selbstmord verlockte, wie ich in einem Schulaufsatz schrieb. Am anderen Ende des Zimmers spielten meine Großeltern doppelten Solitär, und wenn meine Großmutter verlor, schickte sie mich nach oben, ihre gestickte Handtasche aus der Schublade zu holen, die ihre Taschentücher, ihr perlenbesetztes Opernglas und ihren Revolver mit perlenbesetztem Griff enthielt. Das Telefon läutete nur selten, worüber ich beinahe froh war, denn wenn ein junger Mann anrief, mußte ich eine Entschuldigung zurechtmachen, die erklärte, warum ich diesen Abend oder jedwelchen anderen Abend, den er vorschlug, nicht mit ihm ausgehen konnte. Zu Hause ereignete sich nie etwas, aber die häusliche Atmosphäre verleitete zur Erwartung, daß das Unbekannte, das Unwahrscheinliche sich in den Tiefen des Altvertrauten finden würde wie die Schätze, die ich in den Schreibtischschubladen meiner Großmutter entdecken konnte.

Und wirklich traf es ein. Zwei Sommer darauf, als ich die Theaterschule besuchte, erblickte ich zum erstenmal jenen, den wir damals meinen Traummann nannten (einen Schauspieler, den ich später heiratete), ausgerechnet bei einer von der Anwaltskammer veranstalteten Festspielaufführung über die Magna Charta, zu der ich bockig und protestierend auf Veranlassung meines Großvaters ging. Was die Bent-Mädchen anbetrifft, so weiß ich nicht, was aus ihnen wurde. Zum letztenmal sah ich Ruth Bent, als ich mein zweites Jahr in Vassar zubrachte und sie mich aus einer kleinen Stadt im Hudson River Valley telefonisch aufforderte, sie zu besuchen. Damals war sie einundzwanzig Jahre alt und Witwe, sehr vermögend; sie leitete eine Schokoladenfabrik, die ihr Mann, der bei einem Flugzeugunglück umgekommen war, ihr hinterlassen hatte. Ich gewann den Eindruck, daß sie ihre Bestimmung erfüllt habe: Sie sah noch immer wie vierzig aus, wie eine ruhige, fähige Geschäftsführerin mit Furche zwischen den Augenbrauen. Und wild war sie nicht im geringsten mehr.

Mit Ausnahme der Städtenamen und der Personennamen ist die Geschichte gänzlich wahr. Die einzige Sache, die mir Kopfzerbrechen bereitet, ist Ruths Fahrkartentausch; ich weiß, daß sie es tat, doch erscheint mir merkwürdig, daß der Pullmanschaffner sich dazu bereit fand. Vielleicht gab er ihr einen Beleg und sie erhielt später, im Büro der Gesellschaft, eine Rückzahlung.

Aus chronologischen Gründen müßte dieses Kapitel den «Ziffern in der Uhr» vorangehen, da die Ereignisse, von denen ich berichte, anderthalb Jahre vor Miss Gowries Theaterstück stattfanden. Ich habe es hier eingefügt, weil ich in «Yellowstone-Park» älter scheine. Dies mag daher rühren, daß ich nicht in der Schule war und in Medicine Springs überdies eine Rolle innehalten mußte, die mich über Nacht «erwachsen» machte. Sobald ich das sonderbare Wunderland, in dem alle Männer verheiratet waren, verlassen hatte, schrumpfte ich wieder in mein richtiges Alter zusammen. Oder eine andere Erklärung für mein Jüngerscheinen: Während meines ersten Jahres im Seminar erfüllte sich endlich mein Wunsch, unter den älteren Mädchen Freundinnen zu finden; außer Betty Bent gehörten alle meine Vertrauten dem zweiten Jahrgang oder der Oberklasse an. Ihre Gespräche handelten hauptsächlich von Männern, vom Tanzen und von Verbindungsabzeichen; eine von ihnen, ein achtzehnjähriges Mädchen, war verlobt. Als sie abgegangen waren, änderte sich das alles; meine Freundinnen rekrutierten sich nun aus meinen Klassengefährtinnen, die, sofern überhaupt bemerkenswert, eher jung waren für ihr Alter, zum Teil wohl, weil sie als keine Schönheiten zählten. Sie interessierten sich für Sport, Lernen und Essen. Die meisten waren noch nie mit einem Jungen ausgegangen; viele rauchten nicht einmal. Wie sich herausstellte, bereitete mir das Zusammensein mit den Altersgenossinnen mehr Freude, als ich erwartet hatte, jedenfalls war es weniger anstrengend. Ich brauchte nicht mehr Erfahrung vorzutäuschen, als ich besaß. Auch waren wir als Schülerinnen der Oberklasse sehr beschäftigt; zwei von uns lernten für das College. Das Studium nahm den größten Teil unserer Energie in Anspruch und brachte uns unseren Lehrerinnen näher.

Der Leser hat viel über meinen Großvater vernommen, über meine Großmutter sehr wenig. Ein Grund hierfür ist, daß sie noch lebte, als die meisten dieser Erinnerungen geschrieben wurden. Früher oder später jedoch, das wußte ich, würde ich mich mit ihr befassen müssen, oder aber der Bericht bliebe unvollständig. Auch nach ihrem Tod aber fühlte ich ein gewisses Widerstreben, wie davor, einen empfindlichen Nerv zu berühren. Über sie schreiben hieß sondieren, die Vergangenheit, meine frühesten, verschwommensten Eindrücke und die dahinterliegende Familienvergangenheit sondieren. Die Ahnung eines Geheimnisses auf dem Grund der Geschichte, die ich bereits erzählt hatte, verdichtete sich mehr und mehr um die Gestalt meiner Großmutter, die bisher nur als ein Name, ein Schluchzen, ein Spitzentaschentuch, ein Opernglas, ein Revolver mit perlenverziertem Griff erschienen war. Die Familie McCarthy, Großsprecher und Aufschneider, offenbarte ihre Geheimnisse bereitwillig genug, wenngleich manche der Offenbarungen als Tatsachen zweifelhaft waren. Als Mensch war mein Großvater Preston ein offenes Buch. Seine Lebensgeschichte war größtenteils öffentlich bekannt, und wenn sie verborgene Kapitel enthielt, so ereigneten sie sich genau zu den Zeitpunkten, da sein Leben sich mit dem meiner Großmutter traf oder mit ihm verschmolz.

Gemäß einer Darstellung lernten sie sich auf einem Militärball kennen, er trug Galauniform, und sie verliebten sich auf den ersten Blick. Doch diese Version kann nicht stimmen, denn soviel ich weiß, war mein Großvater nicht in der Armee und paßt «Liebe auf den ersten Blick» nicht zum Bericht meiner Großmutter über ihre Bekanntschaft und Werbung. «Beider Verwandten waren gegen ihre Heirat.» Das ist möglich, doch hörte ich solches nie von irgendeinem Familienmitglied; über dies Thema schwiegen die Hauptbeteiligten. Als Mensch war mein Großvater ein offenes Buch, als Ehemann ist er ein Rätsel. Meine Großmutter ist der Schlüssel dazu; in ihrem Charakter mag auch der Schlüssel liegen zu der seltsamen Bevorzugung, die ich erfuhr, und zu der kalten Zurückhaltung, mit der meine Brüder behandelt wurden.

Alles, was ich über sie weiß, ist im letzten, nun folgenden Kapitel erzählt. Meine Großeltern hatten drei Kinder. Die beiden Söhne leben noch, keiner besitzt Nachkommen. Nach ihrem Tod wird der Name Preston erlöschen.

Stelle mir
keine Fragen

Meine Erziehung ermangelte nicht des Seltsamen, des Abnormen; erst jetzt, da meine Großmutter tot ist, vermag ich mich dieser Tatsache zu stellen. Als meine Großmutter starb, hatte sie ihr Alter nicht eingestanden, keines ihrer Kinder wußte es, und welche Zahl man auch in ihren Papieren gefunden haben mag, für mich blieb sie geheim. Meine Großmutter war sicherlich weit über achtzig und senil, als sie, vor drei Jahren, in ihrem großen Haus in Seattle «auslöschte» – zweifellos unter ihrer goldenen Taftsteppdecke, ihre Ringe an den Fingern und ihre diamantenbesetzte, mit bläulichen Ziffern versehene Uhr am faltigen Handgelenk tragend. Wahrscheinlich kannte sie ihr Alter selbst nicht mehr; sie war geistesverwirrt, als ich sechs Jahre vor ihrem Tod, als sie ihre Hüfte gebrochen hatte, nach Westen geflogen war, um bei ihr zu sein. Beim Durchsehen von Familienfotografien, die wir auf ihrem Bett ausgebreitet hatten, nickte und lächelte sie eifrig, inmitten ihrer Polster wie ein Buntpapagei auf der Stange sitzend, in ihrem Gefieder aus schwarzem Haar und Rouge und Augenstift und Wimperntusche. Sie erkannte die Gesichter – ihr Mann mit Schnurrbart, ihr Mann glattrasiert, ihr Sohn in der Uniform des ersten Weltkriegs, ihre Neffen, ihr jüngerer Sohn im Matrosenhabit, meine Mutter als spanische Tänzerin kostümiert, meine Mutter im Ballkleid –, aber über die Namen war sie im unklaren. «Mein Vater», entschied sie, nachdem sie einen Zeitungsausschnitt mit dem Totenbild meines Großvaters eingehend betrachtet hatte. «Sohn», «Mann» und «Vater» bedeuteten ihr alle das gleiche. Wer ich war, wußte sie recht genau, verwechselte mich nicht mit meiner toten Mutter; doch das war nicht sehr schmeichelhaft, da sie gewöhnlich die Menschen, die sie geliebt hatte, nicht voneinander unterscheiden konnte, sie – gleich dem Mysterium der trinitären Relationen – in eine Kategorie verschmolz: Vater-Sohn-Mann. Eine Bekannte, mit der sie in Streit gelegen hatte, erkannte sie augenblicks, während ich noch nach dem Namen suchte. «Das ist Gertrude», verkündete sie triumphierend. Darauf schnitt sie ein Gesicht, das gleiche Gesicht, wie wenn die Köchin ihr etwas, was sie nicht gern aß, auf dem Tablett servierte. Ich erinnerte sie daran, daß sie seit Jahren mit Gertrude wieder versöhnt sei, aber sie schüttelte den Kopf. «Bös», sagte sie wie ein Kind. «Gertrude hat böse Sachen über mich gesagt.»

«Du», sagte sie eines Tages, plötzlich aggressiv. «Du hast böse Sachen über mich geschrieben. Böse!» Das entsprach nicht der Wahrheit; ich hatte überhaupt nie über sie geschrieben. Doch als ich dies entgegnete, wollte sie mir weder Gehör schenken noch erklären, woher sie ihre Meinung nahm. Das sah ihr ähnlich; sie sammelte gelegentlichen Ärger wie Endchen von bunten Bändern und wollte nie sagen, woher er stammte. So hatte beispielsweise keiner je den genauen Grund ihres Zerwürfnisses mit Gertrude erfahren. Neben ihrem Bett sitzend versuchte ich, sie in bessere Stimmung zu schwatzen. Sie wandte den Kopf auf dem Kissen von mir ab und schloß die Augen; lange, scharfe Linien liefen wie Bachrinnen der Unzufriedenheit von ihrer Nase zu den Mundwinkeln hinab. Ein hoffnungsloses Schweigen folgte. Mich verwirrten die tiefen, bitteren Linien, sie waren mir neu und mußten sich doch in Jahren eingekerbt haben. Ich war unschlüssig, ob ich gehen oder bleiben sollte, und wünschte, die Pflegerin möchte hereinkommen. «Du hast über meinen Mann geschrieben», beschuldigte sie mich unvermittelt, schlug die Augen auf und zog die Brauen über der Hakennase zusammen. Die Wortwahl zeigte mir, daß ihre Gedanken weit abwanderten; in ihren klaren Augenblicken sprach sie zu mir von ihm als «Großpapa». «Ja», gab ich zu. «Ich habe über Großpapa geschrieben.»

So erfuhr ich schließlich, daß sie darüber sehr erzürnt gewesen war; in keinem ihrer Briefe hatte sie aber eine Andeutung gemacht.

Aus welchem besonderen Grund sie ärgerlich war, vermochte ich nicht aus ihr herauszubringen. Gewiß hatte ich nichts über den Großpapa gesagt, das sie hätte «böse» nennen können. Mir kam der Gedanke, sie sei neidisch, weil sie in den Erzählungen nicht vorkam und mein Großvater überdies mit anderen Frauen dargestellt wurde – einer Mutter Oberin, einer erdichteten Tante, mir selbst. Grollte sie nicht vielleicht in Wirklichkeit, weil sie übergangen worden war, als sie mir vorwarf, sie mit einbezogen zu haben? Sie war eines solchen Widerspruchs fähig, fähig gewesen, schon ehe sich ihr Verstand getrübt hatte. Oder glaubte sie, daß sie mit der Tante, einer unangenehmen Person, gemeint wäre? Hoffnungslos, hoffnungslos, sagte ich mir immer wieder. Es war stets so gewesen: Man konnte ihr nichts erklären, konnte ihr nicht zeigen, daß man sie liebte. Sie wies Erklärungen zurück, wies die Beweise von Zärtlichkeit zurück, sie störten ihre Privatsphäre, dies streng behütete Gehege, in dem sie sich an ihre Meinungen klammerte – so sakrosankt wie ihre Schreibtischschubladen oder in ihrem Schrank der Safe mit dem Sicherheitsschloß. «Schau, Großmama», begann ich, gab es dann aber auf.

Ich hatte ihr sagen wollen, daß a) ich sie unter keiner Gestalt oder Verkleidung geschildert habe und b) dies nicht etwa unterlassen hatte, weil ich sie für unwichtig hielt, sondern weil ich wußte, wie ungern sie sich abkonterfeien ließ. Seit beinahe vierzig Jahren hatte sie sich nicht mehr fotografieren lassen. Die letzte Aufnahme, die von ihr gemacht worden war, eine kolorierte Fotografie, stand auf ihrem Nähtischchen; sie zeigte eine gebieterische, stattliche Frau in perlenbesticktem, dekolletiertem Abendkleid und gazeartigem Schal, mit hochfrisiertem Haar; ihr kleiner Sohn saß zu ihren Knien. Dies blieb ihr offizielles Bild, nichts vermochte sie dazu zu bewegen, es durch ein anderes zu ersetzen. Auf den Vier-Generationen-Bildern, die aufgenommen wurden, als meine Brüder und ich Kinder waren – mein Urgroßvater, mein Großvater, meine Mutter und die Kleinen –, fehlt meine Großmutter. Das letzte Mal, als ich mit meinem eigenen Baby bei ihr gewesen war, hatte ich sie um die Erlaubnis gebeten, diese neue

Familiengruppe zu fotografieren. Doch sie hatte es nicht gestatten wollen. Auch auf den Amateurbildchen, die ich vom Sommer desselben Jahres besitze – 1939, kurz vor Kriegsausbruch –, ist meine Großmutter nicht zu sehen; auf einem zeigt ein neben dem Laufgitter über die Wiese fallender Schatten vielleicht, wo sie gestanden hat. Doch diese Tatsachen durfte ich nicht vorbringen, denn hinter ihnen verbarg sich eine Geschichte, die Geschichte ihres Lebens, eine Geschichte, die, wie ihr Alter, vor den ihr Nächststehenden geheimgehalten wurde, obwohl wir sie alle ahnten und in großen Zügen kannten, wie wir ja auch ungefähr mittels unseres eigenen Alters und der Naturgesetze errechneten, daß sie über achtzig Jahre zählen mußte.

Da ich ansetze, die Geschichte zu erzählen und, sozusagen, außer Haus zu tragen, empfinde ich ein deutliches Unbehagen, als ob ihr Schatten sich ins Mittel legte, um mir mein Vorhaben zu verbieten. Falls ich an ein Leben nach dem Tode glaubte, würde ich lieber Ruhe halten. Ich würde nicht gern von ihr zur Rechenschaft gezogen, an welchem Treffpunkt auch immer – im Fegefeuer stelle ich sie mir am leichtesten vor: Auf einem Treppenabsatz erwartet sie mich, die Arme verschlungen, Cold Cream im Gesicht, wie sie mich in ihrem gesteppten rosafarbenen oder dem grünen japanischen Morgenrock mit den Drachen erwartete, wenn ich um zwei oder drei Uhr morgens den Schlüssel leis in der Eingangstür drehte und eine Lüge auf meinen Lippen zitterte, die ich hoffentlich nicht würde brauchen müssen. Sie würde mir, was ich auch unternehme, niemals verzeihen, und falls es ein zukünftiges Leben gibt, wird Gott sich meine Erklärung anhören müssen.

Meine früheste Erinnerung an sie zeigt sie mir in ihrem grauen elektrischen Automobil, ihre elegant behandschuhten Hände liegen auf dem Lenkrad oder dem Schalthebel. Wie alt ich damals war, weiß ich nicht mit Bestimmtheit, doch jedenfalls sah ich sie vor meinem sechsten Geburtstag, ehe meine Eltern Seattle verließen. Der graue Kasten glitt in die Kurve vor unserem Backsteinhaus in der vierundzwanzigsten Avenue, und wir sahen zu, wie sie ausstieg, angetan mit einem modernen Kostüm mit Borten oder Litzen und einem Hut mit Tupfenschleier, der so straff über ihre gebogene Nase gezogen war, daß die schwarzen flaumigen Tupfen wie Schönheitspflästerchen auf ihrer Haut saßen. An den Füßen trug sie über den Schuhen seltsame, mit Perlknöpfen geschlossene Stoffüberzüge; mein Vater sagte, sie hießen «Gamaschen», und manche Männer trügen sie auch. Sie war zu meiner Mutter auf Besuch gekommen, und sie roch nach Parfum. Das elektrische Auto stand lange Zeit vor dem Haus; eines Tages kletterten meine Brüder und ich hinein und brachten es in Gang. Meine Mutter verhaute uns mit ihrem Schildpattkamm; aber mein Vater prahlte mit unserer Heldentat. «Wie haben die kleinen Fratzen das nur fertiggebracht?» sagte er und lachte; wir müssen alle weniger als sechs Jahre alt gewesen sein.

Sodann glaube ich sie in unserem Badezimmer zu sehen, wo sie meiner Mutter sagt, daß wir jeder unser eigenes Handtuch haben müßten, mit unseren Namen darüber, damit wir nicht immer wieder bei Erkältungen uns ansteckten. Als sie an diesem Nachmittag fortging, hing für jeden von uns ein nagelneues zusammengefaltetes Handtuch über dem Gestell, und an der Wand klebte hinter jedem Handtuch ein Schildchen mit unseren Namen: «Roy» und «Tess» für unsere Eltern, und «Mary», «Kevin» und «James Preston» für uns; mein kleiner Bruder Sheridan war noch zu jung, um eines zu bekommen. Die Vorkehrung imponierte mir, sie erschien mir sehr stilvoll. Doch bereits am nächsten Tag verdarb mein Vater sie, indem er eines unserer Handtücher benutzte, und bald waren alle wieder durcheinandergebracht und die Schildchen abgefallen. Zum ersten (und ich glaube einzigen) Mal fand ich meinen gutmütigen Vater tadelnswert, denn ich wußte, daß die sonderbare Dame auf ihn böse wäre, wenn sie unser Badezimmer jetzt sehen könnte.

An Sonntagen wurden wir manchmal zum Lunch in ihrem draußen beim Lake Washington gelegenen Haus mitgenommen. Zwei Dinge taten wir dort gern. Wir krochen unter den Tisch, während die Erwachsenen noch aßen, und suchten die Ausbuchtung im

Teppich, worunter die Klingel war, auf welche die Dame trat, wenn das Mädchen hereinkommen sollte. Die Ausbuchtung oder der kleine Wall im Teppich war ziemlich schwer ausfindig zu machen wegen all der Füße und Frauenröcke, die uns im Weg standen, aber zu guter Letzt entdeckten wir ihn doch und drückten auf die Klingel. Dort unten war es schön sein, das weiße Tischtuch hing allseitig wie ein Zelt über uns. Der Teppich war dick und weich und pelzig, und wenn wir hinauslugten, konnten wir auf der Tapete exotische Vögel sehen. Ich entsinne mich nicht, daß uns jemand verboten hätte, unter den Tisch zu kriechen, aber eines Sonntags, vielleicht als wir zum letztenmal hingingen, konnten wir die Ausbuchtung einfach nicht finden, und ein sonderbares ängstliches Gefühl beschlich mich, als hätte ich bisher nur geträumt oder mir eine Geschichte zurechtgemacht und als wäre dort überhaupt nie eine Ausbuchtung oder Klingel gewesen. Wir kamen nicht auf den Gedanken, daß die Klingel entfernt worden sein müsse, damit wir das Mädchen nicht ärgern konnten, und das Geheimnis ihres Verschwindens quälte mich noch lange, nachdem wir Seattle verlassen hatten. Ich lag wach in meinem neuen Bett, grübelte über die Klingel nach und wünschte, es möchte mir noch eine Chance gegeben werden, nach ihr zu suchen. Als ich fünf Jahre später, mit elf Jahren, ins Haus zurückgebracht wurde, um von nun an dort zu leben, genoß ich die große Freude und Rechtfertigung, die Klingel an just dem Platz zu finden, wo ich sie vermutet hatte, zwischen *ihren* und meinen Füßen.

Das andere, was wir dort gern taten, war, nach dem Lunch ihre Terrassen hinunterzurollen, die in meiner Erinnerung in grasbewachsenen Stufen von ihrem großen Hause bis unmittelbar zum Washington-See abfielen. Wir rollten und rollten – fast bis ins Wasser, schien mir, und niemand gebot uns Einhalt, ehe es Zeit war, um nach Hause zu gehen, und ehe unsere weißen Sonntagssachen grün verschmiert waren. Das Gras fühlte sich an wie Sammet, und überall waren Blumenbeete und Rosenduft; irgendwo summte ein Rasensprenger, und Himbeeren gab es auch, die wir von den Büschen aßen. Doch ach, als ich zurückkehrte, sah ich, daß ich geträumt hatte. Die Wiesen reichten nicht bis zum See, sondern nur bis zum nächsten Häuserblock hinab, und nur ein grasbewachsener Damm war da, der zweite Damm verwildert, mit Brombeerstacheln überdeckt und, wie sie sagten, nie anders gewesen. Ich rollte ein paarmal den einzigen grünen Abhang hinunter, nur fünf oder sechs Umdrehungen, und schon hatte ich den Grund erreicht; das köstliche Schwindelgefühl, dessen ich mich so wohl erinnerte, konnte ich nicht wiederfinden. Und die Himbeeren, die ich zu verzehren mir vorgenommen hatte, gehörten nicht uns, sondern den Leuten vom Nebenhaus.

Die seltsame Dame galt als meine Großmutter, aber ich hielt sie nicht dafür, als ich klein war. Sie hatte, zunächst einmal, keine weißen Haare wie meine andere Großmutter – die ich allein als richtige Großmutter anerkannte. Sie stickte auch nicht, machte keine Gobelinarbeiten und starrte uns nicht über ihre Brillengläser an. Sie besaß gar keine Brille, bloß ein eigentümliches Schmuckstück an einer Kette, das sie sich vor die Augen hob, wenn sie etwas anzuschauen wünschte. Mit ihrem komischen elektrischen Automobil, das geräuschlos lief und im Innern wie ein Juwelenkästchen in sanftestem Grau ausgekleidet war, ihrem Tupfenschleier, ihren Handschuhen, die Beulen hatten (durch die Ringe, wie ich später herausfand), ihrer Klingel und ihren abfallenden Terrassen war sie eine Märchengestalt, die in einem verwunschenen Haus lebte. Das Haus hatte ebenfalls lauter Ausbuchtungen, zwei überhängende Balkons auf der Seeseite und vier Erker und einen kleinen Turm. (Sie besaß eine Märchenschwester, die aber anders aussah, groß war und weißes, auf ihren Kopf wie ein langer Kegel geschichtetes Haar hatte, ein hoher Berggipfel oder eine Vanilleeistüte. Eines Tages gingen wir zu ihr auf Besuch, und ihr Haus war auch verzaubert. Sie hatte als Teppich einen ganzen Eisbären, und ihr Fußboden schimmerte wie Glas, man glitt aus, wenn man darüberging; ihr Haus war wie ein Winterpalast oder wie der Nordpol, woher der Weihnachtsmann kam.) Ich liebte die seltsame Dame im elektrischen Auto nicht, aber die Dinge, die sie besaß, die liebte ich.

In dieser frühesten, der Märchenperiode sah ich sie zum letzten-mal im Aufzug des *Hotel Washington*. Wir wohnten dort, weil unser Haus verkauft war und wir von Seattle fortzogen. Sie trug eine wunderliche weiße Maske, ähnlich der des Doktors, der mir die Rachenmandeln herausgenommen hatte; ich vernahm das Wort «Epidemie», und ich glaube, sie sagte meiner Mutter, wir sollten ebenfalls Masken aufsetzen, wenn wir mit dem Aufzug hinauf- und hinunterfuhren – was wir äußerst gern taten. Die Masken dagegen gefielen mir nicht.

Auf der Eisenbahnfahrt waren wir sehr krank. Dann sah ich sie eines Tages an einem Ort, wohin sie nicht gehörte, wieder; der Ort hieß Minneapolis, und meine andere Großmutter lebte dort. Ich war krank, gerade erst auf dem Wege der Besserung, lag in einem Eisenbett im Nähzimmer dieser zweiten Großmutter, als die selt-same Dame hereintrat, diesmal mit einem anderen Schleier, einem schwarzen, der ihr über das ganze Gesicht herabhing. Sie schlug ihn zurück, und ihr Gesicht sah schrecklich aus, als habe sie ge-weint. Dann setzte sie sich auf mein Bett nieder, und ihr Mann, Großpapa Preston, setzte sich auf einen geraden Stuhl neben sie. Sie schluchzte, und ihr Mann streichelte sie, dabei sagte er etwas wie: «Komm jetzt, Gussie»; offenbar hieß sie so. Sie wischte ihre Tränen mit einem Taschentuch ab; auf Zehenspitzen gingen sie fort und rieten mir, schön brav zu sein. Ich verstand nichts von alledem und ärgerte mich, weil sie hier auftauchte, obwohl ich doch wußte, daß sie in Seattle lebte. Niemand klärte mich auf; ich hörte wohl das Wort «Influenza», aber erst nach Monaten däm-merte mir, daß sie zum Begräbnis meiner Eltern gekommen waren. Dennoch empfand ich, als ich schließlich argwöhnte, daß Mama und Daddy nie mehr wiederkommen würden, ein gewisses Maß an Erleichterung. Ein Geheimnis wenigstens hatte sich auf-gelöst; die seltsame Dame war gekommen und hatte auf meinem Bett sitzend geweint, weil ihre Tochter tot war. Ich sah sie nicht wieder, bis sie fünf Jahre danach auf dem Bahnhof in Seattle stand, in einem Hut mit schwarzem, über ihr stark geschminktes und gepudertes Gesicht eng gespanntem Tupfenschleier. Inzwischen hatte ich erfahren, daß sie meine Großmutter war, daß sie Jüdin war und ihr Haar färbte.

Die letztgenannte Einzelheit war eine «Ente». Ihr Haar war von Natur schwarz, schwarz wie Rabengefieder, und hatte einen feinen Seidenglanz, ähnlich dem Schimmer loser Strähnen von Stickgarn. Als sie mehr als achtzig Jahre zählte und bettlägerig geworden war, erschienen die ersten weißen Sprenkel in ihrer dichten dauergewellten Frisur. Wenn die Pflegerinnen ihr Haar bürsteten, pflegten sie ausdrücklich zu staunen («Wundervoll, nicht wahr? Zuerst hätte ich schwören mögen, es sei gefärbt»), aber der Triumph über ihre Verleumder ereignete sich zu spät. Die Pflegerinnen konnten es bezeugen, meine Onkel und ihre Frauen konnten es bezeugen, ich konnte es bezeugen, wen jedoch konnten wir noch überzeugen? Innerhalb des engsten Familienkreises hatten wir ihr stets die Gunst des Zweifels gewährt, wenngleich die unbehagliche Miene meines Großvaters, als sie zur ersten Dauerwelle ging, mir im Gedächtnis bleibt, denn damals reagierte gefärbtes Haar schlecht auf die Prozedur, wurde angeblich grün oder orange. Die Außenstehenden, die entfernt Verschwägerten, die Damen, die sich vor meiner Großmutter in den Geschäften verneigten und dann beiseite zu flüstern anfingen, hätte ich gern gezwungen, ihre Worte zurückzunehmen, besonders meine andere Großmutter mit ihrer stereotypen, vernichtenden Frage: «Wer hätte je Haar von *solcher* Naturfarbe gesehen?» Doch sie lag, für Kommentare nicht verfügbar, in ihrem Mausoleum, und auch die anderen waren dahin. Zu ihrem Pech hatte meine Großmutter Preston sie alle überlebt. Zudem war sie selbst nicht mehr in einer Verfassung, die ihr gestattet hätte, ihren Sieg zu genießen oder auch nur zu begreifen; an lebhaften Tagen bat sie mich, den Handspiegel aus ihrem Schreibtisch zu holen, und während sie sich stirnrunzelnd in ihm betrachtete, riß sie die vereinzelten weißen Haare aus, ahnungslos, daß sie den ihr so lange unmöglichen Beweis für die echte Schwärze ihres Haars lieferten.

Sie war eine schöne Frau gewesen, «die schönste Frau in Seattle», pflegten die Mütter meiner Freundinnen mir zu erzählen und beizufügen, daß meine Mutter in ihrer Zeit ebenfalls die schönste Frau der Stadt gewesen sei. Im Fall meiner Mutter vermag ich dies zu sehen; meine Großmutter hingegen erscheint mir auf den wenigen Fotografien, die ich von ihr als junger Frau besitze, nicht schön. Reizvoll, würde ich sagen, mit ihrem länglichen, schmalen, starknasigen, dunkeläugigen, stolzen, zarten Gesicht, die glatte Stirn von strengen, ein wenig jungenhaften Locken gekrönt, wie sie die romantischen Dichter an sich züchteten. Ein biblisches jüdisches Gesicht, das Gesicht der jungen Rachel etwa, als Jakob sie zum erstenmal erblickte. Ihre Ohren waren durchstochen; auf einer Fotografie trägt sie runde, knopfförmige Ohrringe, wodurch sie ein wenig an eine Russin gemahnt; auf einer anderen, die sie mit meiner Mutter als kleinem Mädchen zeigt, wird ihr Haar von einem breiten dunklen Band gehalten, das sie wie eine Schülerin aussehen läßt. Sie hat eine sanfte, offene, ernste Miene – Eigenschaften, die mir unvereinbar scheinen mit der scharfen, forschen Frau, die ich kannte, oder der Frau aus reiferen Jahren, deren Bild auf ihrem Nähtischchen stand. Vielleicht tragen die wechselnden fotografischen Moden Schuld am Unterschied oder änderte sich ihr Wesen in den ersten Ehejahren gründlich. Das lange, verträumte Gesicht wurde klein, breit und lebhaft, die großen Augen verengten sich und rückten näher zusammen. Die Veränderung scheint so tiefgreifend, als wolle sie die Frage beschwören: «Was war geschehen?» Die junge Frau auf den Fotografien sieht leicht verletzlich aus.

Sie war aus San Francisco, wo ihr Vater, wie sie sagte, als «ein Agent» gelebt hatte, nach Seattle gekommen. Ob sie mit der Bezeichnung «Agent» einen Pfandleiher meinte, konnte ich nie ausfindig machen. Ihr Vater war, ein Neunundvierziger, nach einem in Pennsylvanien verbrachten Jahr im Sog des Goldrauschs nach Kalifornien gegangen. Europa hatte er während der Achtundvierziger-Unruhen verlassen, und ich denke ihn mir gern als politischen *émigré*, weiß aber nicht, ob dies zutraf. Obwohl ich sie einmal danach fragte, weiß ich auch nicht, aus welchem Teil Europas er stammte. Polen, vermute ich; ihr Name klang allerdings deutsch. Morganstern. Mit Vornamen hieß sie Augusta. Diese wenigen Tatsachen waren offenbar alles, was sie von ihrer frühesten Lebenszeit und der Familiengeschichte wußte, und es verdroß sie, wenn irgend jemand mehr zu erfahren versuchte. «All diese alten Geschichten, Mary», erwiderte sie beinahe brummig. «Warum fragst du mich immer nach all den alten Sachen?» Wie viele bedeutende Schönheiten besaß sie wenig Neugier; fast zehn Jahre ignorierte sie den Namen der Leute, die das Nachbarhaus bezogen hatten.

Ihre Eltern starben, als sie noch im Backfischalter stand, und sie und ihre jüngere Schwester, Tante Rosie, kamen nach Seattle zu ihrer älteren Schwester Eva, die einen Pelzimporteur namens Aronson geheiratet hatte (Tante Eva war die Dame mit dem Eisbärteppich). Die beiden Mädchen erhielten einigen Privatunterricht; meine Großmutter soll eine Zeitlang, recht hübsch, stelle ich mir vor, Klavier gespielt haben. Sie hatte eine angenehme Sprechstimme und besaß eine erstaunliche Kenntnis der klassischen Musik. «Wart ihr reich oder arm?» fragte ich sie einmal, bemüht, die Quelle solcher Ausbildung zu erkunden. «Mein Vater besaß ein nettes Geschäft», antwortete sie. Sie hatte die russischen Romanschriftsteller gelesen; als ich sie in Tolstoi und Dostojewski einzuführen versuchte, quittierte sie das mit ihrem trockenen Lachen und sagte, sie seien die beliebten Autoren ihrer Jugend gewesen. Ihr Leben lang fand sie Geschmack an dickleibigen Romanen, die sich, nach dem Modell von *Krieg und Frieden*, mit mehreren Generationen befaßten. Sie verabscheute Kurzgeschichten, da, wie sie erklärte, die Erzählung genau dann endete, wenn der Leser die Charaktere kennengelernt hatte, die Lektüre also nicht der Mühe wert war. Ihre Schwester Rose war vierzehn Jahre alt, als die beiden nach Seattle zogen. Tante Rosie machte sich auf und sah sich die Universität von Washington an, die eben ihren Betrieb aufgenommen hatte; sie fand, daß sie mehr als die Professoren wisse, eine Tatsache, wie sie trauernd feststellte, denn sie hatte sich sehnsüchtig eine höhere Schulausbildung gewünscht.

Tante Rosie war von ganz anderer Wesensart als meine Großmutter, trotzdem telefonierten sie täglich fast eine Stunde miteinander und gingen nachmittags häufig zusammen in die «City». Meine Großmutter hielt vor dem Haus ihrer Schwester, um sie im elektrischen Automobil, später im Chrysler oder La Salle mitzunehmen. Tante Rosie war eine kleine, intelligente, sehr redselige und eigensinnige Frau, spielte eine aktive Rolle im städtischen Leben, war dabei eine Bohemienne. Sie hatte einen gemütlichen New Yorker Juden geheiratet, Onkel Mose Gottstein, einen amüsanten, zigarrenschmauchenden Mann, der ein Möbelgeschäft besaß, die *New York Times* abonnierte und gern über Tagesereignisse schwatzte; die Zigarre in seinem kirschroten Mund zeigte alsdann nachdenklich schief nach oben. Onkel und Tante saßen oft in ihrem im ersten Stock gelegenen Schlafzimmer mit dem breiten Doppelbett aus Walnußholz die ganze Nacht auf; Onkel Mose, angetan mit seinem Nachtgewand, las die Zeitung, Tante Rosie spielte Solitär, bis die Sache aufging. Onkel Mose kultivierte sentimentale Erinnerungen an Luchows und Jimmy Durante, den er noch als singenden Kellner erlebt hatte, und ihr großes Schlafzimmer, in dem Zeitungen und Spielkarten und der Duft des Zigarrenrauchs westen, glich einem Club oder einem Café. Tante Rosie, ihr Mann und ihre beiden Söhne saßen selbst tagsüber immer dort, statt im Wohnzimmer oder dem kleinen, mit signierten Fotografien von Opernsängern, Violonisten und Pianisten umsäumten Empfangszimmer. Tante Rosie hatte «sie alle gekannt»; in ihrer Jugend war sie eine bei Hochzeiten und besonderen Feiern in den protestantischen Kirchen der Stadt sehr gefragte Sängerin gewesen. Später hatte sie die musikalischen Ereignisse im Metropolitan Theatre von Seattle arrangiert. Höhepunkt ihres Lebens war eine Reise nach Vancouver zusammen mit Schaljapin gewesen, die Onkel Mose ihr gern zum Vorwurf machte: Seine kleinen, feuchten, vom grauen Star bedrohten Augen glänzten hinter den Brillengläsern, seine Apfelwangen röteten sich. Tante Rosie hatte außer Schaljapin noch andere Künstler getroffen und verschiedene Diven, wie Mary Garden und die Galli-Curci, die ihre Fotografien für sie mit Unterschrift versahen; dank ihrer Theaterverbindungen war sie mit Houdini und dem Großen Alexander zusammengewesen und vermochte die Zauberkunststücke durch eine auf der Bühne des Metropolitan Theatre befindliche Falltür zu erklären. Als ich sie kennenlernte, leitete sie den musikalischen Damenclub.

Im Vergleich mit ihren Schwestern war Tante Rosie arm. Ihr Mann gehörte zu den chronisch erfolglosen Geschäftsleuten – jenen heiteren Onkeln, deren nahezu jede jüdische Familie ein Exemplar besitzt und denen von den anderen ausgeholfen werden muß. Tante Rosie hatte zu ihrer Hilfe im Haushalt ein einfaches «Mädchen»; sie kleidete sich recht unmodisch und bewohnte in einem etwas heruntergekommenen Viertel ein ziemlich kleines Haus, das einen neuen Anstrich hätte gebrauchen können. In kirchlichen Kreisen entfaltete sie nicht weniger Aktivität als in der musikalischen Welt. Ein Kochbuch, das das Wohltätigkeitskomitee der Damen des De-Hirsch-Tempels publiziert hatte und das in unserer Familie häufig benutzt wurde – ich besitze noch ein Exemplar –, enthält viele von Mrs. M. A. Gottstein beigesteuerte Rezepte. Ihr Huhn mit Nudeln, ihre gefüllten Tomaten, ihr Rhabarberkuchen sind den Beiträgen von Mrs. S. A. Aronson, meiner anderen Großtante, sehr unähnlich. Diese beginnen mit Anweisungen wie etwa der folgenden: «Man nehme ein schönes Paar Kalbsbrieschen, füge eine Tasse Butter, ein Glas guten Rahms, Sherry und etwas *foie gras* hinzu.» Oder ihr Rezept für gebackene Austern: «Sodann übergieße man jede Auster mit Kaviar und Rahm und streue Butterflöckchen darüber. Heiß servieren.»

Tante Rosie mit ihrer Tatkraft, ihrem guten Herzen, ihrer nimmermüden freien Zunge war in allen Schichten und Kreisen der Stadt beliebt. Musikbegeisterte Damen der Gesellschaft äußerten sich schwärmerisch über die «wunderbare Mrs. Gottstein»; arme jüdische Damen der Gemeinde priesen sie; protestantische Geistliche brachten ihr Achtung entgegen (als sie noch jünger war, erzählte sie mir, hatten die geistlichen Herren versucht, sie zu bekehren, weil sie ihre Hymnen mit soviel Gefühl sang); Richter, Politiker, Metzger, arme Schneider, Verkäufer in Buchläden: alle kannten Tante Rosie. Sie hatte den protestantischen Kirchenmännern zwar nicht erlaubt, sie ihrem Glauben abspenstig zu machen, aber sie war ein Mensch von wirklicher Weite, fähig, Schranken mit Natürlichkeit zu überschreiten, weil sie ihr Vorhandensein nicht bemerkte. Die Mehrzahl der in Seattle ansässigen Juden führten ein abgesondertes Leben, das mit *Bar-Mizwas* und Hochzeiten, Familien- und Geschäftsangelegenheiten ausgefüllt war; wenigen mit deutschklingenden Namen gelang es, in die christliche Welt einzudringen, ihren Söhnen den Beitritt zu den regulären Verbindungen an der Universität zu ermöglichen, indem sie Kirche und Vorschriften hinter sich ließen. Tante Rosie war ein Einzelfall. Ihr jüdisches Wesen – das heißt ihr Schwung und ihre Zungenfertigkeit – erwies sich im Verkehr mit den christlichen herrschenden Kreisen für sie als ein Aktivposten. Falls die Heirat meiner Großmutter mit einem Christen Tante Rosies Fortkommen ein wenig erleichtert hatte, ahnte Tante Rosie es doch wohl nie; sie besaß einen lebhaften Eigendünkel und keinerlei gesellschaftlichen Neid oder Ehrgeiz. Ihrer heiteren Lebensauffassung bedeutete Judentum lediglich eine Religion.

Die Einstellungen der drei Schwestern zu ihrer jüdischen Herkunft waren verschieden und vielleicht durch ihre Heiraten bedingt. Tante Eva – Mrs. Aronson, deren Mann, Onkel Sig, seit langem nicht mehr unter den Lebenden weilte – war die typische reiche Witwe der jüdischen höheren Kreise. Sie reiste viel, in Gesellschaft von recht mondänen, tüchtigen Leuten, die in Portland, San Francisco, New York und sogar Paris Beziehungen hatten; sie spielte, besuchte während der Saison Kurorte und feine Hotels; wenn sie sich in Seattle aufhielt, war sie eine Habituée des jüdischen Country Club, dessen Mitglieder am Tage Golf und abends bei sehr hohen Einsätzen Bridge spielten. Der Lebensstandard dieser Leute – Witwer und Witwen, Junggesellen und Geschiedene in der Hauptsache – übertraf bei weitem, was sich die lokale christliche *haute bourgeoisie* ausdenken mochte, aber hinderte diese nicht, die jüdischen Bürger zu ignorieren. Das Nicht-zur-Kenntnis-Nehmen war gegenseitig, zum mindesten im Fall von Tante Eva, die,

mit vollkommener Sicherheit auf ihrer Roulette der Hotels, Jach-
ten, Pferderennen, Heilbäder kreiselnd – wobei ihre weiße Coif-
fure stets in Ordnung blieb –, zu ignorieren schien, daß direkt
unter ihrer Nase eine nichtjüdische Gesellschaft existierte, deren
Taten in den Zeitungen, den täglichen und sonntäglichen, verzeichnet wurden, deren Mitglieder montags im *Olympic Hotel* beim
Lunch oder beim Golfspiel im Seattle-Golf-Club unweit des
Hochlands oder beim Sonnenbaden auf dem See des Tennis-Clubs
«gesehen wurden».

Ich glaube, Tante Eva begriff kaum, daß die Welt nichtjüdische
Menschen enthielt. Auch sie kannte keinen Neid; ihr Wesen war
heiter und unerschütterlich. Die Mischehe meiner Großmutter
beschwerte sie anscheinend nie mit Bedenken; ihre Ahnungslosigkeit war sublim, eine wahrhaft königliche Eigenschaft. Daß mein
Großvater nicht «zum Stamme» gehörte, wie meine irischen Verwandten vielsagend zu bemerken pflegten, gab sie durch kein
Zeichen zu erkennen. Das «Unerfreuliche» sperrte Tante Eva aus,
sie las selten und redete in großartigen Gemeinplätzen. Sie liebte
das Theater, und wenn sie nicht auf Reisen war, ging sie jede
Woche die Repertoirestücke der Henry-Duffy-Truppe ansehen.
Meine Großmutter, Tante Rosie und ich hegten unsere bestimm-
ten Meinungen über die Schauspieler. («Er ist ein vollendeter
Stockfisch», klagte meine Großmutter beinahe jedesmal über den
Hauptdarsteller.) Doch Tante Eva stellte keine Unterscheidungen
an. Jedes Stück, das sie sah, bezeichnete sie als «sehr unterhaltend».
Von der Besetzung wußte sie zu sagen: «Sie haben ihre Rollen gut
gespielt.» Wir lachten über sie und versuchten sie zu der Feststellung zu verlocken, daß die Aufführung in manchen Wochen besser
war als in anderen. Doch Tante Eva wollte den Rubikon nicht
überschreiten; sie ahnte die Falle. Ihr galten alle Stücke und Schauspieler gleich – und gleich erfreulich.

Gegen Ende ihres Lebens litt sie unter grausamen Darmstörun-
gen (zweifellos rührten sie von der *foie gras* und der Tasse Butter
her), und es war greulich, Augenzeuge zu sein, wie sie nach einem
Sonntagsmittagessen in unserem Hause aufrecht und majestätisch

in unserem rückwärtigen Speisezimmer hin und her schritt, ein wenig Schaum vor den Lippen, ihr vanillebleiches Gesicht vor schmerzhaften Spasmen leicht verzerrt. «Blähungen», sagte sie würdevoll. Mich quälte es, diese höchst aristokratische Dame durch ihren Magen auf für sie so beschämende Weise reduziert zu sehen; doch ihre Ahnungslosigkeit schien sich auf den «unerfreulichen» Anblick ihrer Leiden zu erstrecken; liebenswürdig wie eine Gastgeberin ging sie auf ihre Leiden ein. Mein Großvater bewies ihr viel Teilnahme während dieser Folterzeit; ich glaube, sie war die ihm liebste der Verwandten meiner Großmutter. Da er ihr in geschäftlichen Dingen behilflich gewesen war, mußte er erkannt haben, daß Tante Eva im Gegensatz zu ihren Schwestern äußerst dumm war. Vielleicht forderte diese wie die eines stattlichen weißen Ochsen königliche Dummheit seine Ritterlichkeit heraus, denn er war ein galanter Mann, oder aber erlaubte ihm das geringe Tempo ihres Witzes zu vergessen, daß sie zum auserwählten Volke zählte (dies ein weiteres klassisches, meinen irischen Verwandten liebes Epitheton).

Wie dachte mein Großvater über die Juden? Auch das weiß ich nicht zu sagen, es war eines der vielen Geheimnisse, die unser Familienleben umgaben. Fast nie wohnte er einem Gottesdienst bei, wenn er nicht bei einem Begräbnis neben dem Sarg einherschritt; er war jedoch ein gebürtiger presbyterianischer Yankee, Sohn eines West-Point-Mannes, der ein Militärcollege in Norwich, Vermont, geleitet, während des Bürgerkriegs ein Negerregiment befehligt und als Brigadegeneral seinen Abschied genommen hatte. Mein Urgroßvater hieß Simon Manly Preston (verheiratet mit Martha Sargent aus New Hampshire), er war neunundneunzig Jahre alt geworden und hatte seine letzten Jahre als eine der städtischen Sehenswürdigkeiten in Seattle zugebracht. Alle seine Nachkommen, Onkel Ed, ein weiterer West-Pointler, inbegriffen, der in seinen Fünfzigern stand, als er starb, waren im Lauf der Zeit nach Seattle gezogen: mein Großvater Harold, mein Großonkel Clarence und meine Großtante Alice; sie heiratete einen Berufspartner meines Großvaters, Eugene H. Carr, und lebte während einiger Zeit in Alaska. Mein Großvater war zum erstenmal nach Westen gekommen, um während der Collegeferien als Feldmesser zu arbeiten; er hatte seine Studien in Cornell begonnen, in dem heutigen Grinnell College in Iowa beendet und nach dem Bachelor-of-Arts-Examen beschlossen, in Seattle die Rechte zu lehren. Damals muß er meiner etwa siebzehnjährigen Großmutter begegnet sein, die im Haus des Pelzimporteurs Sigismund Aronson lebte. Klang dieser Name dem Yankee-Ohr meines Großvaters sonderbar? Möglicherweise nicht. Seattle war eine Grenzstadt, in der jeder erwarten konnte, Menschen der verschiedensten Arten zu begegnen – Franzosen, Holländern und Deutschen, Aristokraten und Plebejern. Viele unserer ersten Familien hatten ein aristokratisches Pedigree (die de Turennes, die von Phuls); nichtsdestominder pflegte von allen diesen ersten Familien gesagt zu werden, daß der Urgroßvater «mit Sack und Pack auf dem Rücken gekommen» sei. Meiner Großmutter wurde von einer Anzahl Freiern der Hof gemacht, einer von ihnen, George Preston, trug den gleichen Familiennamen wie mein Großvater. Sie hatte, wie ich entdeckte, auch jüdische Verehrer gehabt; soweit ich feststellen konnte, unterschied sie nicht zwischen den beiden Arten. Sie erschienen als passende junge Männer, die sie zu Ausfahrten einluden, das war alles.

«Soweit ich feststellen konnte» – die Materie ließ sich mit meiner Großmutter unmöglich sondieren. Ich glaube nicht, das Wort «jüdisch» in irgendwelchem Zusammenhang je gebraucht zu haben, wenn ich mit ihr sprach. Ich spürte, daß ihr dies mißfallen würde. Dagegen beschäftigte ich mich grüblerisch viel mit dem Wort, als ich nach Seattle zurückgekehrt war und zunächst als Fünf-Tage-Interne in die Sacré-Cœur-Klosterschule geschickt wurde. Nachdenklich war ich teils in Erinnerung an die häßlichen Anspielungen, die bei den Verwandten meines Vaters fielen, hauptsächlich aber, weil ich meinen Vetter liebte, Tante Rosies großen, hinreißenden Sohn Burton. Er war einundzwanzig Jahre alt, zehn Jahre älter als ich, und mir als Katholikin bereiteten die Hinderungsgründe unserer Verehelichung Kummer: die Tatsache, daß er mein Vetter zweiten Grades war und die Verschiedenheit der religiösen Bekenntnisse – würde er getauft werden müssen? Diese meine Leidenschaft blühte im geheimen (wenigstens hoffe ich es), doch auch wenn sie nicht verborgen geblieben wäre, hätte ich das Problem mit meiner Großmutter nicht erörtern können, wegen jenes unnennbaren Worts.

Meine damalige eigene Haltung erscheint mir jetzt kurios; der grellste Antisemitismus (im Kloster pflegte ich ein Schmählied leise vor mich hin zu singen) vermischte sich mit Vernarrtheit, echter Duldsamkeit und mit Unbeschwertheit. Ich hatte Onkel Mose und Tante Rosie weit lieber als alle sonstigen älteren Leute, die ich kannte, und das Schmählied gab meiner Vorstellung von dem Ausdruck, was, wie ich glaubte, andere von ihnen dachten. Ich summte es in einer Art Herausforderung, setzte mich also mit einem kleinen Teil meines Ich den anderen gleich. Meine verstorbene Mutter war viel weiter gegangen; eines Tags fand ich einen Brief, den sie meiner Großmutter McCarthy geschrieben hatte und in dem sie von einem «mit den Hebräern» verbrachten Abend erzählte. Der Brief versetzte mir einen der schwersten Schläge, die mich als Heranwachsende trafen. Er zerstörte das geheiligte Bild meiner Mutter, und der Gedanke, daß ihre Mutter ihn ebenfalls gelesen haben mußte, denn er fand sich mit anderen für mich aufbewahrten Familienandenken in meinem Pult, machte mich beinahe krank.

Vielleicht war ich im Falle meiner Großmutter von übertriebener Ängstlichkeit. Aus der verwandtschaftlichen Beziehung zu Tante Rosie und Tante Eva wurde nie ein Geheimnis gemacht, und jedesmal, wenn meine Großmutter einen Damentee gab, stand in der Zeitung zu lesen, daß Mrs. M. A. Gottstein und Mrs. S. A. Aronson eingegossen hatten. Als bei einem entfernten Vetter ein *Bar-Mizwa* stattfand, erfuhr ich davon, und einmal wurde ich zu einer jüdischen Hochzeit eingeladen, die mich faszinierte, weil sie abends im Ballsaal eines Hotels stattfand. Nichtsdestoweniger gab es da etwas, ein Zurückschrecken vor dem Thema, ein Widerwille dagegen, es in Worte zu fassen, ein so starkes Tabu, daß ich eines Morgens, als ich sechzehn Jahre alt war, erschrak, meine Großmutter auf meinen Glauben anspielen zu hören. Ich hatte ihr von meinem Atheismus erzählt; zu meiner Überraschung erregte sie sich sehr. Sie praktiziere ihre Religion nicht mehr, erklärte sie, sei aber überzeugt, daß es einen gütigen Gott gebe, Der verstehe und Der über alles wache. Sie sprach mit Gefühl und Emphase – in unseren Beziehungen eine Seltenheit.

Für ihr sonderbares verstecktes Wesen war es bezeichnend, daß ich durch beiläufiges Fragen nach den Namen der jungen Leute, die sie ausgefahren hatten, herauszufinden wagte, ob sie jüdische Freier gehabt hatte. Sie nannte sie mir ganz bereitwillig, ohne aber zu erkennen zu geben, daß ein Name wie Schwabacher oder Rosenblatt mir eine Geschichte erzählen mußte. Falls die Heirat außerhalb ihres Volkes einst ein großer Schritt gewesen war, schien ihr dies entfallen zu sein, und begreiflicherweise konnte ich sie nicht danach fragen.

In anderer Hinsicht zeigte sie sich dagegen bemerkenswert offen. «Wie kamst du dazu, Großpapa zu heiraten?» fragte ich sie eines Abends, als ich, unterdessen selbst verheiratet, zu einem Besuch nach Hause gekommen war. «Rosie und ich vertrugen uns nicht mit Onkel Sig», antwortete sie nüchtern.

Das war also alles; ich konnte meinen Ohren kaum trauen und überlegte, ob sie die Ungeheuerlichkeit ihres Ausspruchs wohl bemerke. «Warum aber nahmst du Großpapa, statt einen der anderen?» drängte ich, um Großpapas willen überzeugt, daß sie antworten werde, sie habe ihn seiner Augen, seines Schnurrbarts oder seiner Geistesgaben wegen erwählt. «Ach, ich weiß nicht, Mary», sagte sie und gähnte. «Du *mußt* es wissen», erwiderte ich. Sie habe gedacht, er werde gut zu ihr sein, räumte sie schließlich ein.

Die archaische Auffassung der Funktion eines Ehemannes verwunderte mich. Für sie hingegen war sie, wie ich bald erfahren sollte, die erste, die einzige Betrachtungsweise. «Ist er gut zu dir?» fragte sie mich an einem anderen Abend meines Besuchs über meinen neuen Mann. Ich mußte mich erst bedenken, denn die Ehe hatte sich mir bisher nicht in diesem Licht dargestellt. «Wie? Ja, ich glaube schon», sagte ich langsam. «Ja, natürlich.» Meine Großmutter nickte und schlug die Abendzeitung wieder auf. «Dann ist ja alles gut.» Das Thema war abgeschlossen. «Großpapa war immer gut zu mir», bemerkte sie zusammenfassend ruhig, wandte sich der Turf-Rubrik zu und fing an, ihre Auswahl für die Wetten des nächsten Tages zu treffen.

Was bedeuteten diese Worte? Freundlichkeit, Geduld, Nachsicht – oder Pelzmäntel und Schmuck? Oder war dies alles gleichwertig? Liebe war ihr offenbar ein ebenso fremder Begriff wie mir diese «Güte». Über Liebe wünschte sie nichts zu hören; es irritierte sie. Die Worte «Ich liebe ihn» waren für ihre Ohren sinnlose Geräusche: Wenn ich sie in ihrer Hörweite äußerte, was ich auf die Dauer zu unterlassen klug genug wurde, hätte ich ebensogut chinesisch sprechen können. Liebesromane interessierten sie nicht, sie erklärte sie für Blech und pflegte sich über die Filmschauspieler, die Heroen meiner Jungmädchenzeit, lustig zu machen. «Er hat so dicke Lippen», sagte sie von Ronald Colman und äffte seinen Ausdruck nach, indem sie ihre Unterlippe vorschob. «Und der Schnurrbart! Stell dir vor, du würdest den struppigen Schnauzbart küssen!» Ricardo Cortez, behauptete sie und ahmte seine Miene nach, sähe aus, als «habe er Magenweh». Ihr eigener Favorit war Adolphe Menjou. Meinem Großvater gefiel Lewis Stone.

Sie war nicht so sehr zynisch wie prosaisch. Sie mokierte sich über die jungen Männer, die mich ausführten, wenn ich während der Collegeferien zu Hause war, versteifte sich auf einen kleinen Zug ihrer Erscheinung und übertrieb ihn unbarmherzig: lockiges Haar, rosige Wangen, volle Lippen, große Ohren – nicht aus Boshaftigkeit, sondern scherzhaftem Übermut, als sei sie das junge Mädchen, das sich vor dem Auditorium ihrer Schwestern hinter dem Rücken der Freier über diese lustig macht. Ich verübelte es ihr nie (ihre Bemerkungen über Ronald Colman allerdings hatten mich gekränkt), aber hielt ihre Bemerkungen für unfair; der Teil war ihr immer wichtiger als das Ganze, und einige der Einzelheiten, die sie beanstandete, würden der Aufmerksamkeit eines jeden, der nicht Phrenologe war, entgangen sein.

Ihre Ehe war glücklich gewesen, und sie schrieb dies einem einzigen einfachen Rezept zu, ähnlich einem der Haushaltsratschläge am Ende des De-Hirsch-Tempel-Kochbuchs, wie Hermelin zu reinigen ist (mit grobem Maismehl abreiben) oder wie Fettflecken von Tapeten entfernt werden können (Wollappen und Spiritus). Sie hatte niemals einen Streit bis zum nächsten Tage dauern lassen. Gleichgültig wie wütend sie über Großpapa gewesen sei, sagte sie mir, einen Gutenachtkuß habe sie ihm doch immer gegeben. Und, so lautete der Folgesatz, gleichgültig wie wütend sie morgens über ihn gewesen sei, habe sie ihm, bevor er ins Büro ging, immer einen Abschiedskuß gegeben. Dies Rezept überreichte sie mir feierlich, nach meiner Scheidung; sie war überzeugt, daß ich keinerlei Schwierigkeit mehr haben würde, wenn ich es nur befolgte. Ich mußte lächeln; auf meinen Fall angewandt, klang ihr Ratschlag so unrealistisch. Sie aber, die vor ihrem Spiegel stand und vor der Nacht ihre Perlen abnahm, schüttelte tadelnd den Kopf. «Vergiß es nicht, Mary», befahl sie. «Nun schön», sagte ich leichthin. «Ich werde es mir merken. ‹Gib ihm stets einen Gutenachtkuß.›» Ihr war der Anlaß ernst erschienen, wie damals, als sie von meinem Glauben gesprochen hatte; trotzdem lächelte auch sie im nächsten Augenblick. Eine Anekdote war ihr eingefallen, und sie begann, beide Rollen interpretierend, mir zu erzählen, wie eines Morgens, als Großpapa ohne den üblichen Abschiedsgruß zum Büro gegangen war . . . Von einem Gesichtspunkt aus war ihr ganzes Eheleben eine Folge komischer Anekdoten gewesen, in denen sie sowohl das Opfer wie die Heldin spielte.

Die Anekdoten setzten vor der Hochzeit ein, mit der Geschichte, wie das Pferd durchging, sie und George Preston im Buggy saßen und Großpapa schrecklich eifersüchtig wurde. Dann folgten die Flitterwochen: Die gemeinsame Fahrt nach Iowa, wo sie seiner Familie vorgestellt werden sollte. Die Prestons hatten sich dort seit dem Bürgerkrieg niedergelassen. Es war Winter, und bevor sie abreisten, hatte mein Großvater sie wiederholt gefragt, ob sie genug Kleider dabeihabe. Sie hatte immer mit Ja geantwortet, obgleich die Frage sie verwirrte und kränkte, denn sie verstand sie als Kritik an ihrer Garderobe. «Ich besaß sehr hübsche Kleider», erklärte sie. Wie sich herausstellte, hatte er lange Unterwäsche gemeint, war aber zu zartfühlend gewesen, um das Wort zu gebrauchen. Sie fuhr daher ahnungslos nach Newton in Iowa in ihrer feinen Batist- und Spitzenwäsche – sie konnte nie anderes auf der Haut ertragen. Seide empfand sie als zu rauh. Im barbarischen mittelwestlichen Klima fror sie sich halb zu Tode und war mit Frostbeulen über und über besät. Auch vor Langeweile starb sie nahezu.

Das Provinzlertum ihrer neuen Verwandten entsetzte sie. Nie zuvor hatte sie Leute kennengelernt, deren Begriff von einem geselligen Abend sich darin erschöpfte, daß man um den Kamin stand, angetan mit langem Unterzeug und schweren dunklen Kleidern, und daß die Männer einen Witz nach dem anderen erzählten. Sie konnte sehen, daß die Familie, mit Ausnahme des Urgroßpapa Preston, sie nicht leiden mochte. «Sie hielten mich für leichtlebig und hochnäsig.» Sie vertrug ihr Essen nicht und konnte die Hemdhosen nicht tragen, die sie ihr anboten. Die anderen mißbilligten ihre eleganten Kleider, ihr Lächeln und ihr Lachen. Die anderen lachten nur kurz über ihre eigenen humorlosen Witze. Allein mit ihrem Mann in ihrem Schlafzimmer weinte und weinte sie, bis sie ihn schließlich dazu brachte, sich ein Telegramm schicken zu lassen, das ihn nach Seattle zurückrief. Nachdem das Telegramm gekommen war, lud ihr Schwiegervater, der General, sie nach Chicago ein, welche Reise eine besondere Aufmerksamkeit seinerseits darstellen sollte. Aber sie stiegen in einer schauderhaften Pension ab, wo sie die Küche ebenfalls nicht vertrug. Die beiden Männer blieben den ganzen Tag über fort, um sich für Sehenswürdigkeiten wie beispielsweise die Börsenberichte zu erwärmen, und die anderen Pensionsgäste erschreckten sie wegen ihrer rauhen und rüden Manieren. Dies war das Finale der Flitterwochen, und im Zug auf der Rückfahrt ließ sie sich von meinem Großvater versprechen, daß er sie nie mehr mit nach Newton nehmen würde.

Später fuhren sie mit Tante Eva zur Weltausstellung nach Chicago, und an diese Reise knüpfte sich wieder eine Anekdote. Bei einem Halt in Montana waren sie und Tante Eva ausgestiegen, um Postkarten zu kaufen, als der Zug unerwartet davonfuhr und sie auf dem Bahnhof zurückließ. Ein Mitreisender, ein Herr, der ihr Mißgeschick bemerkte, sprang aus dem Zug und sagte zu meiner Großmutter: «Kann ich Ihnen behilflich sein, gnädige Frau?» Auf irgendeine Weise (ich habe die Einzelheiten vergessen) gelang es ihm, den Zug zurückkehren oder an der nächsten Station auf sie warten zu lassen, bis sie in einem Mietwagen nachgekommen waren. Mein Großvater aber war fürchterlich eifersüchtig geworden; kaum daß er sie wiedersah, beschuldigte er meine Großmutter, den Zug verlassen zu haben, um mit dem fremden Mann zusammenzusein. Und ihr Leben lang konnte sie ihn nicht von dieser Überzeugung abbringen.

Dann war da die Geschichte von der Feuersbrunst. Das Haus hatte Feuer gefangen, während meine Großmutter im Stadtzentrum einkaufte. Als sie zur Heimfahrt in den Cherry-Street-Trolleybus stieg (ihr Haus lag damals weit draußen, beinahe schon außerhalb der Stadt), sagte ihr der Schaffner: «Mrs. Preston, Ihr Haus brennt», und als sie den Schauplatz erreichte, waren dort die Feuerwehr und (ja, sie konnte es beschwören) ihr einäugiges Mädchen Tilda, die das Klavier zum Hause hinaustrug, und zwar auf einer Hand, wie ein Tablett; alle kleinen Jungen aus der Nachbarschaft saßen auf der Wiese und lasen ihre von meinem Großvater erhaltenen Liebesbriefe, die sie in einer Schreibtischschublade gefunden hatten. Da war die Geschichte, wie ihr Reitpferd in Gearhart, Oregon, mit ihr durchging, und ein Unfall mit einem Ruderboot, glaube ich. Oder die Geschichte, wie sie in unser Haus kam – meine Mutter war ins Spital gebracht worden, um dort unseren jüngsten Bruder zur Welt zu bringen – und uns drei im Wohnzimmer auf dem Boden sitzend fand, wo wir mit den juristischen Büchern meines Vaters ein Freudenfeuer anzündeten und seinen geladenen Revolver aufeinander richteten.

Meine Großmutter erwies sich als talentierte *raconteuse*, wenn sie dazu gebracht werden konnte, eine ihrer Geschichten zum besten zu geben. Sie mimte sämtliche Rollen mit großem Genuß, vorzüglich ihre eigene, unterbrochen von kurzen Anfällen unfreiwilligen Gelächters; wenn sie zu Ende war, mußte sie sich mit dem Taschentuch die Augen wischen. Diese ihre Fähigkeit, sich über sich lustig zu machen, diese ewig erneuerte Bestürzung bewirkten, daß ihre Zuhörer sie in den außergewöhnlichen Situationen zu sehen meinten, die jeweils eine klassische Handlung, eine wahrhafte Alpdruck-Handlung hatten.

Jemand, gewöhnlich ein Mann, bringt ihr lakonisch eine ungünstige Nachricht bei oder versäumt es, sie ihr verständlich beizubringen, wie im Fall der langen Unterwäsche. Oder aber es ist ein durchgehendes Pferd, eine durchgegangene Eisenbahn, ein durchgehender Buggy, ein schwankendes Boot, ein geladener Revolver; meine Großmutter ist jedesmal hilflos, wenn ein unkontrollierbares Geschehnis sich vor ihren Augen entfaltet. Beispiel hierfür war die Anekdote vom wahnsinnigen Klavierstimmer, der ohne ein «Mit Verlaub» in ihr Besuchszimmer eindrang und das Klavier auseinandernahm; meine Großmutter sah zu, unfähig, ihm Einhalt zu gebieten, von seinem Redefluß behext: «Ein herrliches Instrument, Madam . . . So haben Sie also Ihr reizendes musikalisches Talent vernachlässigt.» (Nachahmung, wie er den Kopf schüttelt.) «Glauben Sie mir, Gnädigste, Sie schulden es der Welt, Ihrem Gemahl und der Familie, sich dem Instrument wieder zu widmen . . .» Am Schluß der Geschichte lag das Klavier natürlich in seinen Bestandteilen auf dem Boden; er wußte nicht mehr, wie es zusammensetzen. Meine Großmutter ist in den Anekdoten immer die Verliererin; niemals gewinnt sie durch eine beißende Antwort in einer Lage die Oberhand, wie so oft im wirklichen Leben. Doch da sie die Heldin ist, wird sie meist im letzten Augenblick gerettet.

In den Erzählungen meiner Großmutter ist der Gegenspieler selbstbewußt, mit beinahe übernatürlicher Sicherheit ausgestattet – der gleich einem das Seil herabgleitenden und sich zu ihren Füßen verneigenden Akrobaten vom fahrenden Zug in einem einzigen Luftsprung landende Fremde. Sie dagegen ist stets verblüfft, fassungslos, vor Staunen stumm. In Wirklichkeit war sie diejenige, die anderen die Fassung raubte, wortkarg, wenn sie nicht gerade eine Geschichte erzählte (und im allgemeinen bedurfte es vielen Schmeichelns, um sie dahin zu bringen), unempfindlich, abweisend. Die meisten Menschen, so zum Beispiel alle meine Freunde, fürchteten sich vor ihr.

Das erste, was einem Außenstehenden in ihren späteren Jahren, das heißt, als sie in den Sechzigern und Siebzigern stand, an ihr auffiel, war die Sonderbarkeit ihrer Erscheinung. Wer sie in der City, bei Fredericks oder Magnin beim Einkauf sah – keinen Nachmittag ihres Lebens, die Sonntage, Matineen und Tage, an denen Pferderennen stattfanden, ausgenommen, verbrachte sie anders als mit Einkaufen –, fragte wahrscheinlich die Verkäuferin, wer sie sei: eine Frau von mittlerer Größe, die ein wenig plump, doch nicht dick war, einen kleinen, hohen, mit Bändern oder Federn garnierten Hut trug, Pumps mit kubanischen Absätzen, Stoffhandschuhe, ein mit Onyxen und Diamanten besetztes Lorgnon, ein schickes schwarzes oder marineblaues, gemustertes oder einfarbiges Kleid mit einer Pelzstola, Silberfuchs oder Baummarder. So sah er sie im Sommer. Im Herbst wäre sie vielleicht mit einem dunkelgrünen, mit Leopard besetzten Wollkostüm oder einem schwarzen mit Affenpelz oder einem beigefarbenen mit hellem Breitschwanz- oder Karakulbesatz angetan gewesen, im Winter im Nerz- oder Persianer- oder Feh- oder Breitschwanzmantel erschienen. Würdevollen Schritts hätte sie sich durch das Geschäft bewegt, hätte innegehalten, um an einem Stand etwas zu befingern, hätte den Verkäuferinnen zugelächelt, zugenickt. Ihr Anzug an sich würde die Aufmerksamkeit nicht auf sich gelenkt haben. Grelle Farben schätzte sie nicht und trug nur Schwarz, Marineblau, Dunkelgrün, Beige oder Weinrot. Auch war der Stil ihrer Kleider weder jugendlich noch auffällig. Sie zeigte sich vorsichtig bezüglich der Rocklänge; ihre Kleider waren verschwenderisch mit Falten, Abnähern und Jabots ausgestattet, im Schnitt aber einfach und zurückhaltend. Sie trug kleine Perlohrringe und eine kurze Perlenkette; ihre

Ringe verbargen die Handschuhe. Ihre Fingernägel waren nicht lackiert, nur mit dem Polierkissen behandelt. Ihr Toilettentisch enthielt nicht einmal einen Lippenstift. Dennoch wirkte ihre Erscheinung unbeschreiblich verwegen. Zum Teil wohl wegen ihres schwarzen, so unwahrscheinlich schwarzen und seidigen Haars. Zum Teil wegen der Wimperntusche und des Spießglanzes um ihren schwarzen, engstehenden, aufmerksamen Augen, obgleich diese Schönheitsmittel nicht unachtsam, sondern mit unendlichem Takt aufgetragen wurden. Hauptsächlich waren es wohl das Rouge, der Puder und die Cremeunterlage. Wenn sie an heißen Tagen transpirierte, sahen die kleinen Schweißtröpfchen auf ihrer Adlernase unter dem Schleier und auf ihrer langen Oberlippe wie gebacken aus und traurig zudem, als weine ihre Haut. Doch nicht einmal ihre Kosmetika und die Welt vollendeter Künstlichkeit, die sie vermuten ließen, konnten den eigentümlich überladenen Eindruck erklären, den sie machte, wenn sie sich durch das Geschäft bewegte, durch ihr Lorgnon auf die Neuheiten und Kurzwaren äugte und dann im Aufzug verschwand, um die Leihbücherei oder die Maßschneiderei oder die Hutabteilung – ihre bevorzugten Umgebungen – zu besuchen, wo ältliche Verkäuferinnen, *ihre* Verkäuferinnen, sie eilfertig begrüßten, die Arme um sie legten, als hätten sie tags zuvor sie nicht ebenfalls gesehen.

«Haben Sie irgend etwas für mich?» fragte meine Großmutter Mrs. Slaughter, die rothaarige Hutverkäuferin bei Fredericks, und blickte sich, eine Hand auf der Hüfte, mit einer Art scherzhafter Koketterie im Lokal um. Im gleichen Ton redete sie mit den Angestellten im Buchladen oder am Telefon mit dem Metzger – einem Ton herausfordernder Neckerei, als wolle sie von diesen Leuten, ihren Anbetern, ertrotzen, daß sie ihr zu Gefallen seien.

An guten Tagen brachte Mrs. Slaughter zwei oder drei Hüte herbei, die sie in einem besonderen Schrank für meine Großmutter «beiseite gelegt» hatte. «Sie sind gerade erst hereingekommen», flüsterte sie. «Ich habe sie für Sie aufgehoben.» Meine Großmutter setzte sie vor dem Spiegel auf, legte den Kopf schief oder zurück in einer ihr eigentümlichen, wunderlichen, zugleich eitlen und höchst selbstkritischen Manier. Falls einer ihr genügend zusagte, ging sie zum großen Spiegel und probierte weiter, wobei sie einen ihrer kleinen Füße vorstreckte und sich vorwärts und rückwärts wiegte, so daß es den Anschein hatte, als wöge sie sich und den Hut auf der Waage des Urteils. Zu meiner Enttäuschung kaufte sie nie sofort. Sie legte den Hut oder die Hüte wieder auf den Tisch, als habe sie genug von ihnen, und Mrs. Slaughter, die offenbar eine Gedankenleserin war, ließ sie wieder in dem besonderen Schrank verschwinden, wo sie, für andere Käuferinnen unsichtbar, mehrere Tage oder sogar eine ganze Woche warteten, bis meine Großmutter zu einer Entscheidung gelangte. Beim Kauf von Schuhen und Kleidern verhielt sie sich nicht anders, selbst mit einem Stück Fleisch konnte sie kokettieren, als ob sie den Dingen nicht die Genugtuung zubilligen wolle zu merken, daß sie ihr gefielen. Bei ihr schien jede Ware, die um ihre Gunst nachsuchte, dadurch zum männlichen Geschlecht zu gehören und der Abweisung unterworfen. Dennoch zeigten sich alle Geschäftsleute bestrebt, ihr gefällig zu sein, denn sie war eine gute Kundin und überdies trotz ihrer Hänseleien immer guter Laune.

Sie gab gern vor, ärgerlich zu sein; tatsächlich hatte sie im Umgang mit jedem ein Air, als willige sie nur eben ein, sich beschwichtigen zu lassen. Ihre alten Verkäuferinnen schmeichelten ihr («Sie werden mit jedem Tag jünger, Mrs. Preston. Niemand würde glauben, daß die junge Dame hier Ihre Enkelin ist. Geben Sie sie doch als Ihre Tochter aus»), und meine Großmutter verbarg ihre Befriedigung hinter einem kurzen, schroffen, verletzenden Lachen. Wirklich waren sie stolz auf sie, denn sie sah trotz ihrer Aufmachung bemerkenswert jung aus und hätte für meine Mutter gelten können. Und die Verkäuferinnen liebten sie aufrichtig. «Geben Sie gut auf sich acht», riefen sie hinter ihr drein. Manche küßten sie. Meine Großmutter gab sich den Anschein, diesen Manifestationen zu mißtrauen; ein Muskel zuckte gleichsam protestierend in ihrer Wange, während der Kuß aufgedrückt wurde.

Sie war einsam. Darum schien sie so auffallend, darum drehten die Leute die Köpfe nach ihr um, wenn sie vorüberging. Einsamkeit ist eine auffällige Eigenschaft; und meiner Großmutter Garderobe und kunstvolle Aufmachung schienen übertrieben, weil sie ihre Verlassenheit unterstrichen. Eine alte Frau, die jung auszusehen versucht, ist ein nur zu bekannter Anblick; meine Großmutter war etwas Seltsameres und Traurigeres – ein für ein Galafest gekleideter Eremit, ein hartnäckig paradierender Einsiedler. Schon als ich noch als kleines Mädchen umherlief, war mir dunkel bewußt, welche bizarre Figur meine Großmutter machte, und hätte ich sie nicht gekannt, so würde meine Phantasie vielleicht für einen Schulaufsatz eine Geschichte um sie gewoben haben – das Unheil aller ihrer Nächsten und Liebsten allermindestens, ihr Gemahl im Gefängnis, ihre Kinder als Verräter gebrandmarkt . . .

Tatsächlich jedoch besaß sie während der Zeit, da ich sie am besten kannte, den Jahren, nachdem ich die Klosterschule verlassen hatte und in Tacoma ein Internat besuchte, ihren Mann, zwei Söhne, die sie täglich sah (einer wohnte zu Hause und ging zur Universität, der andere wohnte mit seiner vorbildlichen Frau im Hause gegenüber), zwei Schwestern, die sie fast täglich sah, eine Schwägerin, Tante Alice Carr, die im Geschäftsviertel der Stadt, im *Sorrento Hotel*, wohnte, eine Enkelin (mich), die ihre Schulferien zu Hause verbrachte, eine Köchin und einen alten Gärtner, der seit fünfundzwanzig Jahren bei ihr war – der echte Familienkutscher. Alle diese Menschen waren ihr zugetan. Sie war unabhängig, hatte ihr eigenes Kapital und ihren eigenen Wagen. Jeden Winter nahm mein Großvater sie mit nach Kalifornien, wo sie in den besten Restaurants aßen, den besten Hotels wohnten und zu den Pferderennen in Santa Anita und in Tia Juana, jenseits der Grenze, gingen. Er war ein vornehmer Bürger mit einer florierenden Anwaltspraxis, stand im Ruf absoluter Integrität und hatte zahllose Freunde und Bekannte. In meinem zweiten Internatsjahr fuhr er mit ihr nach New York, wo sie beinahe jedes Repertoirestück sahen und meine Großmutter von einem schicken neuen Modezeichner in einer neuen, «Kasha» genannten Farbe die genaue Kopie eines Modells, das Katharine Cornell in *Der grüne Hut* getragen hatte, gemacht bekam. Mein Großvater fuhr auch mit ihr nach Washington, und sie wurden von Calvin Coolidge empfangen.

Ihr Leben gab ihr keinen Anlaß zur Klage. Ihre Gesundheit ließ nichts zu wünschen übrig, von einer schwachen Diabetes abgesehen, die der beste Spezialist am Ort behandelte, und hohem Blutdruck, der ungefährlich war, nachmittags aber oft zu Kopfschmerzen führte. Sie beklagte sich auch nicht, war manchmal, wenn sie ihre Kopfschmerzen hatte, ein wenig mißlaunig, besaß aber ein gleichmäßiges Wesen, zweifellos die Folge von Selbstzucht. Sie und ich stritten häufig miteinander, und an meinem Benehmen fand sie vieles tadelnswert. Sie sorgte sich wegen der späten Ausgänge ihres jüngeren Sohnes, zeigte sich aber nie böse oder nörglerisch. Erst viel später, als sie senil wurde, war sie schwierig, launenhaft und krittelnd, schickte sie die Köchin in die Stadt, damit sie einen Augenbrauenstift umtauschte, der ihr mißfiel, stieß ihr Essen zurück, brummelte und schnitt Gesichter. Doch ehe sie in die zweite Kindheit verfiel, schien sie, oberflächlich betrachtet, eine zufriedene Frau, wohlsituiert, gelassen, gleichmütig. Soviel ich weiß, waren die einzigen Schicksalsschläge, die sie erlitt, der vorzeitige Tod meiner Mutter und eine Mittelohroperation, die einige Narben unter den Ohren, am Hals und an der unteren Wangenpartie hinterließ. Wenn sie mir ein paar Tage lang mit Kälte begegnete oder plötzlich nicht mehr mit Gertrude sprach oder den Bruder meines Großvaters, Onkel Clarence, befehdete, waren dies einfache Schnörkel – Vorrechte der Schönheit –, die niemandem schadeten. Sie war nicht überschwenglich, aber ihre Söhne, ihr Mann und ihre Schwiegertochter waren es ebensowenig; alle schienen aus dem gleichen Holz geschnitzt zu sein. Abgesehen von Tante Rosie war ich das einzige leicht erregbare Mitglied der Familie.

Als ich von Minneapolis zurück nach Seattle gebracht wurde, um dort bei meinen Großeltern zu leben (ihr Haus blieb mein offizielles Heim, bis ich einundzwanzig Jahre und verheiratet war), machten mir Haus und Zubehör ebenso starken Eindruck wie in meiner frühesten Kinderzeit: das Erkerfenster im Salon, der Schrank mit Tiffany-Opalglas und kleinen Mokkatäßchen (keines glich dem anderen), die weichen Tapeten, die Schabracken aus Seidenpongé, die Schlafveranden im ersten Stock, der Hagedornbaum vor dem Haus, die alte Wagenremise mit dem eingemeißelten Namen «Preston», das Datum 1893 über der Eingangstür, der Gradmesser in der Küche, die Klingelanlage, der Generator in der Garage, der das elektrische Automobil auflud, der silberne Samowar, die (nie benutzten) Rheinweingläser mit grünen Kelchen und kristallnen Stielen. Für mich war das Haus ein riesiges Spielzeug voller Experimentier- und Entdeckungsmöglichkeiten. Ständig wechselte ich mein Schlafquartier, zog hinaus auf die Schlafveranda hinter meinem Badezimmer, hinauf in den kleinen Raum unter der Dachrinne, in den Flur, wo auch die Köchin wohnte, wieder zurück in mein grün und violettes Schlafzimmer; einmal erhielt ich sogar die Erlaubnis, draußen im Mondschein auf dem hinter dem Haus über dem See gelegenen Rasen zu schlafen.

Das mir zugeteilte Zimmer war neu ausgestattet worden; ich besaß eine Menge hübscher neuer, durch meiner Großmutter eigene Schneiderin angefertigter Kleider; der Gärtner fuhr mich im elektrischen Auto spazieren und ließ mich ans Steuer; ich brauchte meine Brille nicht mehr zu tragen wie vordem in Minneapolis und durfte aus der Bibliothek der Familie alles herausnehmen, was ich wollte: Dickens und Frank Stockton und Bulwer-Lytton und Sienkiewicz und die Elsie-Dinsmore-Bücher, die meiner Mutter gehört hatten. Ich durfte mit der Laterna magica oder auf dem neuen Grammophon alte Platten spielen. Alles, was wir hatten, schien allem, was die übrigen Leute hatten, überlegen – die Blumen in unserem Garten, die Gemüse bei Tisch, die wir selbst im tiefer gelegenen Teil des Hintergartens zogen, statt sie wie andere Leute im Geschäft zu kaufen. Wir hatten Erdbeerbeete und Reihen von Johannisbeerbüschen, einen Holzapfelbaum und zwei Arten von Kirschbäumen, schwarze und Royal-Anne-Kirschen, und etwas für Seattle ganz Exquisites, den Liebling meiner Großmutter, einen Aprikosenbaum. An Weihnachten hatten wir unsere eige-

nen, vom Baum im Vordergarten abgeschnittenen Stechpalmen-
zweige; die Überzeugung, daß sie besser als andere Stechpalmen
seien, bewahrte meine Großmutter bis an ihr Lebensende, denn
bis zu ihrem Tod kam jedes Jahr, gerade vor Weihnachten, aus
Seattle eine mit Zweigen vom Preston-Baum vollgepackte Schachtel zu mir nach New England. Die Gärtnerei meiner Großmutter
war eine vornehme, persönliche Beschäftigung; sie trat nie einem
Gartenbesitzerclub bei, brütete nicht über Samenkatalogen,
tauschte keine Steckreiser oder Erfahrungen mit anderen Garten-
besitzern aus. Jeden Morgen nach dem Frühstück gab sie dem
alten Gärtner Anweisungen, stieg, angetan mit ländlichem Strohhut und Arbeitskittel, einen Korb über dem Arm tragend, die
rückwärtige Veranda herab, um die Blumen für die Tagessträuße zu
pflücken, das neue Spargelbeet, das er anlegte, oder die Anpflan-
zung der neuen Maissorte, mit der sie es versuchen wollte, zu
inspizieren.

Sie war auf delikate Weise gierig, nörgelte wählerisch am Essen
und konnte doch eine Schüssel voll frischer Aprikosen leeren oder
ein Dutzend zarter, kleiner, mit Butter bestrichener Maiskolben
verzehren. Raubgierig wie ein Kormoran war sie auf die ersten
Früchte der Jahreszeit: die winzigsten Erbsen, den weichsten Mais,
die mit ihrem Grün gekochten jungen Karöttchen. Die Wichtigkeit, die sie der «Jugend» der Gartenprodukte beimaß, ließ ihren
verwöhnten Appetit ein wenig schamlos erscheinen – kanniba-
lisch, als gehöre sie zur Spezies, die ihre eigenen Jungen ver-
schlingt.

«Man nehme ein junges Hühnchen», fingen viele ihrer Rezepte
an, und der gleiche Satz würzte oft ihre Unterhaltung. «Sie ist kein
junges Hühnchen mehr», sagte sie über eine andere Frau. Junge
Karotten, neue Kartoffeln, frische Spargel, embryonale Faden-
böhnchen, kleine Olympia-Austern, winzige Krabbenkringel, mil-
chige Maiskolben – wie die Kleidung meiner Großmutter war auch
unser Essen fast zu erlesen und für den täglichen Tisch unpassend.
Unsere Spezialitäten glichen denen eines sehr guten Hotels oder
Clubs: Olympia-Austern-Cocktail und Krabbenmayonnaise; eine

Salatvorspeise, die mit dem Fundament einer dicken Tomaten-
scheibe begann, worauf ein mit Krabbenfleisch gefüllter Arti-
schockenboden schaukelte, der seinerseits mit Kräutermayonnaise
übergossen und mit gekochtem Eigelb verziert war; frischer Salm
in Sherrysauce mit Austern und kleinen Krabben; mit Geflügelle-
ber gefüllte Eier. Diese Einladungsmenüs aßen wir täglich; jedes
Mahl war eine Überraschung mit dem Zweck, irgendein Familienmitglied zu erfreuen, so als seien wir alle Kranke, die man zum
Essen «verlocken» müsse. Die Eiscreme am Sonntag, die der Gärtner auf der rückwärtigen Veranda im Gefrierkübel drehte, wurde
mir zuliebe gemacht. Wir hatten Erdbeereis (von unseren eigenen
Erdbeeren), Pfirsicheis, Pfefferminzeis (das aus zerstoßenen Bon-
bonstangen bereitet wurde) und, worum ich immer bat, Sahneeis.
Unser Kühlschrank enthielt immer eine Schüssel mit frisch zube-
reiteter Mayonnaise, eine Schüssel mit Kräutermayonnaise, gewöhnlich auch ein Huhn oder einen Puter und einen Kuchen oder
eine Bombe mit Maraschinokirschen, Schlagrahm und Makronen
oder Löffelbiskuits. Der Gaumen meiner Großmutter war noch
empfindlicher als die Gaumen von uns übrigen. Ich stelle mir vor,
daß sie gern Kalbsmilch oder Muschelpastetchen oder Geflügel-
püree aß.

Die Augen schließend, kann ich sie eines Sommermorgens am
oberen Tischende sitzen sehen, sie trägt zum Lesen ihre Hornbril-
le, die Zeitung liegt vor ihr auf einem silbernen Ständer; mitten auf
dem Tisch steht eine Schüssel mit frischen Aprikosen, und unterm
Lesen streckt sie den bloßen, vollen weißen Arm gleichsam unbewußt zur Schüssel hin, ihre schlanken, spitz zulaufenden Finger
betasten die Früchte, und sie wählt die beste und reifste. Der
Vorgang wiederholt sich, bis die Schüssel leer ist, und sie sieht
nicht von ihrer Zeitung auf. Ich hatte selbst einen unermeßlichen
Appetit («Wenn sie alles assimilierte, was sie ißt, wäre sie ein Berg»,
pflegte die Frau meines Onkels nach den gemeinsamen Sonntag-
abendessen zu bemerken); die so wählerische, kniffige Gier
meiner Großmutter aber schreckte mich ab wegen ihrer reifen
Sinnlichkeit, dem genauen Gegenteil von Hunger. Weil ich beob-

achtet hatte, wie meine Großmutter sie verzehrte, entwickelte ich eine Abneigung gegen Aprikosen – ohnehin eine Frucht ohne besonderen Wohlgeschmack, sagte ich mir – ganz als hätte ich dem, was Freud die Urszene nennt, beigewohnt. Jetzt esse auch ich sie gern, und jedesmal, wenn ich eine vom Teller nehme, denke ich an den Körper meiner Großmutter, den fleischigen, weichen, glatten, untersetzten, gepolsterten, eng zusammengehaltenen Körper – ein Geheimnis wie der flache braune Kern der Aprikose.

Dieser Körper war der Kultusgegenstand, um den unser ganzer Haushalt kreiste. Als junges Mädchen kannte ich ihre Schuhgröße, ihre Hut- und Handschuhnummern, ihre Körpergröße und ihr Gewicht, die Dinge, die sie aß und die sie nicht aß, die von ihr bevorzugte Unterwäsche, bevorzugten Nachthemden und Strümpfe, den Inhalt ihres Toilettentisches im Badezimmer bis hinab zum Bimsstein, den sie benutzte, um ein seltenes Härchen unter den Armen zu entfernen; eines ihrer Schönheitsmerkmale war die beinahe gänzliche Haarlosigkeit ihrer weißen, wohlgeformten Arme und Beine, die nie eine Enthaarungscreme oder den Rasierapparat brauchten. Ich weiß von keiner anderen Frau, die in einem solchen Reichtum fleischlicher, materieller Einzelheiten lebte; alles, was sie berührte, wurde für mich von ihrer Gegenwart durchtränkt, wurde zur Reliquie. Ich sehe noch ihre Kleider vor mir; durch ihre Gestalt ausgebuchtet, hängen sie auf samtüberzogenen Kleiderbügeln im Schrank, der von schwachen Puder- und Parfumdüften und salzigem Schweißgeruch durchzogen war; sie tritt mir in Ärmelschürzen, gestopften Arbeitsstrümpfen (für morgens) entgegen, Inkrustationen und Hohlsäumen, in Voile und Batist, in Bouclé und Affenpelz, in mit Tee *écru* gefärbter Spitze.

Unbekleidet sah ich sie nie. Einmal, als sie in den Sechzigern stand, allerdings tat ich doch einen beunruhigenden Blick auf ihre Oberschenkel, die nicht nur wegen ihrer Weiße und Festigkeit, sondern auch wegen der ungemeinen Feinheit ihrer Haut erstaunlich waren – eher an zarten Chiffon als an Seide oder Satin gemahnten. Beunruhigend war der Blick insofern, als ich wußte, daß sie es nicht schätzen würde, betrachtet zu werden, nicht einmal bewundernd betrachtet zu werden. Sie teilte mit meinem Großvater die Mysterien des großen Badezimmers, doch ehe sie bettlägerig wurde, sah wohl niemand sonst sie je in weniger als Korsett, Untertaille und Unterrock.

Das große Badezimmer, in dem ein mit orientalischem Teppichstoff bezogenes Sofa und eine altmodische tiefe Wanne mit Klauenfüßen standen, war der Tempel ihrer Schönheit, und selbst als erwachsene Frau betrat ich es nie ohne das Gefühl, unbefugt einzudringen. Für mich als halbwüchsiges Mädchen besaß es alle Reize des Verbotenen, und kaum hatte meine Großmutter am Nachmittag das Haus verlassen, als ich auch schon hineinstürzte, um ihre Salben und Öle, Quasten und Stifte und Schaber, Bürsten und Pinzetten, ihre Töpfchen und Flaschen von Elizabeth Arden, Dorothy Gray, Marie Earle, Helena Rubinstein und Harriet Hubbard Ayer, ihre Nährcreme, Halscreme, Astringentien und hautglättende Mittel, Honig und Mandelmilch von Hind, Gurkenmilch, Augenlotion, Velvacreme, Augenwimperntusche, Augenschatten, trockenes und fettes Rouge, Cremeunterlage, Puder, Kinnpflaster, Gesichtsmasken zu untersuchen. Eines Tages fand ich eine kleine Schachtel mit der Aufschrift «Türkische Wonne», die ich ihres Namens wegen für eine in den Harems benutzte Schönheitsmixtur hielt.

Im Zimmer herrschte ein merkwürdiger Potpourriduft; meine Großmutter warf selten etwas fort, und einige ihrer Kosmetika waren so alt, daß sie ranzig geworden waren. Manchmal hing ein anderer, ein medizinischer Geruch morgens über dem Raum. Ich bemerkte ihn, wenn mir erlaubt wurde, von der Putzfrau meiner Großmutter im Waschbecken das Haar gewaschen zu bekommen. Tatsächlich war, was ich da erschnüffelte, wie ich viele Jahre später erfuhr, nicht medizinisch, sondern Bourbon Whisky; mein Großvater, obzwar ein mäßiger Mensch, hatte die Gewohnheit, vor dem Frühstück zwei Schuß Whisky zu trinken. Das einzige andere Zeichen seiner Gegenwart waren eine Flasche Eau Lilas Végétal – ein purpurfarbenes Kölnisch Wasser – auf dem Toilettentisch meiner

Großmutter und ein paar Hühneraugenpflaster in einer seiner Schubladen. Sein Rasierzeug hatte er, wie ich mich erinnere, in einem kleinen Ankleideraum, der sich an das große Badezimmer anschloß. Dort verwahrte er alles Erdenkliche: Arzneien, Badesalze, eine unangebrochene Flasche Virginia Dare, Familienfotografien, Angelgerät, Weihnachtsgeschenke, die noch versteckt bleiben sollten, Zeitungsausschnitte, die bis in die Zeit zurückreichten, da mein Großvater für den Posten des Bundessenators kandidiert hatte (er war von Levi P. Ankeny aus Walla Walla geschlagen worden).

Die Versuchung, einige der Schönheitsmittel meiner Großmutter auszuprobieren, überwältigte mich, als ich zwölf Jahre alt war. Unglücklicherweise standen die meisten (wie ihr Hausrezept für eine glückliche Ehe) in keiner Beziehung zu meinen besonderen Problemen. «Nicht für die jugendliche Haut», warnte ein Astringens, und gegen Sommersprossen fand sich gar nichts in ihren überfüllten Schubladen. Einen Augenbrauenstift brauchte ich nicht, meine Augenbrauen waren ohnehin zu dick, und erst kürzlich hatte ich in der Klosterschule, als meine Großeltern in Kalifornien gewesen waren, das Experiment geliefert, sie halb wegzurasieren. Meine Nase war mein Hauptkummer, sie war zu stumpf; ich zwickte sie über Nacht in eine Wäscheklammer, um ihr eine aristokratischere Form zu verleihen. Außerdem war ich krummbeinig und fragte mich besorgt, ob ich mich nicht einer Operation unterziehen solle, von der ich gehört hatte, bei der einem die Beine gebrochen und wieder zusammengefügt wurden. Der Toilettentisch bot für diese Angelegenheit keine Hilfe an, und da ich keinen Lippenstift fand und mich vor der Brennschere fürchtete, mußte ich mich damit begnügen, ein wenig fettes Wangenrot auf meine Lippen zu schmieren; das trockene Rouge tat ich auf meine Wangenknochen (um die Aufmerksamkeit von meiner Nase abzulenken) und sodann rosa Puder über mein ganzes Gesicht. Ich selbst konnte nur wenig Veränderung an mir feststellen, meine Großmutter hingegen konnte es desto besser, und kaum war sie an diesem Nachmittag zurückgekehrt, als es zu einer fürchterlichen Szene kam, denn ich fühlte mich ob meiner Tat so schuldbeladen, daß ich nicht zugeben mochte, auch *in* ihren Toilettentisch gegriffen zu haben, nicht einmal, als ich mit den vertauschten Schubladen und dem Rouge konfrontiert wurde, das mittels eines fest von ihr über meine Backen geriebenen Taschentuchs wieder abging.

In Wirklichkeit hielt sie, wie ich später hörte, das, was ich getan hatte, nicht für so schlimm; mein Leugnen kränkte sie. Ich aber war überzeugt, ein eigentliches Verbrechen verübt zu haben, ein Verbrechen, so grauenvoll, daß ich vielleicht von zu Hause weggejagt würde. Der Gedanke, daß ich die Sachen meiner Großmutter nicht anrühren dürfe, hatte sich meinem leicht erregbaren Geist wie ein mosaisches Gesetz eingeprägt. Die wohlkodifizierte katholische Welt meiner Kindheit hatte ich verlassen, und in der neuen Welt wußte ich zwischen Todsünde und läßlicher Sünde nicht mehr zu unterscheiden. Das Badezimmer erschien mir als der Mittelpunkt alles dessen, wovon das Familienleben der Prestons mich ausschloß. Ich hatte begonnen, mich über dieses Familienleben ein wenig zu wundern; es war doch nicht sosehr unterhaltsam, wie ich zuerst geglaubt hatte. Trotz des Glanzes, der wie ein Zauberspruch über ihm lag, amüsierte ich mich bei weitem nicht so gut wie meine Schulkameradinnen. Doch wenn ich nach dem Unterschied suchte, stellte ich damals lediglich fest, daß wir, ungleich anderen Leuten, zu Hause keinen regelmäßigen Lunch abhielten und daß zu der Zeit, da die meisten Leute zu Mittag aßen, meine Großmutter hinter verschlossener Tür sich im Badezimmer aufhielt.

Ein scheinbar geringfügiger Nachteil, doch er war der Schlüssel zu allem. Wenn ich an unser Haus zurückdenke, kommen als stärkste Erinnerungen die an verschlossene Türen und Stille zurück. Mein junger Onkel, der nur fünf Jahre älter war als ich, hatte seine eigenen Wohnräume, zu denen man über eine dunkle Treppe gelangte, die von der Haupttreppe an deren Absatz abzweigte; meine Großmutter und mein Großvater hatten jeder eine eigene, durch mehrere Innentüren miteinander verbundene Suite; die Köchin hatte im dritten Stock ihr Zimmer, mußte aber auf Zehenspitzen morgens herunterkommen, um mein Badezimmer mitzubenutzen; der Gärtner wohnte über der Garage in Räumen, die ich niemals sah. Ein Besuchszimmer gab es nicht.

Der obere Flur war auch am Tage meist düster, da alle Türen, außer meiner, geschlossen blieben. Die gemeinsamen unteren Räume – die Bibliothek, der Salon, das Wohnzimmer – wurden zur Tageszeit selten von jemandem außer mir benutzt. Die übrigen Familienmitglieder blieben in ihren Quartieren; man hätte das Haus für leer halten können, dabei waren alle anwesend. Ich entsinne mich der Sommervormittage in den Ferien. Diese Vormittage der langen Jahre, ehe ich zwanzig wurde, glichen einander so sehr, daß sie in einen einzigen verschmelzen könnten. Tiefe Stille. Alle Familienmitglieder, ich ausgenommen, waren schweigsam – die Köchin und der Gärtner auch. Nach einem wortlosen Frühstück (mein Großvater war schon in sein Büro gegangen) blieb ich mir selbst überlassen, während meine Großmutter in den Garten ging, Blumen pflückte und sie in der Pantry ordnete; jede Vase im Hause wurde täglich neu geschmückt, ich durfte aber bei den Sträußen nicht helfen. Dann stieg sie die Treppe hinauf in ihr Schlafzimmer, die Tür fiel ins Schloß und blieb eine Stunde lang oder länger geschlossen, solange meine Großmutter mit ihren Schwestern und dem Fleischer telefonierte. Nur das Gesumm des Staubsaugers und das Geräusch der durch den Schlitz in der Eingangstür fallenden Post unterbrachen alsdann die Stille.

Niemals kam interessante Post, es kamen lediglich das *National Geographic*, *Vogue* und *Der junge Amerikaner* (den mein Großvater aus irgendeinem Grund für mich abonniert hatte), ein paar Reklamesendungen und Aufforderungen zur Wohltätigkeit, adressiert an «Seine Hochwohlgeboren Herrn Harold Preston», und vielleicht ein Brief von Tante Eva oder von Tante Alice Carr. Nach einer mir unendlich dünkenden Zeit, die ich auf dem Sofa liegend lesend, in der Hoffnung, es möge sich etwas ereignen, verbracht hatte, ging die Tür zum alten Kinderzimmer oben auf, wo mein Großvater schlief und meine Großmutter ihre Näharbeiten verrichtete, zum Zeichen für mich, daß ich heraufkommen durfte, sofern ich wollte. Darauf verging eine weitere Stunde damit, daß wir im Erkerfenster einander gegenübersaßen; meine Großmutter besserte aus oder sah die neueste Nummer von *Vogue* durch; ich starrte aus dem Fenster oder versuchte ein Gespräch anzufangen.

«Was hat Tante Rosie zu erzählen gehabt?» begann ich. – «Ach nichts», antwortete sie. «Nur Geschwätz. Du kennst sie ja.» Oder: «Onkel Mose fühlt sich nicht so ganz wohl.» Oder: «Sie hat einen Brief von Mortie aus New York erhalten.» Schweigen. Wenn sie mit dem Magazin zu Ende war, reichte sie es mir, und ich studierte die Gesellschaftsneuigkeiten über Hochzeiten und Verlobungen, aber nie stand etwas über Seattle darin. New York, Chicago, Boston, San Francisco, das war alles. Wer *Vogue* las, mußte denken, daß in Seattle sich nie etwas ereignete, eine Vermutung, die in meinem Fall zutraf. Dennoch verlor ich nie die Hoffnung; ich glaube, ich erwartete insgeheim, meinem Namen in diesen Spalten zu begegnen, wie ich heimlich erwartete, daß dort unten ein Wagen um die Ecke komme mit einem Jungen darinnen, der meine Existenz entdeckt hatte. Mein Interesse an Jungen war eines der vielen Themen, das ich mit meiner Großmutter nicht besprechen konnte; es wurde von mir erwartet, daß ich sie, bevor ich das College besuchte, nicht zur Notiz nahm. Tatsächlich waren unsere einzigen gemeinsamen Gesprächsgegenstände Kleider und Filmschauspieler und -schauspielerinnen. Sie schätzte die Art Bücher nicht, die ich las, und würde die Mädchen, mit denen ich verkehrte, abgelehnt haben, wenn sie sie auch nur gekannt hätte. Über ein Mitglied der Verwandtschaft gab sie niemals ein Urteil ab, nicht einmal über solche, auf die sie «wütend» war. Sosehr ich bohrte, vermochte ich sie nicht auszuholen, nicht einmal über etwas so einfaches wie etwa, was sie von mir dachte.

Die lebhafteste Unterhaltung fanden wir an all den Vormittagen, die wir im Kinderzimmer einander gegenübersitzend verbrachten, als ich ein *Vogue*-Schnittmuster für ein Tenniskleid bestellte. Falls ich nähen gelernt oder sie die Geduld besessen hätte, es mir beizubringen, hätten wir ein Verständigungsmittel finden können. Dank ihres Beistands gelang das Tenniskleid einigermaßen, und ermutigt schrieb ich um ein zweites Schnittmuster, ein Modell, das viel zu erwachsen war für mich und aus Stufen von Crêpe de Chine in den Farben Zitronengelb, Aprikosengelb und Rot bestehen sollte. Dieses Kleid brachte ich nie fertig; seine beschämenden Überreste entdeckte ich in einem Schrank in der Halle, als ich zum letztenmal zu Besuch nach Hause kam.

Die Schneidereiphase, in die mein Großvater große Hoffnungen setzte, endete als Mißerfolg. Wir vermochten zueinander nie «wie Mutter und Tochter» zu sein, obwohl die Leute solcherlei redeten. Sie konnte es nicht ertragen, mich ohne Fingerhut und mit langem Faden, an dessen Ende ein etwas angeschmutzter Knoten saß, nähen zu sehen. Und wenn ich mich an einer Flickerei versuchte, trieb meine Unfähigkeit sie stets dazu, das Angefangene selbst fertig zu machen.

Meine Langeweile und Unzufriedenheit in der Jugend rührten zum guten Teil daher, daß ich absolut nichts zu tun hatte, lediglich las und Grammophon spielte. Ausgenommen dann, wenn ich mir mittags ein Sandwich zubereiten wollte, war mir der Zutritt zur Küche untersagt, wegen einer historischen Schmiererei, die ich mit einem Dessert aus türkischem Honig angestellt hatte; wie im Fall des morgenrötefarbenen Kleides war ich für eine Anfängerin zu ehrgeizig gewesen. Mein ganzes bißchen Nähkunst lernte ich im Pensionat und vorher durch die Schwestern der Klosterschule, und der einzige Mensch, der sich bereit fand, mir das Geringste im Kochen beizubringen, war der alte Gärtner und Chauffeur, der hereinzukommen und sich als Lunch Bratkartoffeln auf deutsche Art zu machen pflegte. Am freien Wochentag der Köchin erlaubte er mir, ihm zuzusehen und mich dann selbst darin zu versuchen. In unserer Familie haben wir ein Gericht, das ihm zum Andenken Chauffeur-Bratkartoffeln heißt; sie schmecken sehr gut.

Meine Großmutter nahm keinen regelmäßigen Lunch ein, und täglich um zwölf Uhr, manchmal auch früher, war meine Audienz

bei ihr vorüber. Sie stand vom Stuhl auf und zog sich ins Badezimmer zurück, machte die Tür hinter sich zu. Gleich darauf
wurden auch die Türen zu ihrem Schlafzimmer und zum Kinderzimmer verschlossen. Von da an bis zu einer Zeit, die zwischen
zwei und drei Uhr variierte, blieb sie unsichtbar; niemand durfte sie
stören. Sie machte sich für die Stadt fertig. Dieser Ausgang war der
Höhepunkt ihres Tages. Ihre Schlafzimmertür öffnete sich und
zeigte sie in festlichem Putz – jedes Kleid, das sie trug, war, wie
jede Mahlzeit, eine Überraschung. Der Wagen wartete vor der alten
Remise, und wir machten uns auf den Weg, hielten an manchen
Tagen, um Tante Rosie mitzunehmen. Die nächsten zwei oder drei
Stunden wurden in den Geschäften mit Anprobieren und Durchwühlen der ausgelegten Waren verbracht. An Gelegenheitskäufen
war meine Großmutter kaum interessiert, obwohl wir keinen
Schlußverkauf bei Helen Igoe's oder Magnin versäumten; ihr waren vielmehr «die letzten Schreie» in der Kleider-, Pelz- und
Accessoiresmode wichtig, die neuesten Berichte von der Mode-
front. Während dieser Stunden erreichte sie ihre größte lakonische
Lebhaftigkeit, ihr spühendstes Wesen; sie kaufte wie ein Epigram-
matiker in Höchstform, und die Extravaganz ihrer Anschaffungen
paßte zu ihrem schimmernden Haar, ihren schwankenden Federn,
ihrem Truthahngang und ihren dicken rosa Wangen.

Aber ein Viertel vor Fünf, gleichgültig wo wir waren, sah meine
Großmutter auf ihre Uhr. Es war Zeit, Großpapa vor seinem Club
abzuholen, wo er stets nach Verlassen seines Anwaltsbüros einen
Robber Bridge spielte. Pünktlich um fünf Uhr stand er auf dem
Bürgersteig, um uns besorgt beobachtete er den Verkehr. Der
Wagen fuhr heran, er stieg ein und küßte meine Großmutter auf die
Wange. «Hattest du einen guten Tag?» fragte er. «Nun ja», sagte sie,
ein wenig seufzend. Um halb sechs kamen wir nach Hause, pünktlich um sechs fand das Abendessen statt. Während des Mahls
wurde mein junger Onkel befragt, wie er seinen Tag verbracht
hatte; er antwortete mittels weniger, einsilbiger Wörter. Meine
Großmutter führte alle Personen, die sie während des Einkaufens
gesehen hatte, namentlich an. Mein Großvater lobte vielleicht das

Essen. «Wie im *Victor Hugo*», sagte er, auf ein Restaurant in Los Angeles anspielend. Nach dem Abendessen schauten mein verheirateter Onkel und seine Frau herein, vielleicht auf dem Weg zu einer Einladung. Mein anderer Onkel gähnte und zog sich in sein Quartier zurück. Manchmal schellte es an der Eingangstür. Ich rannte hin, um zu öffnen, und zwei oder drei seiner Freunde trampelten an mir vorbei, die Treppe hinauf zu seinen Zimmern. Die zum Treppenabsatz führende Tür fiel ins Schloß. Eine Weile darauf trottete er die Stufen hinunter, um zu verkünden, daß er nun ausginge. Er küßte seine Eltern, und mein Großvater sagte: «Um elf zurück, mein Sohn.» Nachdem sie ihre Abendzeitungen fertiggelesen hatten, spielten meine Großeltern Canfield, wobei meine Großmutter fast immer gewann. «Ich werde mir die Hosen mit Sicherheitsnadeln befestigen müssen», bemerkte mein Großvater im Scherz zu mir, während er ihr den Gewinn ausbezahlte; für ihn umschrieb dieser Satz tiefste Armut.

Anschließend begab er sich entweder zum Pokerspiel in seinen Club oder er blieb in seinem ausladenden Sessel sitzen, rauchte eine Zigarre und las ein Buch, immer dasselbe, wie es schien: *«Leben und Briefe von Walter Hines Page»*. Meine Großmutter griff nach ihrem Buch aus der Bibliothek, ich nach meinem, und wieder legte sich Schweigen über das Haus. Die einzigen Geräusche waren fortan das Umblättern einer Seite oder das Einschnappen der Tür auf dem Küchenflur, wenn die Köchin nach oben zu Bett ging. Selten läutete das Telefon; ich stürzte an den Apparat, aber nie war es irgend etwas Interessantes – jemand für meinen Onkel oder ein Mädchen meiner Bekanntschaft, das fragte, was ich tue. Oder meine Großmutter warf mir einen Blick zu. Ich lag mit einem Exemplar von *Mademoiselle de Maupin* (enttäuschende Lektüre) auf dem Sofa ausgestreckt. «Mary, zieh dein Kleid herunter.» Um zehn Uhr schlug sie ihr Buch zu, seufzte und wandte sich zur Eingangshalle, um zu Bett zu gehen. «Gehst du nach oben, Mama?» sagte mein Großvater, sofern er zu Hause geblieben war, und hob seine grauen Augen, jedesmal mit unverändert erstauntem Ausdruck. «Ich denke, Harry», antwortete sie, abermals, aber schon von den

Treppen her seufzend. Die Stufen knarrten, ihre Tür schloß sich, die Tür zum Badezimmer fiel zu. Bald darauf legte mein Großvater Buch und Papiermesser hin, reichte mir die Wange zum Kuß und folgte ihr die Treppe empor. Die Tür zum früheren Kinderzimmer schloß sich.

Gelegentlich gingen wir alle ins Kino oder, wenn eine New Yorker Truppe in der Stadt gastierte, ins Theater. Mein Großvater machte sich nichts aus Repertoirestücken. Wir sahen den *Bettelstudent* und *No! No! Nanette!* und *Seltsames Zwischenspiel*, welches Stück meine Großmutter für «geschwätzig» erklärte. An Donnerstagen dinierten wir manchmal im Club meines Großvaters. Sonntags ließ die Köchin vor dem Ausgang immer ein fertiges Abendessen für uns zurück; mein verheirateter Onkel und seine Frau kamen stets zu dieser Mahlzeit, gleichgültig wie viele Einladungen sie ihretwegen absagen mußten, manchmal auch Tante Eva und Tante Alice. Diese Abendessen endeten gewöhnlich damit, daß wir hinterher ins Kino gingen; gegen elf Uhr waren wir immer wieder zu Hause.

Einmal im Jahr etwa, möglicherweise auch nur alle zwei Jahre, gab meine Großmutter einen Tee, und der Traiteur wurde engagiert. Wir gaben keine anderen Gesellschaften. Außer Tante Alice und Tante Eva, die beide verwitwet waren, luden wir nur die engsten Familienangehörigen zum Essen ein. Wir hatten weder Onkel Mose und Tante Rosie noch Onkel Clarence und Tante Abbie, die beide Vegetarier waren, noch irgendeinen meiner Vettern mit ihren Frauen noch die Partner meines Großvaters und deren Frauen zu Gast. Elkan, der Bruder meiner Großmutter, den sie nur selten sah, mit dem sie aber gut stand, war meines Wissens nie bei uns zu Hause und seine Frau und seine zahlreiche Nachkommenschaft auch nicht. Ich frage mich daher, ob vielleicht die verwandtschaftliche Verbindung mit Juden unserer Gastlichkeit den Riegel vorschob. «Nehmen wir einen ins Haus, so bekommen wir sie alle», könnte mein Großvater gesagt haben. Immerhin war Tante Eva oft bei uns und einmal, dies allerdings als große Ausnahme, ihre Tochter aus Portland sonntags zum Lunch. Die einzige andere

Ausnahme, die mir einfällt, war ein Essen, das wir für den alten Richter Gilman von der Great-Northern-Eisenbahngesellschaft und seine Frau, eine behäbige Dame, die sich selbst Klein Eva nannte, gaben; ich entsinne mich dieses Abends, weil den Herren vor dem Essen Whisky serviert wurde, das einzige Mal, daß solches in unserem Haus geschah. Doch weshalb wir den Richter und Mrs. Gilman bei uns hatten, weiß ich nicht; damals, glaube ich, bereitete mir die Tatsache Kopfzerbrechen, denn sie verführte mich zur Frage, warum wir nie andere Leute bei uns sahen, zumal bei diesem Anlaß sich alle gut unterhielten.

Bisher hatte ich nicht erkannt, daß meine Familie sich merkwürdig ungastlich verhielt. Ich begriff nicht, wie sonderbar es war, daß für mich und meinen jungen Onkel keine Gesellschaften veranstaltet, daß keine jungen Leute für uns eingeladen wurden und daß niemand den Versuch unternahm, uns Einladungen zu verschaffen. Tatsächlich verstand ich dies erst völlig, als ich über dreißig und längst schon selbst Mutter war. Daß ich keinen richtigen Gesellschaftskreis, sondern nur einzelne, sonderbare Freundinnen besaß, legte ich mir selbst zur Last; ich glaubte, irgend etwas stimmte nicht mit mir, wie ein zu langer Unterrock, den nur die anderen Leute bemerkten, ich selbst aber nicht sehen konnte. Daß eine Familie verpflichtet ist, ihre jüngeren Mitglieder zu lancieren, war mir unbekannter als der pythagoreische Lehrsatz, und hätte mir jemand davon gesprochen, so hätte ich ihm wohl nicht Gehör geschenkt, denn ich liebte die Meinen und wollte nicht glauben, daß sie in irgendeiner Pflichterfüllung lässig seien. Daß sie mich nicht mit jungen Männern ausgehen ließen, war ein anderer Fall; ich verstand ihre Gründe, wenngleich ich sie heftig ablehnte – sie handelten zu meinem Besten, wie sie es sich eben vorstellten.

Immerhin spürte ich, daß die Haltung meiner Großmutter Fremden gegenüber sonderbar war. Im Sommer fuhr sie nie mit meinem Großvater, meinem jungen Onkel und mir zum Crescent-See im Olympischen Gebirge hinauf, wo wir im Kreise der Freunde meines Großvaters und ihrer Abkömmlinge das einzige normale gesellige Leben führten, das ich im Westen je kennenlernte.

Die Tage im Berghotel waren sehr heiter, selbst für die alten Herrschaften – Richter Battle und seine Frau, Oberst Blethen, Mr. Edgar Battle, Mr. Claude Ramsay, Mr. und Mrs. Boole, die Bekannten meines Großvaters. Sie veranstalteten Kartenspiele auf der großen Veranda und Waldwanderungen hinauf zum Marymere-Wasserfall; sie machten Ausflüge mit dem Motorboot oder dem Automobil; sie sahen den jungen Leuten abends beim Tanzen zu und schickten dem Küchenchef große Trinkgelder. Ich konnte nicht verstehen, warum meine Großmutter es vorzog, in Seattle zu bleiben und dort ihre unbeugsame Routine fortzusetzen.

Darin war sie eben wunderlich – eine andere Erklärung bot sich nicht an –, wie sie wunderlicherweise weder meinem jungen Onkel noch mir erlaubte, einen Freund zum Essen einzuladen. Aus all den Jahren, die ich als Kind und als Frau bei meiner Großmutter verbrachte, kann ich mich nur auf zwei Übertretungen dieser Regel besinnen. Die zweite ereignete sich, als meine Großmutter bettlägerig und zu schwach war, um meinen Entschluß zunichte zu machen, einen Dichter, der an der Universität Vorlesungen gab, zum Abendessen zu mir zu bitten. Einige Bedenken hegte ich, obzwar die Pflegerin und die Köchin mir versicherten, es ginge ohne weiteres – sie würde das Geschehnis sogleich wieder vergessen. Aber etwa um halb neun Uhr abends ertönte ihre hübsche Stimme in quengeligem Ton von oben: «Mary, ist der Mann da noch nicht nach Hause gegangen?» Und während der ganzen Zeit meines Besuchs kam sie ärgerlich immer wieder auf das Thema «des Mannes da», der zum Abendessen geblieben war, zurück; es nützte nichts, ihr auseinanderzusetzen, daß er unmöglich nach Hause gehen konnte, in Zimmern weit weg von hier bei der Universität wohnte und seine Mahlzeiten in Speisewagen und Konditoreien einnahm, daß er ein alter Freund war, dem ein wenig Gastlichkeit in meiner Geburtsstadt zukam. Auch mit Lachen und Scherzen konnte ich sie nicht davon abbringen. «Warum ist er zum Abendessen nicht nach Hause gegangen?» wiederholte sie beharrlich, und die dunklen, mißtrauischen Worte waren beinahe die letzten, die ich von ihr hörte.

Diese Ungnädigkeit war ein tief eingewurzelter Zug meiner

Großmutter. Sie sperrte sich nicht allein dagegen, einen Außenstehenden zu Tisch zu laden, sie ärgerte sich sogar über einen Besucher. Auf dem Tisch in der Halle stand ein silbernes Tablett für Visitenkarten, aber die meisten Karten waren vor Alter ganz vergilbt. Zur normalen Besuchsstunde befand sich meine Großmutter immer zum Einkaufen in der Stadt. Wenn ich abends ein Mädchen bei mir hatte, konnten wir uns nicht richtig unterhalten, bis meine Großmutter zu Bett gegangen war, und oft blieb sie ebenso lange wie meine Besucherin, saß in einer Ecke mit ihrem Buch und schaute von Zeit zu Zeit zu uns hinüber, die wir auf dem Sofa hockten und einen Dialog zu improvisieren versuchten. Wir merkten, daß sie zuhörte, doch selbst sprach sie nicht. Plötzlich aufblickend, vollführte sie in meine Richtung die Geste, die bedeutete: «Zieh deinen Rock herunter.»

Mein Onkel befand sich in der gleichen Lage; er hatte nur den Vorteil, über ein eigenes Wohnzimmer zu verfügen, wo seine Freunde sich versammeln konnten. Zumeist ignorierte meine Großmutter ihre Gegenwart; falls sie ihnen zufällig in der Halle begegnete, nickte sie ihnen kurz zu. Die Damen seiner Bekanntschaft wurden nie zu uns ins Haus gebeten; nie konnte er eine Party geben.

Dennoch war meine Großmutter keine unfreundliche Frau. Sie war gütig zu ihren Angestellten und deren Familien, und gelegentlich, wenn sie sich dazu überreden ließ, aufzutauen und eine Anekdote zu erzählen, konnte sie wirklich herzlich sein. Ihr Haus mit seinen großen Räumen und breiten Veranden schien jedenfalls in gastlicher *Absicht* erbaut. Und als meine Mutter noch lebte, herrschte dort ein anderes Leben, so wurde mir erzählt, das Haus war voller junger Menschen. Silber und Kristall und geschliffenes Glas hatten nicht immer in den Schränken gesteckt; es hatte Musik und Tanz gegeben, und die Schul- und Collegefreundinnen meiner Mutter hatten Nacht um Nacht auf den Schlafveranden zugebracht (die als Gastzimmer dienten), ohne dazu auch nur einer Erlaubnis zu bedürfen.

Meine Mutter war der Liebling meiner Großmutter gewesen. Daß wir niemanden einluden, erkläre sich durch den Tod meiner Mutter, so gab man mir zu verstehen. Meine Großmutter hatte die Ehe ihrer Tochter mit meinem Vater übelgenommen; nach Berichten meiner irischen Verwandten wollte sie keinen Priester im Hause dulden, weshalb die Feier auf dem Rasen stattfand. Ich glaube nicht an diese Geschichte, der anderslautende Erzählungen widersprechen, doch wahr ist, daß meine Großmutter der katholischen Kirche, zu der meine Mutter schließlich übertrat, grollte. Dr. Sharples, der Hausarzt der Familie, hatte anscheinend zu meinem Vater gesagt, meine Mutter würde an einem zweiten Kind sterben müssen, mein Vater jedoch ließ sich dadurch in keiner Weise hindern, lehnte es ab, die Geburtenregelung zu praktizieren. In Wirklichkeit hatte der Tod meiner Mutter nichts mit einer Schwangerschaft zu tun; sie starb wie so viele junge Frauen ihrer Zeit während der schlimmen Epidemie an der Grippe. Das allerdings würde eine Frau von der Art meiner Großmutter nicht davon abgeschreckt haben, meinen Vater und die Kirche für schuldig zu halten. Vielleicht nahm sie deshalb an meinen drei Brüdern, die noch bei den Verwandten meines Vaters in Minneapolis lebten, keinen Anteil; sie schickte ihnen an Weihnachten und zu den Geburtstagen Schecks und Geschenke und bedachte sie später in ihrem Testament, doch während der Jahre, die ich bei ihr verbrachte, standen die drei kleinen Jungen, die gegen ihren Rat zur Welt gekommen waren, ihren Gedanken sehr fern. Möglicherweise gab ich einer Frau ihres Alters genug der Plage; trotzdem erscheint dieser dürre Mangel an Interesse sonderbar und gefühllos, da sie recht wohl wußte, daß ihr Los nicht glücklich war. Doch Glück wie Liebe waren Begriffe, die sie nur ungeduldig machten.

Die Gleichgültigkeit oder Distanz, die sie mir manchmal zeigte, mag sich aus dem Fehlen wesensbedingter Sympathie ergeben haben (dachte sie vielleicht, ich besäße meines Vaters Züge?), oder aber sie stammte vielleicht daher, daß ich sie schmerzlich an meine Mutter erinnerte. (Ich war mir stets meiner Ähnlichkeit bewußt, die nicht weit genug reichte; jeder versicherte mir immer wieder, wie «gut» meine Mutter gewesen sei.)

Eine ihrer Freundinnen sagte mir, daß meine Großmutter nach dem Tod meiner Mutter drei Jahre lang nicht in Gesellschaft gegangen sei. Fünf Jahre lang, behauptete eine andere. Und diese verlängerte Trauerzeit wurde stets als offizielle Erklärung für jegliche Seltsamkeit unseres Haushalts serviert. Meine Großmutter, erzählten die Leute mit gedämpfter Stimme, habe sich von dem Schicksalsschlag nie erholt. Als Kind konnte ich das nie so recht glauben; es war mir unmöglich, diese bestimmte, egozentrische Frau von leidenschaftlicher Trauer überwältigt zu denken. Ohne Menschenkenntnis zu besitzen, spürte ich doch, daß ihre hartnäckige Trauer eigensinnig und egoistisch war.

Kinder empfinden gewöhnlich so angesichts jeder Emotion eines Erwachsenen, die ihr Fassungsvermögen übersteigt, doch in diesem Fall war ich wohl etwas Wirklichem auf der Spur. Der Kummer meiner Großmutter hatte eine ihr eigentümliche Form angenommen, war gleichsam mit ihrem Monogramm gestempelt, dem strengen «AMP», das in Schnörkelschrift auf ihrem Silber, ihren Bürsten und Kämmen, ihrem Automobil stand. Ihr Gram zeigte den Charakter einer hartnäckigen Feindseligkeit. Eine der Freundinnen meiner Mutter beschrieb mir unlängst in einem Brief, wie meine Großmutter sie gekränkt habe, indem sie ein volles Jahr lang nach dem Tod meiner Mutter es ablehnte, mit ihr zu sprechen, wenn sie einander in Geschäften begegneten. «Ihre Großmutter konnte meinen Anblick nicht ertragen», schloß sie traurig.

Und in dieser Attitüde sehe ich meine Großmutter: Ihren Verlust wie eine Beleidigung aufnehmend, halsstarrig und böse, und nicht nur das Gespräch mit Personen, sondern das Gespräch mit dem Leben selbst verweigernd. Ihr Kummer war eine Art Groll, eine dieser kultivierten Beschwerden, die zu ihren Spezialitäten gehörten und die mit ihrer Koketterie in engem Zusammenhang standen. Wären ihre Fotografien mein einziges Material, so würde ich vielleicht an ihrer legendären Schönheit zweifeln; ihre Art zu trauern aber beweist mir ihr Mißtrauen gegen Worte, ihre Weigerung, die Erklärungen anzuhören, die das Leben oder sonst ein schuldiger Verehrer ihr abgeben wollten. Auch dem Leben oblag es, ihr den Hof zu machen – vergeblich, wie sich herausstellte, denn sie war tödlich beleidigt worden, einmal, zweimal, ein drittes Mal.

Worin die erste Beleidigung bestanden hatte, weiß ich nicht, stelle mir aber vor, daß sie mit ihrem jüdischen Stolz, ihrer jüdischen Empfindlichkeit zu tun hatte; irgendein Unrecht war ihr in der ersten Zeit ihrer Ehe zugefügt worden, vielleicht nur eine Kleinigkeit – sogar nur ein unbedachtes Wort –, die sie veranlaßte, sich in ein erhabenes Schweigen über diesen Gegenstand zurückzuziehen, ein Schweigen, das bis zu ihrem Tod dauerte. Über die zweite Beleidigung weiß ich Bescheid. Es war die tragische kosmetische Operation, die Gesichtshebung, die vermutlich 1916 oder 1917 stattfand, als meine Großmutter in den Vierzigern war und meine Mutter noch lebte. Vielleicht unterzog sie sich wirklich zu einem späteren Zeitpunkt einer Mittelohroperation (ich neige eher zu der Ansicht, daß diese Behauptung zutraf), doch die beuteligen, entstellenden Narben, von denen ich schon sprach, die von ihren Wangen bis hinab zum Hals reichten, waren das Werk eines Chirurgen, der, soviel ich verstand, ihr Gesicht mit heißem Wachs vollgepumpt hatte.

Solche Unfälle ereigneten sich in der Frühzeit der Gesichtshebung häufig, und als meine Großmutter sechzig Jahre alt war, fielen die Narben nicht mehr sonderlich auf. Nur hatten ihre Wangen ein dickes, geschwollenes Aussehen, das durch ihr Make-up nicht verhehlt, sondern eher erhöht wurde. Denn obwohl sie dies nicht ahnte, sah sie morgens, bevor sie Rouge und Puder auflegte, die ihre Gesichtshaut auffällig machten, immer besser aus. Als die Narben noch frisch waren, mußten sie indessen recht erschreckend gewesen sein, und deshalb trug sie wohl auch die straff über ihr Gesicht gezogenen, getupften Schleier. Zur Zeit der Operation brechen die Fotografien ab. Damals hörte sie auf, zur Kamera zu sprechen, und laut einem Gewährsmann verließ meine Großmutter nach der Tragödie Seattle für ein ganzes Jahr.

«Laut einem Gewährsmann» – die Geschichte der Gesichtshebung war in Seattle wohlbekannt; in der Verwandtschaft wurde sie, jedenfalls in meiner Gegenwart, nie erwähnt, so daß ich durch Außenstehende, die Familie meines Vaters, Freundinnen meiner Mutter, von ihr erfuhr, Menschen, die sie begreiflicherweise nicht in allen Einzelheiten kannten. Ich war erwachsen, als ich davon hörte; trotzdem hielt mich der gleiche unnatürliche Takt, der mir gegenüber meiner Großmutter das Wort «jüdisch» verbat, davon ab, die Familie um mehr Informationen auszuholen. «Die Tragödie deiner Großmutter», in diesen Worten vernahm ich zum erstenmal von der Gesichtsoperation durch eine meiner Freundinnen, wenn ich mich recht erinnere, die durch ihre Mutter davon gehört hatte. Und ich will nicht untersuchen, ob die Bezeichnung nach der Definition des Aristoteles passend ist; in diesem Fall scheint der Sprachgebrauch recht zu haben. Es war eine Tragödie, für sie, ihren Mann und ihre ganze Familie, die durch eine törichte Handlung ihrer Schönheit beraubt, fortan in Schweigen, wie in einem verwünschten Haus lebten.

Damals muß sich meine Großmutter aus der Gesellschaft zurückgezogen haben, nicht nach dem Tod meiner Mutter, der nur der letzte Schlag gewesen sein wird. Und deshalb waren wir so eigentümlich, so ungesellig, so geradezu ein wenig unmenschlich, möchte ich hinzufügen. Wir widmeten uns alle dem Kult einer Reliquie, und dies ist wörtlich zu verstehen, denn die Reliquie war der täglich im großen Badezimmer Waschungen und Erfrischungen unterzogene und dann vor dem Publikum in den Geschäften der City prunkende Körper meiner Großmutter.

Ich lebte in New York, als mein Großvater eines Morgens mit neunundsiebzig Jahren im großen Badezimmer an einem Schlaganfall starb. Das Ritual meiner Großmutter änderte sich nicht. Weiterhin kleidete sie sich zu den gleichen Stunden zum Ausgang an und kehrte zu der Zeit zurück, da sie ihn vor dem Club abgeholt haben würde. Sie war heiter, als ich sie etwa ein Jahr nach dem Todesfall wiedersah, besuchte Pferderennen und hatte eine neue Passion – abendliche Baseballwettkämpfe; wir gingen zusammen zum Stadion. Bisweilen traf sie zum Lunch und Bridge mit einer

Gruppe von Freundinnen zusammen, mit denen sie nach zwanzig Jahren die Beziehungen wiederaufgenommen hatte. Aber soviel ich weiß, lud sie die Damen nie zu sich ins Haus ein; sie trafen einander gewöhnlich im Golfclub von Seattle, dem besten (nicht-jüdischen) Club.

Wie viele Witwen schien sie ein neues Leben begonnen zu haben; ich hatte sie nie zuvor so gesprächig gefunden, und sie sah sehr gut aus. Ein Nachmittag ist mir in Erinnerung; sie fuhr Tante Rosie und mich in ihrem Wagen zum Pferderennen, mit einer Stundengeschwindigkeit von siebzig Meilen – sie war selbst weit über siebzig. Die beiden Schwestern, ein quicklebendiges Rotkehlchen die eine, die andere ein glänzender Tukan, neckten und hänselten die Sportler im Clubhaus. Ihrer Macht und ihrer Annehmlichkeit sich wohl bewußt, hielten sie deutlich hof. Tante Rosie wettete nicht, aber gab uns Ratschläge; meine Großmutter gewann wie gewöhnlich, und ich glaube, ich gewann ebenfalls. Am Abend oder in den frühen Morgenstunden starb Tante Rosie.

Dr. Sharples vermutete, daß etwas, was sie beim Rennen gegessen hatte, eine Indigestion und darauf eine Herzlähmung verursacht habe. Er glaubte zunächst, sie retten zu können, und ich überredete meine Großmutter dazu, sich schlafen zu legen, in der Erwartung, Tante Rosie werde am nächsten Tag fast wieder die alte sein. Doch mitten in der Nacht läutete das Telefon. Ich lief hin, um das Gespräch anzunehmen; Onkel Mose war am Apparat. «Rosie ist eben gestorben.» Meine Großmutter begriff, bevor ich es ihr mitteilte, bevor ich den Hörer niederlegen konnte. Ein entsetzlicher Schrei – ein unirdischer Schrei – erhob sich hinter der Tür ihres Schlafzimmers, nie hatte ich einen solchen Ton von einem Tier oder Menschen vernommen, und er hörte nicht auf. Er dauerte an, wie eine Feuersirene auf dem Mond. In einer Minute war das ganze Haus wach, alle kamen herbeigerannt. Ich gelangte zuerst zu ihr. Die Schlafzimmertür aufreißend (selbst in diesem Augenblick mit dem bebenden Gefühl, unberechtigt einzudringen), sah ich sie auf ihrem Bett; die Decken waren zurückgestoßen, ihre Beine waren gespreizt, und ihr gelbes, mit weißer Spitze be-

setztes Nachthemd war hochgeglitten und enthüllte ihre Oberschenkel. Sie wand sich auf ihrem Bett; die Köchin und ich
vermochten sie kaum zu halten. Mein Onkel erschien in der offenen Tür, und mein erster Gedanke (wahrscheinlich auch der der
Köchin) war zu versuchen, das Nachthemd herunterzuziehen. Der
Anblick war unziemlich, doch von einer seltsamen Boudoirschön-
heit, die in unheimlicher Weise von dem abscheulichen Geräusch
sich abhob, das sie vollführte und das mehr Geheul als Geschrei
war und nicht im geringsten an Trauer gemahnte. Wir sahen, wie sie
versuchte, auf die Füße zu gelangen, irgendwohin zu gehen, und
die Köchin half ihr auf. Doch plötzlich wurde sie schwer wie ein
Sack voller Steine. Das Geschrei erstarb, und sie war totenstill.

Schließlich, ich weiß nicht mehr wie, doch hauptsächlich dank
der Bemühungen der Köchin, beruhigten wir sie so weit, daß sie in
ein regelrechtes Weinen verfiel. Vielleicht kam der Arzt und ver-
abreichte ein Sedativum. Ich blieb bei ihr sitzen, umarmte sie,
versuchte sie zu trösten und empfand diesen Vorgang als etwas
Süßes, denn zum allererstenmal waren wir einander nahegekom-
men. Doch jäh erinnerte sie sich wieder an Rosie und rief schrill
ihren Namen; niemand konnte Rosie ersetzen, und wir wußten es
beide. Ich fühlte mich gänzlich verstoßen. In dieser Nacht, als ich
neben ihr saß und ihr Haar streichelte, glaubte ich deutlich zu
wissen, daß sie außer ihrer Schwester niemanden wirklich geliebt
hatte und daß dies ihr Geheimnis war. Dem intellektuellen Teil
meines Ich wurde bewußt, daß eine Offenbarung stattgefunden
hatte – über das Wesen des jüdischen Familiengefühls vielleicht.
Und ich fragte mich, ob das fürchterliche, sinnlose Geräusch klassische jüdische Wehklage gewesen sei und zurückging bis zu den
Wassern Babylons. Eines schien mir gewiß: Meine Großmutter
unterschied sich mehr von uns übrigen, als ich je hatte ahnen
können.

Onkel Mose zeige sich gefaßt, erfuhr ich am nächsten Morgen.
Nur meine sonst so nüchterne Großmutter hatte sich einem so
verstiegenen Kummer hingegeben, und die Angehörigen waren,
wie mir schien, ein wenig verlegen über ihr Benehmen, als spürten

sie ebenfalls, daß sich da etwas offenbart habe, das, soweit es sie anging, besser im Dunkel geblieben wäre. Was aber hatte meine Großmutter, ihrer Ansicht nach, denn enthüllt? Ihr jüdisches Wesen? Ich sollte es nie erfahren, denn ich mußte noch am selben Tag mit meinem Baby den Zug nach Osten nehmen. Und als ich mehrere Jahre später zurückkehrte, schien niemand sich an irgend etwas Ungewöhnliches im Zusammenhang mit Tante Rosies Tod zu erinnern.

«Das ist meine Schwester», rief meine Großmutter und zeigte eifrig mit dem Finger, wenn wir zu einer Fotografie von Tante Rosie kamen. «Meine Schwester», sagte sie, in etwas großartigerem Ton von Tante Eva. Sie strahlte immer, wenn eine ihrer beiden Schwestern in der Fotografiensammlung auftauchte, wie ein Kind, dem man sein Lieblingsstofftier zeigt. Ich glaube, der Anblick von Tante Rosie begeisterte sie noch ein wenig mehr. Zu der Zeit hatte sie wohl vergessen, daß ihre Schwestern tot waren, oder vielmehr besaß der Begriff Tod keinerlei Bedeutung mehr für sie; ihre Schwestern seien «fortgegangen», dachte sie wahrscheinlich, wie ja auch die Kinder meinen, eben dies geschähe mit ihren toten Verwandten. Ich pflegte mich bereitzuhalten, um ihr die Namen einsagen zu können; sie jedoch schien dies entweder nicht zu brauchen oder nicht zu wünschen; die schwesterliche Beziehung zu ihnen war ihr wichtig, und dabei verwirrte sie sich nie. «Tante Rosie», bemerkte ich und hielt ihr das Bild einer kleinen, lächelnden, dunklen Frau mit großem Marabuhut hin. «Meine Schwester», übertönte ihre Stimme die meine stolz, als ob sie meine Feststellung berichtige.

Die Kleider auf den alten Fotografien amüsierten sie; das Interesse an der Mode hatte sie nicht eingebüßt, und sie beurteilte meine Erscheinung sehr kritisch, drängte mich mit ungeduldigen Gesten, mein Haar über die Wangen vorzuziehen und betrachtete mich voller Stolz, als ich ihr gefolgt hatte; es verlieh mir ein «weicheres» Aussehen. Wenn es mir nicht recht gelang, schob sie die eigenen schwarzen Wellen vor, um mir zu zeigen, was sie meinte. Obgleich sie nicht mehr in die Stadt gehen konnte, behielt sie die gleiche Tageseinteilung bei. Um zwölf Uhr schloß die Pflegerin die Tür zum Schlafzimmer meiner Großmutter und die Türen zum Kinderzimmer und zum Bad und öffnete sie zwischen zwei und drei Uhr, wenn die Schönheitspflege vollendet war. «Sie können jetzt hereinkommen. Ihre Großmutter ist ganz fein hergerichtet.» Eines Nachmittags, als ich der Aufforderung gehorchte, fand ich meine Großmutter stirnrunzelnd und gedankenverloren. Irgend etwas fehlte ihr, doch ich vermochte nicht zu verstehen, um was es sich handelte. Sie wünschte, daß ich ihr etwas, das «Wieheißtesdochschon» von ihrer Kommode hole. Ich versuchte es mit allem – Bürste, Kamm, Taschentuch, Parfum, Nadelkissen, Handtasche, Fotografie meiner Mutter. Alle Gegenstände aber waren die falschen, und sie wurde immer ungeduldiger, als habe sie es mit einer Dummköpfigen zu tun. «Nicht den *Kamm*, das Wieheißtesdochschon!» Da sie sich stark aufregte, läutete ich endlich der Pflegerin. «Sie möchte etwas haben», sagte ich. «Aber ich kann nicht verstehen, um was es sich handelt.» Die Pflegerin warf einen Blick auf die Kommode und ging dann schnell zum Nähtischchen; sie nahm den Handspiegel, der dort lag, und reichte ihn schweigend meiner Großmutter, die sogleich strahlend nickte. «Sie hat das Wort Spiegel vergessen», sagte die Pflegerin und blinzelte mir zu. In diesem Augenblick wurde mir die Tatsache, daß meine Großmutter senil war, zur Wirklichkeit.

Marie Cardinal
Die Irlandreise *Roman einer Ehe*
(neue frau 14806)
Ein Paar macht Urlaub in Irland. Ein grausiger Fund am Strand führt beide auf die Spur zu sich selbst. Plötzlich lautet die Frage: Wer sind wir?
Schattenmund *Roman einer Analyse*
(neue frau 14333)

Renate Dorrestein
Von schlechten Müttern *Roman*
(neue frau 13367)

Edith Forbes
Alma Rose! *Roman*
(neue frau 13555)
Edith Forbes hat einen wunderbar ironisch-weisen Roman über Bindungslust und Freiheitsdrang geschrieben, über Verwurzelung und Flüchtigkeit.

Siri Hustvedt
Die unsichtbare Frau *Roman*
(neue frau 13573)

Annika Idström
Die Liebe um uns *Roman*
(neue frau 13581)
Seppo Siren ist freundlich und hilfsbereit. Seine Frau ist ein wenig schrullig, aber fügsam. Die Tochter ist ein bißchen geistig behindert. Das Leben geht ohne Höhen und Tiefen dahin, bis in der gleißenden Sonne Israels die dünne Haut der Konventionen verbrennt. Dämonisches bricht hervor, die Ereignisse überschlagen sich ...

Andrea Wolfmayr
Spielräume *Roman*
(neue frau 15335)

Alice Walker
Die Farbe Lila *Roman*
(neue frau 15427)
Für ihren großartigen Roman erhielt Alice Walker den Pulitzer-Preis.
Im Tempel meines Herzens *Roman*
(neue frau 13163)
«Alice Walker ist eine der begabtesten Schriftstellerinnen auf dem amerikanischen Kontinent.»
Isabel Allende
Meridian *Roman*
(neue frau 13359)
Roselily *13 Liebesgeschichten*
(neue frau 13720)
Sie hüten das Geheimnis des Glücks *Roman*
(neue frau 13660)

rororo neue frau wird herausgegeben von Angela Praesent und Gisela Krahl. Ein Gesamtverzeichnis der Reihe finden Sie in der *Rowohlt Revue*. Vierteljährlich neu. Kostenlos in Ihrer Buchhandlung.

rororo neue frau

Lisa Alther
Schlechter als morgen, besser als gestern *Roman*
(neue frau 15942)
Caroline, Krankenschwester auf einer Unfallstation, täglich mit dem Schrecken konfrontiert, hat alles hinter sich und braucht selbst Hilfe. In der Psychotherapeutin Hannah findet sie eine Frau, die ihr den Blick öffnet für die Farben der wirklichen Welt.
Eine besondere Frau *Roman*
(neue frau 13410)

Robyn Davidson
Vorfahren *Roman*
(neue frau 12878)
Lucy ist eine Waise, wächst im australischen Busch auf und verfügt über glänzende Kontakte zur Geisterwelt ihrer Vorfahren, der Aborigines...
Spuren *Eine Reise durch Australien*
(neue frau 15001)

Milena Moser
Die Putzfraueninsel *Roman*
(neue frau 13896)
Blondinenträume *Roman*
(neue frau 13943)
Gebrochene Herzen oder Mein erster bis elfter Mord
(neue frau 12974)
Das Schlampenbuch *Erzählungen*
(neue frau 13358)
Sie zahlen es niederträchtigen Liebhabern und verlogenen Showmastern heim; sie treiben es in Boutiquen, Fitness-Studios und Straßenbahnen – finstere Dinge, die einer properen Dame nicht im Traum einfielen – oder nur im Traum?

Marie Skoven
Eine unanständige Liebe *Roman*
(neue frau 13685)

Märta Tikkanen
Aifos heißt Sofia *Leben mit einem besonderen Kind*
(neue frau 15166)
Die Liebesgeschichte des Jahrhunderts *Roman in Gedichten*
(neue frau 14701)
Wie vergewaltige ich einen Mann?
(neue frau 14581)

rororo neue frau wird herausgegeben von Angela Praesent und Gisela Krahl. Ein Gesamtverzeichnis der Reihe finden Sie in der *Rowohlt Revue*. Vierteljährlich neu. Kostenlos in Ihrer Buchhandlung.

rororo neue frau

rororo *neue frau* wird herausgegeben von Angela Praesent und Gisela Krahl. Ein Gesamtverzeichnis der Reihe finden Sie in der *Rowohlt Revue*. Vierteljährlich neu. Kostenlos in Ihrer Buchhandlung.